全国导游资格考试统编教材

导游服务能力
——天津市导游现场考试实务

天津市全国导游资格考试统编教材专家编写组 编

中国旅游出版社

责任编辑：李冉冉
责任印制：冯冬青
封面设计：中文天地

图书在版编目（CIP）数据

导游服务能力：天津市导游现场考试实务 / 天津市全国导游资格考试统编教材专家编写组编 . -- 北京：中国旅游出版社 , 2025.6. -- ISBN 978-7-5032-7557-9

Ⅰ . F590.63

中国国家版本馆 CIP 数据核字第 20251S0R27 号

书　　名	导游服务能力——天津市导游现场考试实务
作　　者	天津市全国导游资格考试统编教材专家编写组编
出版发行	中国旅游出版社
	（北京静安东里 6 号　邮编：100028）
	https://www.cttp.net.cn　E-mail: cttp@mct.gov.cn
	营销中心电话：010-57377103，010-57377106
排　　版	北京中文天地文化艺术有限公司
印　　刷	北京明恒达印务有限公司
版　　次	2025 年 6 月第 1 版　2025 年 6 月第 1 次印刷
开　　本	720 毫米 ×970 毫米　1/16
印　　张	19
字　　数	294 千
定　　价	42.00 元
ＩＳＢＮ	978-7-5032-7557-9

版权所有　翻印必究
如发现质量问题，请直接与营销中心联系调换

《导游服务能力——天津市导游现场考试实务》
编写委员会

主　　编：李　萌

副 主 编：韩阅扬

执行主编：孙　旭

参　　编：（以姓氏笔画为序）

　　　　　王　尧　孙　旭　张晓丹　林　菲

　　　　　高建辉　夏　婷　韩阅扬

前　言

全国导游资格考试是依据《中华人民共和国旅游法》，为国家和社会选拔合格导游人才的全国统一的准入类职业资格考试。为进一步加强天津市导游队伍建设和高水平人才培育，提高广大考生现场考试能力，我们按照文化和旅游部公布的导游资格考试大纲要求，组织了一批文化和旅游领域专家，覆盖旅游院校教师、景区管理人员、一线金牌导游等多方面人才，结合天津市实际情况，精心编写了这本《导游服务能力——天津市导游现场考试实务》教材。

本书内容完全遵照《导游服务能力》考试大纲（天津市）要求编写，内容选取力求以考生为本，重点突出，易懂易学，涵盖导游现场考试知识要点，包括考试实施规则、考试流程、景点讲解、途中导游、考试问答等诸多方面，为考生提供全方位学习框架；结合天津市旅游资源及现场考试特点，提供12篇导游词范例及考试问答示例知识，帮助考生掌握带团工作中所需的知识和技能。教材在传统纸质教材的基础上增加了面试景点示范讲解视频，使考生学习更加生动、直观。本书既可作为考生应试教材，还可供职业院校旅游专业师生使用。

在本书编写过程中，得到了天津市文化和旅游局，相关区文化和旅游局及各景区（点）、博物馆的大力支持和帮助，我们还借鉴参考了有关文献资料，谨向作者表示衷心的感谢。

鉴于天津旅游业的蓬勃发展和新业态的快速推进，旅游政策、旅游资源、旅游产品体系、旅游人才层次等的不断变化，以及编写时间仓促及编写水平有限，本书难免存在不足和疏漏之处，敬请各位专家、学者、广大读者和在职专业人士批评指正。

编写组
2025 年 5 月

目 录

第一章 天津市导游现场考试讲解方法与技巧 1
- 第一节 导游服务能力考试实施规则 1
- 第二节 导游现场考试评分指标及考试流程 5
- 第三节 考生要求 7
- 第四节 天津概况及特色讲解 13
- 第五节 景区概况讲解 19
- 第六节 景区主要景点讲解 21

第二章 天津市导游现场考试讲解 33
- 第一节 天津旅游概况 33
- 第二节 古文化街 42
- 第三节 盘山 55
- 第四节 五大道风情区 73
- 第五节 黄崖关长城 89
- 第六节 杨柳青古镇 106
- 第七节 渔阳古镇 120
- 第八节 市内经典游览线 130
- 第九节 海河游览线 140

— 1 —

第十节　滨海经典游览线 ………………………………………… 153
　　第十一节　红色记忆旅游资源 …………………………………… 162
　　第十二节　现代工业旅游资源 …………………………………… 172

第三章　途中导游词案例 ……………………………………………… 180
　　第一节　天津机场接站沿途导游 ………………………………… 180
　　第二节　天津西站接站沿途导游 ………………………………… 194
　　第三节　天津国际邮轮母港接站沿途导游 ……………………… 218
　　第四节　天津市区送站沿途导游 ………………………………… 234

第四章　天津导游考试问答示例 ……………………………………… 237
　　第一节　导游服务规范 …………………………………………… 237
　　第二节　导游服务应变能力 ……………………………………… 255
　　第三节　景点知识问答 …………………………………………… 273

参考文献 ………………………………………………………………… 294

第一章
天津市导游现场考试讲解方法与技巧

第一节　导游服务能力考试实施规则

一、考试目的

导游服务能力是导游资格考试的重要组成部分。通过现场考试考查考生对天津市的主要景点、游览线、特色旅游资源、导游服务规范、突发事件和特殊问题的处理、综合知识等方面的了解、熟悉和掌握程度；考查考生的语言表达、礼节礼仪的运用、景点讲解、导游服务程序、应急事故的处理、中外语言互译等方面技能水平，从而确定考生是否具有从事导游服务工作的能力。

二、考试内容

中文类考生考试内容。主要考核考生的导游讲解能力、景点知识问答、导游规范服务、应变能力问答。

外语类考生考试内容。主要考核考生所报考语种的导游讲解能力、景点知识问答、导游规范服务、应变能力问答和口译测试（包括"中译外"和"外译中"）。

（一）导游讲解能力

1.考核范围

包括天津旅游概况、6家主要景区、3条经典游览线路及2个特色旅游资源讲解。由考生从12个抽签项中随机抽取一个作为讲解内容，对所抽取内容进行有重点、有条理的生动讲解。

2. 考核要素与时间

（1）天津旅游概况讲解要素（中外文）。

包括但不限于天津城市定位、面积、人口、历史沿革、行政区划、地理环境、经济发展、风物特产、民风民俗、饮食文化、曲艺文化、历史名人、文化旅游发展情况等。考生应综合讲解天津情况，不可局限于单项元素。

（2）6家主要景区讲解要素。

①古文化街（中外文）。主要介绍古文化街的基本情况、文化特色、重要景点（包括但不限于：牌楼、彩绘、店铺、通庆里、玉皇阁、天演广场、天后宫）等。

②盘山（中外文）。主要介绍盘山名称的由来、基本情况、重要景观（包括但不限于：三盘胜境、三孔牌坊、摩崖刻字、大石桥、天成寺、万松寺）等。

③五大道风情区（中文）。主要介绍五大道风情区的基本情况、游览线路、重要景点（包括但不限于：民园广场、和平宾馆、外国语大学、庆王府、各名人故居）等。

④黄崖关长城（中文）。主要介绍黄崖关长城的景区特点、基本情况、重要景点（包括但不限于：黄崖口关、八卦关城、长寿园、黄崖关长城博物馆、长城碑林、黄崖正关、凤凰楼）等。

⑤杨柳青古镇（中文）。主要介绍古镇的历史文化特色（包括但不限于民俗文化、运河文化）等，古镇内4A级旅游景区的基本情况、重要景点（包括但不限于：花厅、花园、戏楼、垂花门）等。

⑥渔阳古镇（中文）。主要介绍古镇的历史沿革、文化特色，古镇内4A级旅游景区的基本情况、重要景点（包括但不限于：历史沿革、名称由来、山门、天王殿、观音阁、报恩院）等。

（3）3条经典游览线路讲解要素。

主要介绍线路基本情况，并按照规定要求，以合理线路顺序具体介绍点位，做到详略得当、重点突出。

①市内经典游览线（中外文）。从"天津之眼"摩天轮出发，途经古文

化街、鼓楼、天津大学、南开大学、天塔、天津文化中心、五大道、解放北路金融街、意大利风情区、天津站，结束行程。

②海河游览线（中外文）。从永乐桥到大光明桥之间的著名桥梁、风貌建筑、文化街区及重要人物与事件。

③滨海经典游览线（中文）。从国家会展中心出发，途经极地海洋馆、滨海文化中心、天津港文化旅游区、国家海洋博物馆、泰达航母主题公园，结束行程。

（4）2个特色旅游资源讲解要素。

主要讲解天津市特色资源的整体情况，包含但不限于所列旅游资源，突出讲解资源的历史内涵、文化价值、时代精神及未来布局。

①红色记忆旅游资源（中文）。旅游资源包括但不限于：平津战役纪念馆、周恩来邓颖超纪念馆、大沽口炮台遗址博物馆、中共中央北方局旧址纪念馆、盘山烈士陵园、天津市规划展览馆等。

②现代工业旅游资源（中文）。旅游资源包括但不限于：海鸥表博物馆、长芦盐场、空客总装线、海河乳品、桂发祥十八街麻花文化馆等。

考生讲解时间为8分钟。

（二）回答问题

该项内容共分为4项，分别为景点知识问答、导游服务规范、导游应变能力、口译测试（包含"中译外"和"外译中"）。中文类考生考核前三项内容，外语类考生考核全部四项内容。

（1）景点知识问答（1题，答题时间为90秒）。

主要考查考生对天津市12个备考内容知识的熟悉程度。

中文类考生以12个备考景点、旅游线路、旅游资源内知识为主要考核内容（天津旅游概况、古文化街、盘山、五大道风情区、黄崖关长城、杨柳青古镇、渔阳古镇、市内经典游览线路、海河游览线路、滨海经典游览线路、红色记忆旅游资源、现代工业旅游资源）。

外语类考生以5个备考景点、旅游线路内知识为主要考核内容（天津旅游概况、古文化街、盘山、市内经典游览线路、海河游览线路）。

（2）导游服务规范（1题，答题时间为90秒）。

主要考查考生对导游服务规范、工作程序、服务质量要求等方面的掌握程度和应用能力。

包括地方导游的导游服务规范、全程导游的导游服务规范、定点导游的导游服务规范、散客旅游的接待服务规范、出境领队服务工作程序及文明旅游的相关知识。

（3）导游应变能力（1题，答题时间为90秒）。

主要考查考生对游客个别要求、游客特殊情况及旅游过程中各种突发事件和事故的应变及处理能力。

①游客个别要求的处理。包括：游客在餐饮、住房、娱乐、购物等方面提出个别要求时的处理；参加旅游团活动的游客提出自由活动要求时的处理；游客关于探亲访友或亲友随团活动要求的处理；游客关于中途退团或延长旅游期限要求的处理；游客要求导游转递物品或信件时的处理；对儿童或老年游客、特殊游客的服务规范和服务质量标准等。

②特殊情况和突发事件的处理。包含对旅游计划、旅游活动日程、活动项目变更、游客人数变化等情况的处理；漏接、错接、空接等问题的预防和处理；误机（车、船）事故的预防和处理；证件丢失、财物丢失的预防和处理；游客走失事故的预防和处理；游客患病的预防与处理、游客死亡的处理；处理游客的不当言行；游客突发安全事故的预防和处理等。

（4）口译测试（共2题，中译外、外译中各1题，每题答题时间为2分钟）。

考查考生在汉语和外语之间口头互译的能力。考查考生的翻译是否正确、规范，是否能全面、准确、通畅地转述原内容，语法正确，无错译、漏译。

三、考试时长与分数占比

考试成绩采用百分制。中文类考生每人考试时间为15分钟，备考内容12个；外语类考生每人考试时间为25分钟，备考内容5个。

（1）中文类分值比例为：礼貌礼仪占5%，语言表达占20%，景点讲解占45%，综合知识占10%，导游服务规范占10%，导游应变能力占10%。

（2）外语类分值比例为：礼貌礼仪占5%，语言表达占25%，景点讲解占30%，综合知识占5%，导游服务规范占10%，导游应变能力占5%，口译占20%。

第二节　导游现场考试评分指标及考试流程

一、导游现场考试评分指标

根据导游人员应具备的基本能力和素质要求，导游服务能力考核要素主要包括礼貌礼仪、语言表达、导游景点讲解、综合知识、导游服务规范、导游应变能力以及口译能力（外语类考生）。具体见全国导游资格考试（天津考区）模拟导游中文评分表（见表1-1）、全国导游资格考试（天津考区）模拟导游外语评分表（见表1-2）。

（一）全国导游资格考试（天津考区）模拟导游中文评分表

以下为具体的评分表格及相关说明。

表1-1　全国导游资格考试（天津考区）模拟导游评分表——中文类

考试地点：　　　　考场号：　　　　　　　　　　　　　年　月　日　午

序号	准考证号	入场时间	姓名	抽签题	礼貌礼仪（5分）	语言表达（20分）	景点讲解（45分）	综合知识（10分）	抽签题号	服务规范（10分）	应变能力（10分）	总成绩（100分）	讲解用时	评语
1														
2														
3														
4														
5														
6														
7														
8														
9														
10														

礼貌礼仪——考查考生仪容仪表是否得体，是否具有良好的仪态以及对礼貌、礼节知识的运用
语言表达——考查考生语言表达是否准确、流畅、逻辑、生动、富有感染力、具有说服力及体态语言的运用
景点讲解——考查考生景点讲解的正确性、全面性、条理性、生动性，以及是否详略得当、重点突出，是否具有讲解技巧及回答景点问题的正确性
综合知识——考查考生对所在省份重点景点知识的掌握程度
服务规范——考查考生对导游服务规范、工作程序、服务质量的掌握和应用能力
应变能力——考查考生处理突发事件特殊问题的能力

主考官签字：　　　　　　　　　　　　考官签字：

（二）全国导游资格考试（天津考区）模拟导游外语评分表

以下为具体的评分表格及相关说明。

表 1-2　全国导游资格考试（天津考区）模拟导游评分表——外语类

考试地点：　　　　考场号：　　　　　　　　　　　年　月　日　午

序号	准考证号	入场时间	姓名	抽签题目	礼貌礼仪（5分）	语言表达（25分）	景点讲解（30分）	综合知识（5分）	抽签题号	服务规范（10分）	应变能力（5分）	中译外（10分）	外译中（10分）	总成绩（100分）	讲解用时	评语
1																
2																
3																
4																
5																
6																
7																
8																
9																
10																

礼貌礼仪——考查考生仪容仪表是否得体，是否具有良好的仪态以及对礼貌、礼节知识的运用

语言表达——考查考生语言表达是否准确、流畅、逻辑、生动、富有感染力、具有说服力及体态语言的运用

景点讲解——考查考生景点讲解的正确性、全面性、条理性、生动性，以及是否详略得当、重点突出，是否具有讲解技巧及回答景点问题的正确性

综合知识——考查考生对所在省份重点景点知识的掌握程度

服务规范——考查考生对导游服务规范、工作程序、服务质量的掌握和应用能力

应变能力——考查考生处理突发事件特殊问题的能力

中外互译——考查考生使用所考语言进行翻译的准确性、流畅性、语法是否正确等

　　　　　　　　　　　　　　　主考官签字：　　　　　　考官签字：

二、导游服务能力考试流程

（1）考生按照准考证上的要求在规定时间内到达指定考点签到。

（2）考生在考生签到表上签到，并上交准考证，在备考室等待考务工作人员按照顺序叫号抽取讲解景点。

（3）考生抽取景点后持准考证及抽签条前往相应考场备考，每人有 15 分钟准备时间。

（4）考生按照抽签条顺序进入考场进行考试，将身份证、准考证、抽签条等相关证件交给考官。

（5）考官核对考生有效身份证、准考证信息无误后，考生开始面试。

①考生自我介绍后按照抽题时抽中的景点进行景点讲解（每人 8 分钟）。

②景点讲解完成后进入回答问题环节，考官提出景点知识问答题，考生需在规定时间内完成答题。

③考生在考场抽取 1 道导游服务规范问题、1 道导游应变能力问题，并在规定时间内完成审题和作答。

④外语类导游进行口译测试，抽取 2 道口译试题，分别将其中的中文内容翻译成外语、外语内容翻译成中文。

（6）考生答完所有试题后，取回准考证、身份证等相关证件，退出考场。

第三节　考生要求

现场考试是导游资格考试的重要组成部分，采用考官与考生面对面交流的形式，在模拟的旅游现场特定场景中，通过景点讲解、回答问题进行考核。现场考试考官通过与考生的交谈与观察，对考生从知识、能力、素养等与导游职业素质相关的方面进行测评。主要考查考生对天津市的主要景点、游览线路、特色旅游资源、导游服务规范、突发事件和特殊问题的处理、综合知识等方面的熟悉程度；考查考生的语言表达、礼节礼仪的运用、景点讲解、导游服务程序、应急事故的处理、中外语言互译等方面的技能水平；考查考生是否具有从事导游服务工作的能力。外语类考试除上述要求，还要考查考生全程使用所报考语种的语言表达和讲解能力。

一、报名资料要求

（1）填写导游资格考试报名表。

（2）身份证原件及上传照片。

（3）学历（毕业证）原件及上传照片。
（4）白底免冠证件照片。

二、语言要求

（一）表达规范，准确恰当

导游语言的准确性，强调的是导游人员在导游讲解中需以客观事实为根基，用词规范，内容精确无误，且具备较强的逻辑性。具体而言，主要包括以下两个方面。

一方面，语言内容的精确性。导游人员的讲解必须准确可靠，有凭有据，切不可胡编乱造、混淆是非。在导游人员的讲解中，无论是神话传奇还是民间故事，都必须有根据，不可轻信传闻。

另一方面，语言表达的精确性。导游人员应准确运用语音、语调、语法以及遣词造句，正确遵循语言习惯和特殊用语，同时，要尊重游客的风俗习惯。

恰当性则意味着导游人员在语言运用上需掌握好"度"，恰如其分地拿捏说话的分寸。作为一种口头艺术语言，导游语言极为讲究音乐性。导游人员在讲解时应注重音调的高低强弱、语言的起承转合以及节奏的起伏顿挫，从而充分展现语言艺术的魅力。导游语言的恰当性主要体现在以下四个方面。

第一，语音音量要强弱适度。导游人员讲话的音量大小应以游客能清晰听见为标准，避免音量过高或过低。

第二，声调语调要有节奏感。声调是指音节的高低升降、曲直长短的变化。语调是指一句话中语音高低轻重的配置，用以表达语气和情感。在导游讲解及与游客交流中，导游人员的声调应适时变化，起伏跌宕，语调优美且富有变化。

第三，语速语流要徐疾有致。语速是指说话的速度。导游人员在讲解中应保持语速适中、有快有慢、快慢结合、起伏有致，必要时需适当停顿。如此，导游语言方能更加流畅且富有节奏感。

第四，语感语气要分寸得当。语感是指言语交流中对词语表达的理解、使用习惯等的反映。

（二）表述清晰，语言流畅

1. 思路清晰

导游人员讲解时要将思路厘清，根据景区各部分之间的内在联系，明确讲解内容、先后顺序，突出讲解重点，避免流水账式介绍和跳跃式介绍。

2. 通俗易懂

导游人员讲解时使用的语言应与普通人在日常生活中经常使用的语言相同或相似，所用的词语为普通人所耳熟能详，容易被普通人所理解。

导游人员采用通俗易懂的语言，能够更加便利地与游客展开交流，并且能让游客更轻松地理解导游讲解的具体内容。

3. 语言流畅

导游人员在讲解时所使用的语言应具有连贯性，讲话时不能有较长停顿，也不应出现过多重复。

导游人员应对交谈的内容或讲解的内容有比较清楚的了解，熟悉景点的主要景观，理解所谈问题的内涵和实质，并且根据语言逻辑规律，将所讲内容有机地组织起来，仔细斟酌所表达的内容。

（三）生动灵活，风趣幽默

1. 生动性

导游人员在讲解过程中运用生动且富有灵活性的语言，引领游客深入领会讲解的内涵，激发他们的形象思维能力，让他们切身体会导游人员所创造的独特意境，从而获得美好与愉悦的享受。

导游人员要善于恰当地运用多种语言手段以达到尽可能好的表达效果。导游语言中常见的修辞手法包括对比、比喻、夸张、比拟、借代、映衬等。

在导游活动中，风趣幽默的语言，不仅能够为导游的讲解增添光彩，让旅游活动轻松愉悦，提升游客的兴致，还能在必要时缓解导游人员与游客以及游客与游客之间可能出现的不和谐氛围。

2. 灵活性

导游人员在导游讲解和与游客交谈时，应根据游客的具体情况以及特定旅游活动场景对导游词进行灵活调整，把握不同的语言风格，有针对性地进行导游讲解。

（1）专家型游客。这类游客是具有较高文化修养、具有较高审美情趣和能力的专家、学者型游客，以及熟悉了解中国的外国游客，对导游语言的品位要求较高。所以，当面对此类游客时，导游人员在进行导游讲解或交谈时，所运用的语言需规范，且具有较高的品位。

（2）大众型游客。大众型游客涵盖工人、农民、服务人员、家庭妇女等群体。与专家型游客相比，他们的文化水平相对较低，对一些专业词语或历史典故可能不太熟悉，也不太感兴趣。所以，导游人员在为他们进行讲解或与其交谈时，应尽量采用大众化、通俗化且富有趣味性的语言。

（3）老年游客。老年游客通常听力较弱，记忆力也有所减退，对新事物的熟悉程度较低。因此，导游人员在为他们讲解及与他们交谈时，应使用简洁明了的语言，音量要适当放大，语速应适度放慢。

（4）中青年游客。中青年游客的思想较为活跃，理解能力较强。所以，导游人员在进行讲解和与其交谈时，应使用生动活泼且流畅的语言，音量要适中，语速可适当加快。

三、着装要求

导游人员的着装，展现了其个人气质、爱好、文化修养与精神面貌。在旅游活动中，导游人员的着装是游客审美的一部分。因此，导游人员的衣着要整洁、大方、得体，和自己的年龄、身份相匹配，与讲解环境相协调。

（一）服饰色彩

服饰色彩方面，导游人员的着装色彩应当简洁而雅致，给人清新自然的感觉。导游人员通常不宜穿着过于鲜艳或奇异的服装，以免让游客产生不庄重的印象；也不应穿色调过于暗淡的衣物，以防给游客留下过于严肃、难以接近的印象。

（二）服饰特点

服饰特点方面，导游人员在旅游接待服务中的服饰应具备整洁性、协调性、风度性、方便性等特质。

（1）整洁性。导游人员的着装需保持整洁，经常换洗，尤其是衬衣领口要保持干净，袜子要常换，避免异味。

（2）协调性。导游人员在旅游接待时所穿的服饰要与自身形体相匹配，上衣、裤子、鞋乃至帽子、围巾在色彩和质地等方面要相互协调。

（3）风度性。导游人员服饰的款式要符合其自身的文化底蕴，不同样式、线条和结构的服饰搭配会形成不同风格，这种风格与人的气质相关联。

（4）方便性。导游人员的服饰要便于工作，除必要的饰物，如手表、领带夹、项链、戒指，男性导游人员不应穿无领汗衫、短裤和赤脚穿凉鞋；女性导游人员不宜佩戴耳环、手镯等饰物，避免让人用"太"字来评价自己的服饰和打扮。

四、容貌要求

导游人员的容貌端庄是从业的基本要求。为此，导游人员应合理地注重自身容貌的修饰，以给游客留下良好的印象。

（1）发型方面。导游人员的头发应经常梳理，保持整洁，发型朴实且大方，要与自身的职业、脸型、身材、气质相适应。男性导游人员不应留长发和大鬓角；女性导游人员的发型要大方自然，不应披肩。

（2）面容方面。男性导游人员的面容要保持润泽，鼻毛要修剪短，要经常刮脸，不要留胡须；女性导游人员的面部可适当施淡妆，切勿浓妆艳抹，香水也不宜喷得过多。

（3）其他方面。导游人员应时常修剪指甲，保持指甲清洁，不要留长指甲，也不要涂过于艳丽的指甲油。在带团过程中，最好不食用葱、蒜、韭菜等有异味的食物，必要时可通过咀嚼口香糖来消除口腔异味。

五、姿态基本要求

仪态是指人的姿态和风度，它体现了一个人的修养和内在素质。

（一）站姿

导游人员站立时应优美典雅、表情自然，给人谦恭有礼的感觉。身体重心置于两脚之间，两眼平视、面带笑容，双肩舒展，两臂自然下垂，双手不宜叉腰、抱胸或插入口袋。

（二）坐姿

导游人员的坐姿要温文尔雅，正坐时要求端庄娴雅，上体自然挺直，两腿自然弯曲，双脚平落地上，臀部坐在椅子中央，两手放在膝上或搭在扶手上，胸微挺，腰伸直，目平视，面带笑容。男性坐下时两膝可适度张开，双脚可取小八字步以显自然之美；女性双膝应自然并拢，双腿正放或侧放，双脚并拢或交叠，以示庄重矜持。

（三）走姿

导游人员带领游客前行时，姿态应轻盈、稳健、自然、大方。要保持上体正直，不低头，双臂自然前后摆动，肩部放松，步伐适中均匀。侧身行走时可讲解并注视游客，必要时转身观察游客是否跟上。行走时要避免驼背、斜肩、左右摇摆，不可手插裤兜，脚蹭地面。

导游人员具备良好的仪态，能赢得游客的信任与尊敬，为旅游活动增添和谐美好的氛围。

六、导游服务能力考试注意事项

（一）保持良好的心态

考试时要沉着大方，尽量放松。考生进入考场后，先向考官简短问好，得到开始讲解的示意后方可开始讲解。讲解时，考生眼睛不要直视同一个地方，要面带微笑，注视考官，给人以自信的感觉；手势不能太过僵硬或过于固定，不要出现紧张的小动作。讲解出现差错时及时更正即可，不要出现挠头或吐舌头等动作。

（二）做好考前准备工作

一是要精心准备并熟悉导游词，练习时注意声音洪亮、吐字清晰、语速适中，面部略带微笑，注意把握考试时间。若导游词过长或过短，应尽快修改，不要抱有侥幸心理只准备部分景点的导游词。

二是要有良好的相关知识储备，景点综合问答题变化较多，知识储备是一个长期积累的过程，在准备过程中尽可能多地储备相关知识，是较好地回答现场提问的关键。

（三）注重礼仪礼貌

在考试过程中注重礼仪，服从工作人员安排，不可在考点大声喧哗，对考官给予应有的尊重。

按照考试规则，每个考场每次仅允许一位考生进入。考生入场前，应轻叩门以表示对考官尊重，进门应主动向考官问好，报考号、姓名，并出示相关证件，要谦虚有礼，落落大方。考生应多使用礼貌用语，如"老师们好！""各位老师辛苦了！""谢谢您，再见！"等，问题回答完毕可用"回答完毕"作为结束。

第四节 天津概况及特色讲解

一、天津概况及特色讲解方法

城市概况及特色讲解是对一个城市基本面貌和主要特征的概括讲解，是游客整体了解城市情况的重要来源。一段好的城市概况及特色讲解，能让游客快速把握目的地基本情况和主要特色，形成第一印象。

天津，地处华北平原，是重要城市，不仅是中国北方经济中心之一，还拥有丰富历史文化遗产与独特风貌。从内容上来说，天津的城市概况和特色讲解涉及元素众多、涵盖复杂，需要层次分明地进行讲解。从结构上来说，天津的城市概况及特色可以从城市物质文化与非物质文化两大层面展开。

（一）物质文化层面

物质文化层面是指一个城市的全面实体组成或实体环境以及各类活动的空间结构和形式。即有形的形态、形貌等，主要包括地理环境、行政区划、面积人口、交通方式等。

（1）地理环境：天津地处海河下游，濒临渤海湾，是一个重要的港口城市。它西靠北京，其余均与河北省相邻。处于环渤海经济圈的核心位置。

（2）行政区划与人口：天津下辖16个区，并且作为直辖市直接隶属中央政府管理。根据最新数据，天津市的人口已超过了千万级别。

（3）城市面积：天津市总面积约为11966平方千米。

（4）交通方式：天津拥有便捷的交通网络，包括国际机场（如天津滨海国际机场）、高铁站（天津站、天津西站等）、地铁系统以及发达的公路网，方便游客往来于市区内外。

（5）建筑风格：天津融合了东西方建筑艺术，在五大道地区可以看到众多保存完好的欧式别墅群；同时，古文化街等区域则展示了传统中式建筑的魅力。

（6）自然景观：除了现代化的城市风光，天津还有诸如盘山风景区这样的自然美景可供游览。

（二）非物质文化层面

非物质文化层面是指穿越历史进程中的非物质文化创造，即民俗、民风、非物质文化遗产等生活生产方式的传承。

（1）民俗风情：天津人以其幽默风趣的性格闻名遐迩，"津门相声"是其代表性文化艺术形式之一。

（2）地方美食：狗不理包子、耳朵眼炸糕等地道小吃深受人们的喜爱。

（3）手工艺制品：杨柳青年画、泥人张彩塑等都是极具特色的民间艺术品。

（4）节日庆典：每年春节期间举办的古文化街庙会等活动吸引着大量游客前来体验传统年味儿。

（5）历史记忆：天津曾作为多个外国租界的所在地，这段特殊的历史给这座城市留下了深刻的文化烙印，比如，五大道、意式风情区就是其中的典型例子。

二、示范案例展示

案例1

天津，地处华北平原，是重要直辖市，不仅是中国北方经济中心之一，还拥有丰富历史文化遗产与独特风貌。从古至今，天津承载了无数的故事与变迁，它的名字寓意着"天子渡口"，见证了多个朝代的更迭。今天，天津以其独特的地理位置、丰富的文化资源，以及现代化的城市面貌吸引着来自世界各地的游客。

天津地处海河下游，濒临渤海湾，是环渤海地区的重要门户城市。它西接北京，其余均与河北省相邻，处于京津唐工业基地的核心地带。这样的地理位置使天津不仅具有重要战略意义，在经济发展上也占据了有利地位。

这里自然风光秀丽。天津市蓟州区是国家级风景名胜区，以奇峰怪石著称，四季景色各异，春季赏花、夏季避暑、秋季观叶、冬季滑雪，吸引了大量游客前来游览。古海岸与湿地国家级自然保护区，留存着天津及华北平原地质演变的珍贵资料，在科学研究和科普教育方面意义重大。

这里历史文化厚重。南开区东北角的古文化街，汇集了大量的古代建筑及商铺，保留了许多传统手工艺品制作技艺，如杨柳青年画、泥人张彩塑等，是体验老天津风情的最佳场所。由成都道、重庆道、大理道、睦南道、马场道组成的五大道历史街区，集中展示了20世纪初至20世纪中叶的各种西方建筑风格，被誉为"万国建筑博览馆"。意式风情区又称"意大利风情街"，是一片充满浪漫情调的老城区，街道两旁排列着许多保存完好的意式别墅，让人仿佛置身于地中海畔。

随着改革开放政策的深入实施，天津在城市建设方面取得了显著成果，城市面貌焕然一新，天津滨海新区作为国家首批设立的自贸区之一，滨海新区凭借其优越的地理位置和发展潜力迅速崛起成为新的经济增长极。区内设有东疆保税港区、中心商务区等多个功能区块。

提到天津就不能不提它的美食，这里有许多独具特色的小吃，让人食欲大增。狗不理包子：皮薄馅足、汁多味美，是天津最著名的小吃之一。耳朵眼炸糕：外酥里嫩、香甜可口，深受当地人喜爱。十八街麻花：色泽金黄、口感脆而不硬，是一种非常受欢迎的传统点心。煎饼馃子、嘎巴菜则是天津早点的典型代表，味道十分天津。

天津作为著名的相声发源地之一，每年举办多场高水平相声演出活动，让观众充分领略这门传统曲艺的独特魅力。天津是一座既古老又年轻的城市，它既有深厚的历史文化底蕴也有蓬勃发展的现代气息。无论是想要深入了解中国传统文化还是感受都市生活的快节奏，这里都能提供完美的旅行体验。希望每一位来到这里的游客都能够发现属于自己的那份美好记忆。

案例2

"京南花月无双地，蓟北繁华第一城。"作为四大直辖市之一的天津，东临渤海、北枕燕山，兼平原之秀美，得山水之滋润，海河是她身上的美丽丝带，盘山是她顶上的绚烂明珠，600多年的建城史孕育出了中西合璧、古今交融、山海相间、悠居乐活的壮丽而独特的城市风情。今天，我们在这里推介天津文旅，展示天津生活，诠释天津底蕴，就是让大家共同感受这座向海而兴、开放包容的现代化国际大都市的魅力。

常言有云，"中国近代百年看天津"。天津是历史文化名城，也是开近代文明风气之先的城市，天津也曾作为河北省的省会所在地，以其在中国近现代史上占有重要地位闻名遐迩。从传唱至今的动人故事，到可以寻觅触摸的历史遗存，再到散落在津沽大地上的点点印记，共同汇成一条文化的长河，浸润着城市的每一个人。行走在天津，仿佛走进一幅徐徐展开的优美画卷。

天津之美，美在古今交融、中西合璧。位于海河入海口的天津，自古因漕运而繁盛，明永乐二年十一月二十一日（1404年12月23日）正式筑城，是中国古代唯一有确切建城时间记录的城市。漕运文明、港口文化、质朴民风、都市气质都在这里生根发芽。六百多载风风雨雨，创造了天津如今的繁华和荣光。天津，堪称近代中国的缩影，是中国工业文明的先驱城市，缔造了近代中国的"百个第一"。天津素有"世界建筑博览会"的美誉，特殊的历史，让天津市区拥有了877栋历史风貌建筑，英、法、意、德建筑风格并立，一步便可纵览万国风情，一楼即能讲述百年风云。独特的历史文化造就了天津开放的胸襟，独特的风貌建筑融合中西，展现了民族发展、奋进的历程。

天津之美，美在山水相依、灵动秀气。北部山区，层峦叠翠，南部平原，一马平川，翠屏湖、七里海，千顷碧波。天鹅、白鹭、海鸥等各类珍奇鸟类遨游天水之间，奏出自由飞翔的音符。难怪乾隆皇帝游览时曾感叹："早知有盘山，何必下江南。"蜿蜒流淌的海河，被天津人称为"母亲河"。海河自三岔河口顺流而下，贯穿天津城，至大沽口汇入渤海湾。每当夜幕降临，乘船穿行于海河，两岸灯火辉煌，流光溢彩，一边是密集林立的摩天楼群，一边是欧式洋房建筑。海河之上，长桥卧波，28座海河桥，一桥一景，蕴含着时代的缩影，见证着历史的变迁。特别是登上那桥轮合一的"天津之眼"，一览方圆40千米的景致，尽显沽上无限风光。

天津之美，美在风趣幽默、雅俗共赏。天津是一座自得其乐的城市，"哏儿都"的雅号闻名全国。马路边上，您招手上一辆出租车，师傅都有抖不完的包袱，讲不完的笑话。在天津，有种零食叫零嘴儿、有种男孩叫小小子儿、有种女孩叫小闺女儿，有种玩笑叫打镲……相声是她的母语，幽默是她的底色，这是一座骨子里浸润着乐观的开心之城。寻访大街小巷，快意行走，津味美食香飘全国。很多外地游客专程坐高铁到西北角吃早点，到谦祥益、德云社喝茶、听相声。天津民俗活动众多，"非遗"文化绵延流传，杨柳青年画、泥人张名扬海外，一代代能工巧匠将历史文化活化、演绎，代代传承。

天津之美，美在四季皆景、精彩纷呈。漫步五大道，每一座洋楼都藏着一段耐人寻味的故事，徜徉北洋园、风吹海棠、灯影摇曳、暗香浮动，满眼尽是历史，遨游梨木台、涧水潺潺、鸣泉飞瀑，叫人忘了何处是归途，盘桓蓟州溶洞，怪石嶙峋、晶莹剔透、变化万千，真称得上是洞天福地。

天津之美，美在地利人和、商机无限。地处"一带一路"交汇点，京津冀的海上门户，天津通达四海，畅联全球，货运天下。京津冀一体化发展的战略优势和建设国际消费中心城市、打造国内文化旅游目的地城市的目标，为文旅产业大发展加力赋能。

渤海之滨，白河之津，天津这座城市，见证了风云际会，东西汇流。天津有看不尽的风景、说不尽的故事、享不尽的浪漫、寻不尽的商机。杨柳依依，繁花似锦，踏寻天津，耐人寻味。希望大家可以走进天津、畅游天津、爱上天津。

案例3

"一万年文化史，五千年文明史"，是国人对民族起源的追忆。在这万年文化史之中，中华大地盛开着的"儒家文化"这朵仙葩更是融合了草原、高原、海洋、过渡地带的奇花异草，天津正是这些姹紫嫣红文化汇于一处的阆苑。早在旧石器时代，便有先民在燕山东麓（今蓟州）一带留下了足迹。8000年前，来自燕山和太行山的先民陆续在山麓定居，天津文化的种子在此落地，此后出现了一个响当当的名字——渔阳。

天人之间，改变天津命运的另一段历史是随着大海退去，东部平原逐步成陆，为津门的诞生提供了舞台。退海后留下了罕见的贝壳堤，见证着上苍走过的足迹。如今在鲁入海的黄河，两千年间曾三次在津入海，直到金代黄河南下夺淮，天津的海岸线才固定了下来。从秦汉到明清，天津以独特的视角，见证了魏武挥鞭、宋辽对峙，南北政权隔河相望，九州分合治乱，特别是中国政治中心由中原腹地迁移到幽燕边陲。地理上河海的变迁，带来的是天津人文思想的转变。不再拘泥于面朝黄土背朝天的农耕文化，目光投向海洋的彼岸。眼界的开阔带来了海纳百川的心胸，我们知道普天之下不再莫非王土，文化道德不再唯吾独尊。我们对舶来品的新鲜泰然处之，对外来文化的矛盾柔而化之，从而形成了天津乐观幽默、杂糅八方的城市性格。镶嵌在市井之中的戏楼茶馆讲述着历史的沧桑巨变，笑谈着人间冷暖与值得。

如果说地理特性与变迁是上天无法抗拒的安排，而终于让天津城应运而生的，还是人事的巨变。明初，靖难之役对中国历史最大的影响，不在于改变了帝位的传承，而是将中国的政治中心稳定地迁移到北京，以建瓴之势俯瞰全国。夺取政权后，明成祖将当年起兵南下的津渡取名天津——天子之津。

永乐二年十一月二十一日，天津卫设立，天津成为古中国唯一有确切建城时间的城市。矗立在津门老城中心的鼓楼如同永不褪色的甲士追忆着"年年岁岁花相似"的历史。

乾嘉已降，正当中国人沉迷于盛世黄昏，西方科技文明掀起了横扫全球的狂潮。历经两次鸦片战争、八国联军之役，作为京师门户，天津首当其冲，大沽口前线几度失守，神京随之陷落。

当海洋由天堑变为通途，守卫海疆只能走向深蓝。此后西方九国在天津割占租界，达旧城厢八倍之多，既是屈辱的国中之国，也成为引进近代文明的桥头堡。如果说之前的文化融合是润物细无声的交融，这次却是电闪雷鸣般的撞击。

洋务运动使天津成为近代工业文明北方传播中心、中西文化交汇前沿。李鸿章驻节天津二十五年，维新运动时严复在此宣传变法，盛宣怀开办了中国首家现代大学——北洋大学堂。

清末新政，袁世凯出任直隶总督，天津成为新政实验基地。小站练兵不仅奠定了北洋集团的根基、深刻塑造了清末民初的政局，而且开创了中国军制的现代化。建立警察制度、创立现代监狱、首次选举议员……在政治、经济、文化各方面，天津在近代化中都走在了前列。大乱之世，津门成为京城权贵避居的首选之地，大量财富、文物流入天津。末代皇帝溥仪在此被劫往东北，成立了伪满洲国。多少昔日达官显贵隐居在天津的英租界、意租界……逍遥地当起了"寓公"。"百年中国看天津"，这段历史是精彩还是无奈？是进步还是屈辱？江海横流，令人眼花缭乱。

天津的生活与思想充分体现了融合的特质。"卫嘴子"不仅敢说更需会说。想要会说就需在思想上海纳百川、包罗万象。"卫嘴子"不仅爱吃更需会吃，朴素至极的煎饼馃子不仅能夹当地人喜爱的"馃子"，还可夹外乡人钟爱的火腿，更可夹西方人的生菜……这就是我眼中的天津，一个爱不够的天津。

第五节　景区概况讲解

一、景区概况讲解内容

（一）景区概况讲解

自然景观从景点的名字、价值、地理环境、气候、观光景点、景点概况、交通、发展现状以及土特产品等方面进行概况讲解。人文景观以景点名字的由来、历史沿革、发展现状、有何奇特之处、为何出名以及相关的有趣故事进行概况讲解。

（二）车上讲解景点概况

导游在旅游车上讲解，目前还没有统一的标准及模式，按照"见人说人，见物说物"的要求展开即可。在沿途讲解的时候，如果车辆行驶的附近没有太多可介绍的内容，导游可以穿插介绍即将前往参观景点的概况。在旅游车上讲解时，内容不要重复，方法要灵活多样，态度、语气要亲切明朗。

当车辆经过一些重要的地方，如标志性的建筑、蕴含文化气息的场地、发生过一些重大事件的地点等时，导游要暂时停下对景点的概况讲解，对当时出现的地标进行简要介绍。

（三）景区导览图前讲解

当来到景区后，导游应召集游客来到导览图前，对景区概况进行讲解。这里大多会结合参观游览的顺序，让游客大致了解景区的面积、重点景点、游览顺序及游览时间，并对接下来的参观进行安全提醒和其他必要的温馨提示。

二、示范案例展示

案例 1

各位游客：黄崖关长城位于中国天津市蓟州区北部，是明代长城的重要组成部分。它始建于北齐时期，明朝时进行了大规模的修缮和扩建，成为重要的军事防御工程。黄崖关因其地理位置险要而闻名，坐落在群山之间，周围环境优美，有"京东第一隘口"之称。

黄崖关长城的特点之一是其建筑风格独特，结合了山形地貌，巧妙利用自然屏障来增强防御能力。这里的长城不仅包括城墙本身，还有烽火台、敌楼等军事设施。黄崖关景区内还保留了一些历史遗迹，如碑刻、石刻等文物，反映了古代人民的生活状况，以及边疆防御的历史。

作为一处兼具历史文化价值与自然风光的旅游景点，黄崖关长城每年吸引着大量游客前来观光游览。此外，这里也是研究中国古代军事防御体系及其演变过程的重要地点之一。近年来，对黄崖关长城的保护与开发，使这一珍贵的文化遗产得到了更好保存，并且向世界展示了中华文明的独特魅力。

案例2

各位游客，我们现在来到的是石家大院的第一个展厅，大家先来随我看看沙盘展示，了解一下石家大院的整体布局。石家大院位于千年古镇杨柳青镇中心，原为清末津门八大家之一石元士的住宅，宅名"尊美堂"，世人俗称"石家大院"。石家大院始建于1875年，是一座已有150年历史的大型清代民宅，石家大院东西宽72米，南北长100米，总占地面积7500多平方米，建筑面积2900平方米，共有18个院落。整座院落的建筑布局采用轴线对称式，全院由南至北有一条甬道为中轴线，贯穿四座门楼。东面有五进四合院为过去主人居住的地方；西面为石府主体建筑，包括佛堂、游廊院、戏楼、南花厅。大院两侧分别有东西跨院，当年女佣人住在东跨院；西跨院包括三个院落，最北面是当时石府家学，后面由男佣人居住。石家大院曾有"华北第一宅""天津第一家"之称。2006年，石家大院被国务院列为全国重点文物保护单位，是国家4A级旅游景区。

案例3

各位游客，现在在我们眼前的是观音阁，是我国现存最古老的木结构楼阁。观音阁面阔五间，进深四间，通高23米，三层，歇山顶。观音阁有确切历史记载的是建于辽统和二年（984年），原唐代建筑在经历了安史之乱和武宗灭佛之后所剩无几，辽人在取得幽云十六州后重修观音阁。当观音阁出现在眼前时，相信满足了大家对仙宫楼阁的所有想象。

最吸引眼球的就是悬挂于二层的"观音之阁"匾额，一般大家会用匾额统称悬挂在殿堂、楼阁、门庭、园林大门上带有文字的木板，但严格来说

"匾"是表达敬意及情感之类，而"额"则是表达建筑物的名称和性质。还有一种说法，横着叫"匾"，竖着叫"额"。

从外观看，观音阁为二层建筑，实际是三层，中间一层做成了暗层，省去了瓦檐，没有繁复之感，让观音阁看上去更加器宇轩昂。

观音阁共经历大小28次地震，6级以上的地震有4次，清康熙十八年（1679年）那次的地震，官廨民舍无一留存，独阁不圮。1976年唐山大地震，独乐寺院内1/3的明清建筑毁于一旦，观音阁来回摇晃一米多远，上层墙壁部分脱落，但也仅此而已，未受到致命伤害。这自然离不开设计精巧的梁架、柱网、斗拱，赋予了这座千年木建筑巨大的抗震能力。

观音阁共用斗拱152朵，24种，大小各异，错落有致，用材得当，比例协调、完美，这极大地增加了观音阁的外在美感，尤其一层、二层的转角斗拱，支撑起雄大的飞檐，如翚斯飞的感觉让整座建筑充满诗意，缥缈欲仙，充满了大唐遗风。

第六节　景区主要景点讲解

一、简述描绘法

在旅游过程中，有些景观没有导游的讲解和指点，很难发现其美的所在，唤起美的感受。经过导游一番画龙点睛或重彩泼墨似的描绘之后，感受就会大不一样。导游可以用准确的、简洁的、冷静的语言，把景观介绍给游客，使他们在具体欣赏品味景观之前对景观有一个初步印象。或用富有文采的语言对眼前的景观进行描绘，使其细微的特点显现于游客眼前。

示例：海鸥手表厂

我们现在所在的位置就是海鸥表博物馆的序厅了，首先映入我们眼帘的就是正对面的主题墙，这面主题墙上记载着自1955年中国第一只手表诞生至2010年海鸥手表厂整体搬迁至此55年的奋斗历程。

下面，请大家跟随我一起走进"古代计时"展馆。大家右前方看到的是"中国计时仪器史大事记"图板，从中我们可以看出：虽然在世界计时仪器史上中国曾领先于世界，但随着西方钟表工业化的迅速发展，中国却落后了100多年。西方钟表大量充斥于天津、上海等近代繁华都市。有识之士皆感叹中国当时只能修表而不能造表的遗憾。

滨海新区的开发与开放，为海鸥表业集团公司提供了难得的历史机遇。今天的海鸥工业园，预期成为继瑞士机械表之后的第二大国际手表和精密加工产业基地。近几年来，"海鸥"明确了发展目标：瞄准瑞士同类水平，进军世界一流技术，实施人才兴企战略，坚持自主创新战略，构建人才结构队伍，引领中国制表业的发展方向。"海鸥"的发展证明：中国结束了只能生产低档表的历史，海鸥具备了向世界高端复杂手表技术进军的实力。

我们现在来到了"计时之宝"展区。下面，请大家随我一起来看一看橱窗里代表海鸥先进技术的高端产品。海鸥双陀飞轮手表的结构特点，是在一个机芯上同时采用"偏心"与"同轴"两种不同陀飞轮结构，这是海鸥的首创，代表了世界手表业的先进水平。这一只三问表，通过表壳上的按钮启动一系列装置发出声响报时，三问表具有3种不同的打簧响声，可分辨出时、刻、分。

这是万年历表，万年历表里面有一个微型齿轮，每4年自转一周，可自动显示日历、星期、月份，也不会因闰年而有误差。我们都知道普通的带日历的手表都是一个月调校一次日历，而这款万年历表120年不需要调校日历。

这边是计时码表，20世纪60年代，天津手表厂研制成功中国第一只计时码表。2002年4月，海鸥手表集团公司成功研制了新一代计时码表，具备开始、停止和归零等复杂功能，常见于运动会。

陀飞轮、万年历、三问表，这三种极端复杂的微型机械装置，代表了手表行业的最高水平。而我们眼前的这一块就是集陀飞轮、三问表、万年历三种功能于一体的最高档机械手表，零售价168万元/只。海鸥是国内唯一能将三大经典技术集中体现在一只表的企业，国外也只有极少数企业能生产。这几个系列手表的研制成功，让"海鸥"品牌有资格登上了国际高端手表舞台，也让天津成为中国第一、世界第三大机芯制造基地。

目前，"海鸥"表已形成12大系列、100多个品种、280多个花色，拥有自主知识产权的产品超过90%，"海鸥"成品表年均生产能力达30万只，已经成为具有自主核心技术的"国内第一手表品牌"。

海鸥表由卓越制表大师设计制造，专业技师精心装配、调整、校对。所有零件，均由专业技师精细手工打制，螺丝花摆精雕结构，机芯夹板精饰加工，摆轮、夹板倒角经由钻石刀精加工、手工研磨，手工雕刻印记及饰纹……通过这些图片，我们看到海鸥表的生产过程如同一件经工艺大师精雕细刻的工艺品，凸显出它的精密、精准、精细和精美，也决定了其极致的工艺和美学价值。

手表不仅是一个精准的计时器，而且具有丰富的文化内涵，同时，将装饰功能和收藏功能集于一体，彰显出人们的文化、品位、地位和经济能力。与那些已经发展百余年的国际著名手表品牌（特别是瑞士品牌）相比，海鸥表在质量上毫不逊色，唯一欠缺的是品牌效应。所以，在价位上远低于那些瑞士大品牌，但这也成为海鸥表性价比高、收藏潜力巨大的优势。

海鸥表博物馆的讲解到此结束，前面是海鸥表专卖店，陈列的产品代表着海鸥的最高水平，请大家自由参观；如愿购买有销售代表专门接待，20分钟后咱们车上集合，谢谢大家！

二、突出重点法

导游讲解时不用面面俱到，可以突出讲解某一方面。一般要突出以下四个方面：突出大景点中具有代表性的景观；突出景点的特征及与众不同之处；突出游客感兴趣的内容；突出"……之最"，面对某一景点，导游人员可根据实际情况，介绍这是世界（中国、某省、某市、某地）最大（最长、最古老、最高，甚至可以说是最小）的……因为这也是景点的特征，很能引起游客的兴致。

示例：广东会馆的戏楼

戏楼是会馆的主体建筑，它以梁架跨度大、音质优美、木雕工艺细腻、造型独特而著称。南北向用两根21米长的平行枋，东西向用一根19米长的额枋围合成一个闭合的空间。这三根主梁承托起的罩棚顶式结构，让戏楼内部没有殿堂金柱阻挡观众视线，整体观感也格外宽敞明亮。这样恢宏的空间跨度，在我国古代建筑历史上极为罕见。整体伸出式舞台的设计，台口不设立柱支撑的特点更是全国唯一一座，独一无二！

舞台采用的是伸出式，即台在前幕在后，设计得十分巧妙。戏楼顶部是外方内圆、玲珑剔透、金碧辉煌的藻井，它由数以千计的异型斗拱堆叠接榫而成，具有拢音、扩音和美化声音的作用。演员在台上演唱，声音充分吸入穹形顶内，再经异型斗拱的折射作用，滤去噪声，将演员演唱的声音传送到戏楼的每个角落，可谓真正的"余音绕梁"。

粤商讲究好意头，戏楼的舞台正中央是一幅彩色镂空木雕的"天官赐福图"，不仅技艺精湛，还嵌藏了人世间的所有祈盼和愿景。

"天官赐福，地官赦罪，水官解厄"，图中身穿红袍的即天官，他脚踏祥云，贵手高抬，指向一轮红日，意为"平步青云，指日高升"。

天官身前有一个仙童，仙童手捧玉瓶，瓶中插有三支戟，暗示您将"平升三级"。天官的身后有茂盛的梧桐树、跳跃的灵猴，树下种有向日葵，还有翻飞的小蜜蜂，寓意着"早日封侯"，也叫"向日封侯"。同时，紧随天官身后是身着绿袍的仙童，手中打着芭蕉扇，紧紧跟在天官身后，他是告诫人世间的朋友一定要做到"身后行善"或"辈辈行善"。木雕的四个角，以浅浮雕的形式雕刻有蝙蝠和寿桃，蝙蝠同"福"，桃枝是"寿"的象征，分置于四角代表四个方向，寓意着"福寿四方来"。

三、触景生情法

"触景生情法"就是见物生情、借题发挥的导游讲解方法。触景生情贵在发挥，要自然、正确、切题地发挥，利用所见景物制造意象，引人入胜，使游客产生联想，从而领略其中之妙趣。或用寓情于景、富有哲理性的语言激发游客的情绪，使他们得到一种愉悦的启迪。

导游讲解的内容要与所见的景物和谐统一，使其情景交融，让游客感到景中有情、情中有景。例如，当旅游团参观岳麓书院时，导游人员可以描述朱张会讲的盛况。游客望着古香古色的建筑，听着讲解，激起他们的想象思维，使其产生身临其境的感觉。

示例：周恩来邓颖超纪念馆

1976年1月8日，周恩来总理与世长辞。天津服装厂的工人们从电视上看到无儿无女的邓妈妈独自为周总理守灵的情景，悲痛欲绝。天津有句俗话，"女儿是妈妈的贴心小棉袄"，为了安慰悲痛中的邓妈妈，他们决定亲手制作一件丝绵袄送给她。可是，没有尺寸怎么裁剪？他们想到通过电视影像，以及邓颖超与周总理的合影来估量她的身材，斟酌许久才动手裁剪。大家你一针我一线地连夜赶制，想让邓妈妈在春节时能穿上这件新棉衣。可是那是一个特殊的时期，将包裹寄到中南海困难重重，最后通过人民日报社，终于把这件细针密线的小棉袄交给了邓颖超邓妈妈。

邓颖超收到包裹后打开一看，里面是一件细针密线缝制的丝绵袄，还附有一封信，上面写着："棉衣虽轻但它代表了70多颗诚挚的心，寄托着深厚的无产阶级感情，这件棉衣穿在您的身上，暖在我们的心里。"邓颖超试过棉衣后深受感动，觉得这些青年真有办法，没有尺寸，也没有见过她，竟能做出这么合体的棉衣。一贯廉洁自律的邓颖超从不收礼，向来能退的就退，但如果将这件棉衣退回去，一定会伤了工人们的心。于是她决定收下这份礼物，并让工作人员写了回信。信中写道："棉衣已收到，谢谢工人们的关心和慰问，这次就不退回棉衣了，寄给你们30元作为衣服的成本费，可用于购买学习书籍和用品。"

邓颖超非常珍爱这件丝绵袄，穿着它出席了党的十一届三中全会，还会见过许多中外友人。棉衣破了，她也舍不得扔掉，请来师傅更换了新的棉衣里子继续穿。她也一直惦念着为她缝制棉衣的工人们。1984年，她视察天津时专门会见了他们。80岁高龄的邓颖超坚持与工人们一一握手，嘴里说道："八年前你们为我一针一线缝制棉衣，今天我要和你们一个一个握手，表示感谢！"工人们非常感动。

棉衣虽轻，却承情义之重。一件普通的丝绵袄，饱含着以天虹服装厂工人为代表的天津人民对周恩来、邓颖超的深厚情感，更反映出邓颖超等老一辈革命家热爱人民、严于律己的崇高人格风范。

四、问答互动法

问答互动法就是在导游讲解时，根据旅游景观的内容和特点，导游向游客提问题或启发他们提问题的导游方法。目的是活跃气氛，引起联想，引起游客的兴致，避免导游人员唱独角戏的灌输式讲解。问答法有多种形式，主要有：自问自答法（为了吸引游客的注意力）、我问客答法（诱导游客回答）、客问我答法（满足游客的好奇心）。

示例：天津小吃

欢迎大家来到美丽的海滨城市——天津！今天我们将一起探索这座城市的宝藏美食。大家准备好开始我们的味觉之旅了吗？首先，谁能告诉我，提到天津小吃，你们最先想到的是什么？

哦，狗不理包子！没错！狗不理包子是天津非常有名的传统面食之一。它的名字背后有一个有趣的故事：相传在清朝末年，有一个名叫高贵友的年轻人，因为他的父亲在年近四十时得了个儿子，为了祈求儿子平安健康，给他取了个乳名叫"狗子"，寓意着希望他能像小狗一样容易养活。他在天津南市大街上摆了一个小摊，专门卖包子。由于高贵友的手艺精湛，他的包子迅速赢得了口碑。然而，高贵友因为忙于制作包子，几乎没有时间与顾客交流。于是，人们戏称他"狗子卖包子，不理人"，渐渐地，大家都称他为"狗不理"，并将他所制作的包子称为"狗不理包子"。实际上，狗不理包子以其皮薄馅大、汤汁丰富而著称。大家有机会一定要尝一尝哦！

当然除了包子，我们还有耳朵眼炸糕，这是一种外形酷似耳朵孔的小甜点，外酥里嫩，撒上糖粉或淋上蜂蜜，美味极了。再如说十八街麻花，色泽金黄、口感香脆，作为手信送给亲朋好友也很合适。

这些听起来都很有特色。我听到有游客问"除了甜品，还有什么咸的食物吗？"绝对有的。比如，嘎巴菜，这是一种用绿豆面制成的独特食品，经过油炸后变得十分酥脆，搭配不同的调料食用，风味更佳。另外，绝不能错过的是煎饼馃子，它可是天津街头巷尾最常见的早点之一，由软糯的面饼包裹着鸡蛋、葱花以及各式各样的配料，每一口都是满满的幸福感。哇，是不是听到这么多好吃的，大家都迫不及待地想试试了！

哈哈，别急，今天的行程中我们就安排了几处品尝地道天津小吃的地方。现在就让我们出发吧，一起去感受这座城市独特的味道吧！

五、虚实结合法

虚实结合法就是在导游讲解中将典故、传说与景物介绍有机结合，即编织故事情节的导游手法。就是说，导游讲解要故事化，以求产生艺术感染力，努力避免平淡的、枯燥乏味的、就事论事的讲解方法。向游客叙述有关历史人物、事件、神话故事、逸闻典故等，使他们运用形象思维更好地了解眼前的景观。

导游人员在选择"虚"的内容时要注意"精"与"活"。所谓"精"，就是所选传说是精华，与景观密切相关；所谓"活"，就是使用时要活，见景而用，即兴而发。导游讲解中，要将典故、传说与景物介绍有机结合。

示例：盘山

说到盘山，不知道大家有没有听过一句话："早知有盘山，何必下江南"，其实说的是盘山下盘部分山清水秀，宛如北方江南的景致。古人把盘山分为上、中、下三盘，上盘松树奇、中盘岩石怪、下盘响泉流。盘山的独特景观，被文人墨客赞叹不绝，并称其为"三盘暮雨"。

现在我们已经到了盘山脚下，下面请跟我一起进入山门。这就是镶有"三盘暮雨"四个大字的巨石，我们由莲花岭西路登山，可以看到"京东第一山"的牌坊，清乾隆皇帝先后巡幸盘山32次，留下了歌咏盘山的诗作1300多首，并发出了"早知有盘山，何必下江南"的感叹。能让一位皇帝多次临幸，又如此歌咏的山岳景观，恐怕寥寥无几，足以见得盘山的魅力与神奇。

我们现在沿着石梯小路向上走，大家慢一点，随我到这边来看一下，迎面这块巨石矗立在这东西浮青岭间，上书"入胜"两个大字，入胜意思是说我们从此处就开始进入胜境了。

继续前行，这里有两行摩崖刻字。一行是"四正门径"，盘山又叫四正山，意思是此乃通过盘山的大门。另一行是"鸣驺入谷"，鸣驺，是指豪门的车马声，古时帝王、达官贵人为了表示对佛的虔诚，进山礼佛，前呼后拥地进入山谷，所以，称为鸣驺入谷。继续往前，我们眼前的这块巨石，上宽下窄，形似元宝，所以，得名元宝石，可谓是盘山的镇山之宝，上面还有几行正楷大字："此地有崇山峻岭怪石奇松。"大家随我拾级而上，回头再看元宝石，是不是觉得更加形象呢？

再往前走，这里便是有名的大石桥了，盘山素有"步步有景，景景有典"的盛誉，相传乾隆游历盘山时，就曾在此休息过，还曾与纪晓岚于此石桥上共作一副对联，一时传为佳话。那么现在我请大家也在这儿休息一下，过一回当皇帝的瘾。在大家休息的同时，我给大家讲一个故事。有一年，乾隆皇帝来到盘山，走到大石桥前，见这里风景很好，于是降旨休息，随口出了个上联：游盘山走盘道盘桓数日，刘墉抢先对了下联：逛热河饮热酒热闹几天。乾隆一听热河，就立刻沉下了脸，原来在这之前，乾隆曾到热河离宫去避暑，当时那里流传着民谚：避暑山庄真避暑，百姓却在热河中。这话传进了他耳里，自然大为光火。刘墉见状，急忙岔开话说："万岁，这儿的景致多美呀，您应该再出个上联，让大伙对对。"于是，乾隆的情绪又好了起来，又说了个上联："八方桥，桥八方，站在八方桥上观八方，八方八方八八方。"这倒难住了几位大臣，而纪晓岚上前跪倒在乾隆面前脱口道："万岁爷，爷万岁，跪倒万岁爷前呼万岁，万岁万岁万万岁。"乾隆皇帝听后很是高兴，龙颜大悦。

好了，故事听完了，也休息过了，请大家继续跟我往前走，咱们的下一个景点是天成寺，天成寺是盘山游览区的重点景观，又名天成福善寺，也叫天成法界。清朝自康熙以后，几代皇帝均曾巡幸天成寺，乾隆皇帝巡游的次数最多，他的替身僧空海就在这里出家。庙门上"天成寺"三个字就是乾隆所书。天成寺中共有四处乾隆真迹，还有"江山一览"，乾隆御碑和大殿匾额"清净妙音"。咱们再来看看西边的这座盘山古塔中规模最大的古佛舍利塔，明碑记载，塔内藏神龙亲奉舍利三万余颗，故得此名。古佛舍利塔始建于唐，辽天庆年间重修。塔高22.63米，八角十三层。十三层密檐挂有104个铜铎，金光闪闪，山风徐来，悠然而动，丁零作响，让人心旷神怡，流连忘返。

六、类比法

由于地理的、历史的、民族的、文化的以及宗教信仰的差异性，导游人员要把每个游览点解释得使游客容易理解、一听就明白，并不是易事。因此，导游人员有时必须借助类比的手法，用游客熟悉的事物进行类比，以熟喻生，帮助游客理解和加深印象。所谓"类比法"，就是达到类比旁通效果的导游手法。

（一）同类相似类比

将相似的两物进行比较，便于游客理解并使其产生亲切感。例如，在讲解石家大院时，从文化背景上讲，可对山西游客说："乔家大院反映了晋商在明清时期的繁荣景象及其对当地经济的影响。而石家大院则展示了天津地区盐商的生活状况和发展历程。"

（二）同类相异类比

将两种风物比出规模、质量、风格、水平、价值等方面的不同。例如，将天津海河与法国的塞纳河作比较，通过两岸的文化、经济、建筑等进行比较。

（三）纵向时间比

可将处于同一时期的不同国家的帝王作类比。也可将年号、帝号纪年转换成公元纪年，例如，在讲天津赐名时间时，可以把永乐二年讲成1404年。对美国游客说：天津建卫是在哥伦布发现新大陆88年前；对英国游客说：独乐寺的建造时间是在莎士比亚诞生之前的340年。这样一比较，他们就能更好地感受中国文化的悠久历史。

七、制造悬念法

根据不同的导游内容，有意识地创设连环套似的情境，先抑后扬地提出问题，以造成"欲知结果如何，且听下回分解"的悬念，使游客由被动听讲解变为主动探寻，以激起欲知其究竟的好奇心和求知欲，俗称"吊胃口""卖关子"。

示例：泰达航母主题公园

接下来，我们进入的这个舱室是原舰的鱼雷发射舱。鱼雷是能在水中自航、自控和自导，并在水中爆炸、摧毁目标的一种水下武器，用于攻击潜艇、水面舰船及其他水中目标。各位朋友，现在展现在我们眼前的，是一枚令人瞩目的533型大型鱼雷。所谓533型大型鱼雷，是指其直径达到了533毫米及以上，而这枚鱼雷长度为8620毫米，弹径精确至533.4毫米，重达1850千克，其结构由雷头、雷身和雷尾三个部分共同构成。

先看雷头部分，这里面精心配备了装药引爆系统，能够装填威力相当于400千克TNT当量的高爆炸药。想象一下，一旦它正面命中目标，那足以将一艘2000吨左右的舰船从中间部位炸成两段，场面可谓惊心动魄。更值得一提的是，它还具备携带核弹头的能力，一枚核弹头的爆炸威力，相当于2万吨TNT高爆炸药同时爆发，能将方圆2千米范围内的任何水中目标瞬间化为齑粉，其破坏力之强，实在令人咋舌。

雷身之中，则安装着先进的导引控制系统。这一系统宛如鱼雷的"智慧大脑"，能够精准地探测、识别目标，并且巧妙地控制鱼雷按照预设的航向和航深航行，紧紧锁定目标并发起攻击，确保鱼雷在茫茫大海中也能准确无误地击中目标。

至于雷尾，它是鱼雷的动力推动源泉。这款533型鱼雷采用的是热动力推进方式，配备了高性能的发动机以及燃料舱，尾部的推进桨叶在动力的驱动下快速旋转，为鱼雷在水中的潜航提供强大的推力。同时，为了保障鱼雷在航行过程中的稳定性，还特别设计了鳍板和稳定器，让鱼雷能够平稳、高速地驶向目标。

大家知道吗？基辅号曾经携带着24枚这样的鱼雷，它们平时存放在哪里呢？大家不妨向前看，在前面的舱壁上，有一个看似不起眼的小舱门。可千万别小瞧了这个舱门，它的背后可是存放鱼雷的导弹库。仔细观察，还能发现门口设置有运送鱼雷的轨道，这些轨道见证了鱼雷的装载与运输过程。

接下来，大家一定非常好奇，鱼雷究竟是怎样发射出去的呢？我们站在发射器的尾部位置，可以看到舱室的两侧各有一座独特的装置，它们由5根长管整齐排列组成，这就是鱼雷的发射器。这种发射器的设计十分精妙，它既可以单发鱼雷，也能多发齐射，甚至能够实现十枚鱼雷同时发射。当发射程序启动时，首先会看到侧面船身上的白色舱门在黄色液压臂的有力推动下，缓缓向上打开，瞬间呈现出一个长8米、宽1.5米的开口，这个开口就如同鱼雷冲向大海的"绿色通道"。其次，5联装发射器在下方转盘的带动下，迅速旋转90°，使其头部探出窗口，尾部则与地面轨道精准相连。最后，通过轨道将鱼雷稳稳地装入发射器内。而在发射器尾部下方，放置着黑色的高压钢瓶，里面储存着易燃易爆的甲烷气体。在甲烷气体瞬间爆发的强大动力推动下，鱼雷就如同离弦之箭一般，被发射到广袤无垠的大海之中，去执行它的使命。

相信在不久之后，当我们走进隐藏在那个小舱门后面的导弹库时，大家将会感受到更加强烈的震撼。因为那里不仅是全舰最大的导弹库，还存放着原舰最为厉害且神秘的一种导弹，让我们共同期待接下来的探索之旅。

八、画龙点睛法

用凝练的词句概括所游览景点的独特之处，并给游客留下突出印象的导游手法称为"画龙点睛法"。

示例：大沽口炮台遗址纪念馆

刚才您在新闻中看到的就是来自天津大沽口炮台遗址博物馆的镇馆之宝、国家一级文物——大沽铁钟。下面我就带您一同走近这口历经磨难的铁钟，讲述关于它的故事。

2005年7月17日，一架国际航班的飞机平稳地降落在首都国际机场，早已等候的人们从飞机上卸下一个木箱，很快抬上汽车，消失在车水马龙的夜色中。第二天，众多的新闻媒体播报了一条消息：一口被八国联军掠走的"大沽铁钟"，在海外漂泊105年后终于回到了祖国。然而这口铁钟究竟为谁而铸，身世如何？它缘何跑到了英国？大沽铁钟又有着怎样的回归经历呢？

这口铁钟铸造于1884年，曾悬挂在大沽口要塞的石头缝炮台，是为了纪念抗击英法联军壮烈牺牲的爱国将领乐善而铸造的。铁钟口径为585毫米，钟体高650毫米，重105千克；钟上铸有"风""调""雨""顺""国""泰""民""安""大清光绪十年立海口大沽乐威毅公祠"等铭文。

1900年，八国联军占领天津之后，英国人把这口铁钟作为战利品掠走，存放在朴次茅斯市的维多利亚公园，英国政府为纪念当时在战争中死去的士兵，特意在园区内修建了一座中式凉亭，将铁钟悬挂起来。此后的日子，大沽铁钟一直经历着动荡和承受着历史的磨难。我们可以看到，挂钟用的钟钮残损了，那是因为窃贼想要把这口钟偷走，他把钟钮破坏，却因为钟体太重没能搬走，一位园丁发现之后就把它放进温室内，直到2003年才被发现。

2003年夏天，有一位中国留学生名叫范辉，到维多利亚艺术中心实习兼职，与中心主任马克相识。此时，铁钟就存放在艺术中心的暖房里。马克请范辉翻译大钟上的铭文，当她看到钟上铸有"海口大沽"等字样时，基本认定此钟来自中国天津。当马克表示，这口来自中国的大钟应该回到自己的故乡时，范辉立即开始争取大钟重新踏上津沽大地的征途。更为巧合的是，马克还发现他的先祖曾随英军远征中国，当年攻陷的正是直隶提督乐善指挥的炮台。历史的轮回和巧合，既有偶然性，又有着发人深省的必然性。当时朴次茅斯市就有人呼吁：大沽铁钟不是象征和平正义的标志，应当归还给他真正的主人——中国。在当地华人社团领袖叶锦洪的不懈努力和原塘沽区政府的积极争取下，在国外颠沛流离了一个多世纪的大沽铁钟于2005年7月20日重回故里。如今天津与朴次茅斯这两座港口城市已经缔结为友好城市，共同续写着新的历史篇章，而大沽铁钟依旧驻守在他最初的地方，通过无形的钟声，见证了曾经的沧海桑田。

大沽铁钟见证了自近代以来，中华民族由丧权辱国、落后挨打的封建王朝到中华人民共和国富国强兵、繁荣昌盛的历史。从邪恶到善良、从战争到和平、从掠夺到归还，人类在战胜自身谬误中逐步走向文明与和谐。百年前民族蒙难，古钟受辱漂海外；百年后国家昌盛，古钟完璧归故里。

第二章
天津市导游现场考试讲解

第一节　天津旅游概况

　　天津是我国四大直辖市之一，简称津，也称津沽、津门，是国家中心城市、首批沿海开放城市，全国先进制造研发基地、北方国际航运核心区、金融创新运营示范区、改革开放先行区。天津现辖16个区，包括滨海新区、和平区、河东区、河西区、南开区、河北区、红桥区、东丽区、西青区、津南区、北辰区、武清区、宝坻区、静海区、宁河区、蓟州区。全市常住人口总量1364万人，是一个多民族散居、杂居的沿海城市，56个民族成分齐全。根据天津市第七次全国人口普查统计，全市有少数民族常住人口44.35万人，万人以上的少数民族有回族、满族、蒙古族、朝鲜族、壮族、苗族和土家族。

　　天津地区在商周时期即有人类居住。随着隋朝大运河的开通，天津的地位日渐重要。唐朝中叶以后，天津成为南方粮、绸北运的水陆码头。金代在南北运河与海河交汇的三岔河口一带设直沽寨，为天津最早的建置。元延祐三年（1316年）改直沽为海津镇，是军事重镇和漕粮转运中心。明建文二年（1400年），燕王朱棣率兵经海津镇渡河南下，称帝后将海津镇改名"天津"。明永乐二年（1404年）设天津卫，翌年设天津左卫，转年又设天津右卫。清顺治九年（1652年），三卫合一，归并于天津卫。雍正三年（1725年），改天津卫为天津州。雍正九年（1731年），天津州升为天津府，并附设天津县。从明永乐二年正式设卫至2024年，天津建城已有620年的历史。

1860年，天津被辟为通商口岸后，西方列强纷纷在天津设立租界，天津成为中国北方开放的前沿和近代中国洋务运动的基地，军事近代化以及铁路、电报、电话、邮政、采矿、近代教育、司法等方面均开全国之先河，成为当时中国第二大工商业城市和北方最大的金融商贸中心。由著名油画家邓家驹创作、曾被法国美术界赞为"史画"的《漕运图》，以绘画的形式记录了这样一种情况：当时北方的政权需要粮食，要从南方运来，运河不但解决了物质运输的问题，还促进了南北文化的交流。通过对天津这座因水而生、因水而长的城市所特有的地域历史与人文风貌描绘，生动地展现了天津的繁荣，透视了天津社会生活与习俗风情的全景，让我们从中回味、解读了那段久远的历史，从而更加真实地感受天津城市的文化底蕴。1949年1月15日，天津解放。中华人民共和国成立后，天津社会面貌发生了翻天覆地的变化。1978年改革开放后，天津作为首批对外开放的沿海港口城市，经济社会发展取得辉煌成就，津沽大地焕发出无限生机和活力。

天津土地总面积11966.45平方千米，其中海岸线长153.669千米，陆界长1137.48千米，自然资源丰富，湿地类型多样，包括沿海滩涂、内陆滩涂和沼泽地等，全市有湿地自然保护区4处，国家湿地公园4处。天津地处太平洋西岸，华北平原东北部，海河流域下游，东临渤海，北依燕山，西靠首都北京，是海河五大支流南运河、子牙河、大清河、永定河、北运河的汇合处和入海口，素有"九河下梢""河海要冲"之称。

天津有着个性鲜明且突出的特征。九河下梢、东临渤海、漕运码头，这三者所形成的河海文化，塑造了天津文化开放流动、结构多元且兼收并蓄的城市性格。

作为华北大都市，北方文化的粗犷质朴与燕赵文化的刚烈热情，都深深地融入津沽文化和天津人的气质之中，这构成了天津城市性格的主旋律。从建卫初期到商业都市崛起的历史进程中，天津城市性格还得益于军旅文化与移民文化的相互融合，以及漕运文化与商埠文化的相互促进。来自五湖四海的人们聚居于此，促进了南北文化的交融；众多河流汇聚于此，成就了雅俗共赏的文化景观。天津，宛如一颗璀璨的明珠，坐落在华夏大地之上，以其非凡的吸纳融合能力闪耀着独特的光辉。这座城市仿若一个海纳百川的巨大容器，汇聚了九河之灵秀，采撷了天地之神韵，凭借着宽广的胸怀与开放的姿态，广纳四方精粹，融合南北之长，贯通中外之异，进而孕育出一种多元包容、底蕴深厚、民俗风味浓郁且民风淳朴敦厚的独特城市文化风貌，也因此赢得了"近代中国看天津"的美誉。1860年之后，在不断遭受外敌入侵的背景下，九国租界纷纷在天津这片土地上落地生根，使华洋居民杂居共处，东西方文化在这里发生了激烈的碰撞。但奇妙的是，两种看似格格不入、差异悬殊的文化，却在天津这片土地上相互交织、共生共荣。租界中的教堂、洋行、商家星罗棋布，现代的城市管理模式与西方生活方式，如同一股强劲的文化洪流，深刻地影响并重塑了近代天津的文化轨迹。西方文化与本土的中华传统文化时而激烈冲突，碰撞出耀眼的火花；时而又在华洋混居、中西交流的日常中相互渗透、彼此交融，逐渐形成了天津独有的文化景观。在近代中国北方的广袤地域中，天津凭借其得天独厚的地理位置与波澜壮阔的历史机遇，宛如一位勇立潮头的先锋，傲然引领着时代的潮流走向，成为当时中国北方瞭望世界、接轨世界的重要前沿阵地。

19世纪80年代前后，在李鸿章等一批有识之士的鼎力推动下，为中国开辟了现代化之路的"洋务运动"以及承载着无数仁人志士强国梦想的"实业救国"的巨大浪潮，都以天津作为首要起点与核心枢纽，而后犹如星火燎原，向着全国范围拓展蔓延。就在这一时期，天津相继诞生了一批"中国之最"：中国最早自己修建的最长的铁路——津唐铁路、中国最早的开合式铁桥——金华桥、中国第一套邮票——大龙邮票、中国最早的电报局——津沪电报总局、中国报龄最长的报纸——《大公报》、中国最早的机器铸币厂——天津机器局铸钱局，以及中国第一台自制蒸汽机车、第一条有轨电车，国内最早的电报业、电话通信业、公交系统等。

天津是中蒙俄经济走廊主要节点、海上丝绸之路的战略支点、"一带一路"交汇点、亚欧大陆桥最近的东部起点，凭借优越的地理位置和交通条件，成为连接国内外、联系南北方、沟通东西部的重要枢纽，是邻近内陆国家的重要出海口。天津背靠华北、西北、东北地区，经济腹地辽阔，是中国北方十几个省区市对外交往的重要通道，也是中国北方最大的港口城市。天津距北京120千米，是拱卫京畿的要地和门户。

天津经济的发展、社会的进步离不开教育文化事业的支持和保障。在中国近代发展历程中，天津成为发展新式教育的中心城市。19世纪末，一批洋务学堂从天津起步，不同层次、不同类型的新式学校如雨后春笋般纷纷建立：中国近代的第一座电信学校、中国最早的以接受西医技术培训为主的军医学校、中国最早的政法学校、中国最早的警察学校和中国最早的女子师范学校都诞生在天津。1881年设立的北洋水师学堂和1885年设立的天津武备学堂分别是我国最早建立的近代海军学堂和培养新式陆军的军事学校，称得上人才辈出、将相云集。

国内著名学府天津大学，是中国第一所现代大学，它的前身为北洋大学，始建于1895年10月2日，是清朝光绪皇帝御笔钦准的公立大学。今天的天津大学已经成为一所以工为主、理工结合，经、管、文、法、教育等多学科协调发展的综合性研究型大学。

南开大学发端于1898年威海卫"国帜三易"的奇耻大辱之后，奠基于1904年甲午战败十周年之际，正式开办于1919年"五四运动"的时代大潮之中，是爱国教育家严修、张伯苓创建的南开学校教育体系的重要组成部分，是一群不服输的中国人自立图强、兴办现代大学的光辉典范。南开大学是教育部直属重点综合性大学，是敬爱的周恩来总理的母校。1937年，校园遭侵华日军炸毁，学校南迁，与北京大学、清华大学组建国立长沙临时大学，1938年，迁至昆明改名为国立西南联合大学。1946年，回津复校并改为公立。

党的十八大以来，习近平总书记多次对南开的发展给予肯定，并对相关工作回信和勉励，更在百年校庆之际亲临南开视察。学校坚持"允公允能，日新月异"的校训，以杰出校友周恩来为楷模，教育英才，繁荣学术，强国兴邦，传承文明，努力建设世界一流大学。

由于天津是最早一批通商口岸，交通便利发达，来自全国各地的南北曲艺便得以在这里互动、交融、发展。海纳百川，有容乃大的胸怀，多元化的文化特征，使天津成为北方曲艺之乡，诸多曲艺形式都在此发源、兴盛和发展，各种表演艺术门类齐全，其中京东大鼓、天津时调、梅花大鼓、京剧、相声等入选《国家级非物质文化遗产名录》。

京东大鼓是一种采用京东方言说唱表演的曲艺鼓书暨鼓曲形式，主要盛行于北京怀柔、天津宝坻，以及河北省廊坊、承德、保定、唐山等地区。京东大鼓是中国北方京东一带民众喜闻乐见、备受喜爱的曲艺形式之一，无论身处何方，只要一听到它的旋律，必然会勾起无尽的思乡之情和对乡亲们的思念，它是京东地区人民的文化载体，经典剧目主要有《王婆骂鸡》《耗子告猫》《大八义》《小八义》等。

天津时调以天津方言语音进行演唱，是天津曲艺中最具代表性的曲种之一，主要在天津市流传。天津时调的表演形式通常为一人或两人执节子板演唱，同时，另有他人操大三弦和四胡等进行伴奏。天津时调曲调丰富多样，曲目内容丰富，且都与当时的民风、民俗密切相关，是研究天津城市历史沿革的不可多得的"活化石"。

梅花大鼓，又称"梅花调""北板大鼓"，是北方鼓曲的代表性曲种之一，也是北京、天津地区特有的地方性大鼓曲种。梅花大鼓的曲调优美动听，旋律悠长婉转、唱腔悠扬、咬字圆润，拥有独特的唱腔特点，具有代表性的传统曲目有《钗头凤》《琴挑》等。

京剧，又称平剧、京戏等，是中国影响力最大的戏曲剧种，是中华民族传统文化的重要表现形式，其多种艺术元素被用作中国传统文化的象征符号。京剧以北京为中心进行分布，遍布全国各地，有"国剧"之称，同时也是天津曲艺的重要代表，也是天津的"非遗"项目。京剧在文学、表演、音乐、舞台美术等各个方面都拥有一套规范化的艺术表现形式，以梅兰芳命名的京剧表演体系被视为东方戏剧表演体系的代表，与世界其他两大表演体系并称为"世界三大表演体系"。

相声是一种民间说唱曲艺，以说、学、逗、唱作为主要表现形式，凸显其独特之处。相声艺术起源于华北地区，流行于京津冀一带，在全国及海内外得到广泛普及，始于明清时期，兴盛于当代，主要通过口头方式进行表演。其表演形式包括单口相声、对口相声、群口相声等，是深深扎根于民间、源于生活，又深受群众喜爱的曲艺表演艺术形式。

天津地理位置得天独厚，是连接华北、东北、西北地区的交通枢纽。近些年来，天津的交通事业发展很快，现在已基本形成以港口为中心的海、陆、空一体的交通网络。

天津滨海国际机场是国内干线机场、国际定期航班机场、国家一类航空口岸，是中国主要的航空货运中心之一。前身为天津张贵庄机场，始建于1939年11月。1950年，我国最早的两条民用航线从这里始发，机场同时担负起中华人民共和国专业飞行和技术人才培养的任务，被誉为"中华人民共和国民航的摇篮"。2023年，天津滨海机场的旅客吞吐量为1847.3万人次，运输架次为14.1万架次，货邮吞吐量达12.68万吨。

天津站，又被称为天津东站，坐落于天津市河北区与河东区的交界处，位于海河北岸。始建于清光绪十二年（1886年），随后分别在1950年、1987年和2008年经历了3次大规模改扩建；2008年8月1日，改扩建后的天津站正式投入使用。该站总建筑面积达18.5万平方米，集铁路、地铁、公交、出租车等多种交通方式为一体，是一座大型交通枢纽，也是天津铁路枢纽的重要组成部分。

天津西站位于天津市红桥区，始建于清宣统元年（1909年）8月，历经多次改扩建。2011年6月30日，改造后的天津西站正式投入使用。该站建筑总面积达18万平方米，设计年发送旅客量为2367万人次，最高聚集人数可达5000人，是一座客货特一等站，同时也是天津铁路枢纽的重要组成部分，更是京沪高速铁路的五大始发车站之一。

天津港是我国沿海港口码头中功能最齐全的港口之一。它拥有集装箱码头、铁矿石码头、煤炭码头、石油化工品码头、杂货码头、滚装码头、散粮码头、散化肥码头、国际客运码头等各类专业化码头。天津港主要分为北疆、南疆、东疆、海河四大港区，其中东疆港区是通过人工吹填造陆形成的半岛式新港区，规划面积达30平方千米，而其中的10平方千米东疆保税港区更是中国规模最大、开放度最高的保税港区。

天津国际邮轮母港位于天津港东疆港区南端，与东疆保税港区相邻。其总规划面积为1.2平方千米，拥有规划岸线1600米，可安排6个大型邮轮泊位。目前，已建成6万平方米的客运大厦以及2个泊位、625米的码头岸线，年旅客接待能力可达50万人次。天津国际邮轮母港的启用以及新航线的开辟，标志着港口建设取得了新的突破，港口功能得到了进一步完善。这对于加快推进天津国际港口城市和北方经济中心建设，促进旅游产业发展，扩大对外开放，提升影响力和知名度，增强天津城市载体功能，完善现代综合交通体系，强化天津国际化城市地位等都具有十分重要的意义。邮轮母港具备完善的接船、候船、通关、停车、安检、购物、休闲和娱乐等设施，同时还兼具商业休闲、商贸会展和旅游娱乐等多种功能，是一个复合商业中心。其服务与功能更加完备，对应活动更加丰富，可利用价值更加充分，从而真正成为中国北方重要工商业城市——天津的时尚地标。

由于天津独特的地理位置和历史，形成了山、海、河、湖以及历史文化特有的旅游资源。天津市文化和旅游局持续开展"邂逅·天津"创意城市发展计划，实施大运河海河文化旅游带拓展提升改造工程，围绕"洋楼、河、海、山、烟火气"五大天津文旅核心IP，升级推出十大主题42条"津牌"精品旅游线路，策划"小楼春秋、临河夜赏、滨海逐梦、田园感味、人间烟火、艺彩纷呈"六大主题300余项文旅活动。

随着滨海新区开发开放纳入国家总体发展战略布局，这里越来越受到全国乃至世界的瞩目。滨海新区成立于1994年，位于天津东部的临海地区，规划面积2270平方千米，海岸线153千米，地处"一带一路"交会点，京津冀城市群的"海上门户"。2013年以来，习近平总书记两次到滨海新区考察，对滨海新区在京津冀协同发展重大国家战略和"一带一路"建设中发挥重要作用提出明确要求。滨海新区下辖天津经济技术开发区、天津港保税区、天津滨海高新技术产业开发区、天津东疆综合保税区、中新天津生态城5个国家级开发区，是全国综合配套改革试验区、国家自主创新示范区、北方首个自由贸易试验区，是天津发展的龙头和引擎，拥有70余项"全国之最"。2020年11月，天津提出"津城"（中心城区）、"滨城"（滨海新区）双城发展格局，"十四五"时期，滨海新区着力打造"一基地三区"核心区，高质量发展示范区，社会主义现代化建设先行区。

滨海新区拥有世界级人工深水大港——天津港。海洋之中，绵密的航运网络，通达全球200多个国家和地区的800多个港口；大陆之上，跨越新亚欧大陆桥，贯通中蒙俄、中西亚与欧洲的每一个角落，这里拥有北方国际航空物流中心，天津滨海国际机场；苍穹之上，180条航线辐射神州内外，通达全球132座城市。

智慧激荡创新，绿色赋能未来。以城聚产，以产兴城，建设全国先进制造研发基地，聚焦智能科技、生物医药、新能源、新材料、航空航天、装备制造、石油化工、汽车工业、"1+3+4"产业新定位（重点布局海洋装备产业，统筹发展能源装备、汽车零部件、智能制造装备三大新型特色装备产业，巩固并提升工程装备、纺织机械、油气石化装备、船舶修造四大传统优势装备产业），着力打造航空航天产业链、汽车制造产业链、信创产业集群和战略性新兴产业集群，新业态新模式加速聚集，现代服务业增势强劲，融资租赁领跑全国。立足国内国际双循环，引育新动能，点燃新引擎，引领新未来。

创新驱动，示范先行。敢为人先的勇气从未停歇。国家综合配套改革试验区、自由贸易试验区双轮驱动，3000多家国家级高新技术企业、500多家市级以上研发平台，其中40多家国家级众创空间和孵化器云集滨海。

530米的天津周大福金融中心是滨海新区的新高度，"1+4+N"的新型智慧城市体系是滨海新区的新维度，"津城""滨城"相映生辉，竞相发展。绿色生态屏障壮丽生长，北大港湿地保护区候鸟自由飞翔，教育医疗资源集聚，公共文化服务优质，这是"滨城"发展的底气和不竭的动力。新时代、新动能、新机遇、新未来，滨海新区立足新发展阶段，贯彻新发展理念，构建新发展格局，全面实施"创新立区、制造强区、改革活区、开放兴区、环境优区"战略，打造生态之城、智慧之城、港产城融合之城、宜居宜业之城。

天津是中国北方海洋漕运的发祥地，岁月积淀孕育了天津丰富的海洋文化。近几年，天津不断开发新的滨海旅游资源和旅游产品，开始打造天津海洋文化品牌，建成了我国最大的人造沙滩景区东疆湾景区供游人亲水游玩；建设天津国际邮轮母港，具备海上邮轮和陆上游客服务双重功能；更是即将建设完成中国首座国家级、综合性、公益性的国家海洋博物馆，是天津滨海新区的文化地标，更是中国海洋事业的文化里程碑。

海河是天津母亲河，承载着这座城市的辉煌与灿烂，蕴含着时代的缩影，见证着文化的更迭。乘海河游船欣赏两岸旖旎风光和历史建筑，登上那座桥轮合一的"天津之眼"，一览方圆40千米的景致。如果说海河风景线是一篇宏伟的乐章，那么矗立在海河之上的桥就是这篇乐章高潮部分的音符，从历经沧桑的金钢桥、金汤桥、解放桥到千姿百态的大沽桥、永乐桥、大光明桥等，每一座桥都在向人们讲述着一个个故事。

天津是近代中国的缩影，素有"世界建筑博览会"的美誉。在这里，风格纷呈的小洋楼等西方各国建筑遗存有上千幢，它们延续着历史的文脉，增加了城市的厚重感。对于天津人来说，小洋楼已经成为一张展示天津丰富历史文化底蕴的城市名片。有着"万国建筑博览苑"之称的"五大道"是迄今为止天津乃至中国保留最为完整的洋楼建筑群；原汁原味、有着百年历史的意大利建筑群"意式风情区"；有"东方华尔街"之称，现今仍为天津金融机构的集聚地之一的"解放北路金融街"，记录着百年金融街的辉煌历史，也见证了金融街的历史变迁。

天津拥有丰富的文化底蕴，民间文玩、"非遗"传承氛围十分浓厚。作为拥有600多年建城历史的天津，能人辈出。从青年创业者，到年近七旬的手艺人，匠人、匠艺、匠心让这座城市充满文化味道，被公认为是天津"十绝"。所塑作品以形写神，达到神形兼具的境地的"泥人张彩塑"，入选首批国家级非物质文化遗产项目的"杨柳青木版年画"，造型多变、彩绘逼真、飞行平稳、技艺一枝独秀的"风筝魏"，题材广泛、色彩典雅、线条流畅的"天津面塑"等，诸多非物质文化遗产得以流传。

天津话是天津地域文化的典型代表，干净利落，活泼俏皮。在这里，有种零食叫零嘴儿、有种男孩叫小小子儿、有种女孩叫小闺女儿、有种玩笑叫打镲……这是一座骨子里浸润着乐观的开心之城，天津人率真豪爽、亲切包容、幽默诙谐，所以，天津又叫"哏儿都"。从这个意义上说，天津相声界能人辈出，相声艺术在天津的兴盛，与天津独特的地域文化，特别是天津方言的滋润分不开。天津相声队伍中，也涌现出许多优秀的演员，如一代相声名家马三立、家喻户晓的郭德纲等。

天津得天独厚的地理位置，汇集了八方来客，也带来了八方美食，构成了天津特色的津门美食。走在天津，各种风味食廊和许多遍布街区闹市的各式餐厅，饭庄不时有阵阵"撩人食欲"的香气扑鼻而来……家喻户晓的"津门三绝"——狗不理包子、十八街麻花和耳朵眼炸糕；颗粒饱满、芳醇无比的小宝栗子；味美适口、营养丰富的天津嘎巴菜；热炉子铁板上的面糊一勺，优美地一转，转开了天津人美食文化的煎饼馃子。

天津，这座历史悠久、文化底蕴深厚的城市，犹如一颗璀璨的明珠闪耀在渤海之滨。在这里，历史与现代交织，自然与人文相融，构成了一幅幅动人的画卷，等待着你来探索和感受。漫步于古老的街道，聆听历史的回响；

徜徉在繁华的都市，感受时代的脉搏；沉醉在美丽的风景，享受生活的美好；让我们与天津一同前行，体验这座城市的独特魅力，开启一段难忘的旅程，共同见证这座城市的辉煌与发展。

第二节　古文化街

早在1404年天津设卫之前，随着漕运经济的发展和妈祖文化的传播，海河西岸——三岔口一带逐渐成为文化、宗教和商贸的聚集地。在天津，早有"先有天后宫，后有天津卫"之说。

地处三岔口一带的古文化街，原称"宫南、宫北大街"，最初是以区域内的天后宫为方位确定的。1985年，天津市政府对"宫南、宫北大街"上的建筑进行整修，1986年1月开街，1989年更名为古文化街。

2003年年初，天津市对古文化街地区进行大规模的整修重建，2006年年底，古文化街旅游商贸区全面建成。古文化街旅游区范围为：东起张自忠路，西至东马路，南起水阁大街，北至通北路，总建筑面积18万平方米，比原古文化街扩大了10倍，成为集民俗文化、旅游购物、餐饮住宿、休闲娱乐等于一体的综合性旅游商贸区，荣膺"中国特色商业街"称号和"国家5A级旅游景区"称号。

在古文化街旅游区开发建设的进程中，设计并建造了文化小城、古玩城、北方美博城、东马路综合楼、沿河风情水畔等大型现代建筑，恢复重建了680米长的仿明清式建筑风格的古文化街主街，并完成了主街两侧建筑、两端牌楼及戏楼和长廊两侧的仿古彩绘和砖雕装饰，保留整修了具有600多年历史的木结构建筑——玉皇阁和素有"天津四合院"之称的百年建筑——通庆里，移植重建了天津近代第一家官办金融机构——官银号，以及具有200余年历史的万春斗店建筑。此外，还在街区内重新规划恢复了大狮子胡同、王十二胡同、萨宝石胡同、袜子胡同等多条著名的老胡同，新建了多处大型地上和地下停车场，以及小型休闲广场等基本公共设施。整修重建后的古文化街地区，既不失古老之风韵，又展现当代之风格。徜徉在古文化街，仿佛置身于浩瀚的历史长河，也会感受到津门故里浓郁的古老味、文化味和天津味。

一、北口牌楼

作为古文化街的标志性建筑,古文化街北端入口处的牌楼,采用了清代"烟琢墨石撵玉"旋子大点金彩绘形式。上书"沽上艺苑"四个大字。"沽"指水,天津地处九河下梢,水网密集,素有"七十二沽"之称。天津近代华洋杂处、南北交融,又是曲艺之乡。古文化街正是天津传统文化艺术的发祥地,至今的街貌依然散发着浓厚的艺术气息,所以,称为"沽上艺苑"再恰当不过。

牌楼背书"金鳌"。金,取贵重之意;鳌,鲤鱼跃过龙门之后称为鳌,是龙的化身。比喻当年小小的直沽寨,经历了鱼跃龙门的蜕变,化身如"金鳌"一般大气的存在。来此的人在这个牌楼下,难免生出怀古幽思之心,情不自禁地寻觅历史的气息,对这个天津文明的发源地敬意油然而生。

二、铜钱铺装

在古文化街主街北口地面上铺设有大小不一的铜钱12枚,其寓意有二:一是游客可以踩金踏银而来,携吉带祥而去;二是古文化街的各家商铺,天天财源滚滚,日日生意兴隆!

三、官银号

为了进一步延续天津建筑文脉,在开发建设古文化街旅游商贸区时,移植并重建了官银号建筑。重建官银号时,按照历史老照片,多角度地模仿复原,力求恢复其原貌。新官银号于2005年12月建成,并恢复了银行和金融的功能。

原官银号位于老城厢里侧的东马路和北马路交口处,即今古文化街旅游商贸区西北侧的对面。当年的官银号始建于1900年,1902年投入使用。该建筑建成后,成为当时天津一景,在清末民初天津所发行的明信片中,有许多是以该建筑为背景的。

原官银号建筑主体三层,大坡屋顶,砖木结构。建筑最具特色的是拐角处的塔楼,塔楼高达五层,其外部建有悬挑式阳台,五层部位为四周通透状,顶部为盔式瓦顶,其造型酷似教堂的钟楼。在建筑两侧主立面中部的一层分别建有外凸的三列圆券门洞，门洞上是二楼的平台，正立面的三层以上建有高凸的山墙尖，增加了中国传统建筑的符号。建筑的两个末端又分别建成突起的四层小塔楼，小塔楼与中部的塔楼交相辉映，形成和谐的整体。

官银号从1903年开业到1913年改名为直隶省银行，再到1927年的衰落，全程记载着中国近代屈辱的历史，并向后人讲述着中华民族积极抗争外国经济侵略的经历和旧政府的腐败，是一部极好的中国近代史教科书。

清光绪二十六年（1900年），八国联军侵入天津，各国列强在完成了军事占领的同时，加紧了经济侵略，使当时清政府对外交涉的一线城市——天津，物资损耗殆尽，金融紊乱。各国列强为了进一步奴役中国，凭借武力，再加上雄厚的资金，纷纷在中国设立银行。这些银行在19世纪末相继开业，形式上看似控制了天津的金融市场，而实际上却控制着整个中国的金融业。外国金融资本大量介入，把中国清代天津原有的一家一户、单打独斗所形成的票号、钱庄等一下子挤垮了，社会一片混乱。为恢复国内金融的元气，也为和各国列强抗衡，清政府于1902年成立了天津第一个官办金融机构——直隶官银号。

据史书记载，正是由时任直隶总督兼北洋大臣的袁世凯筹办的。该银号初创资本为100万元，性质为省级官办财政银行，可代表国家一面发行钞票，一面经营本省金库，融通行政经费。

后来，清政府又成立了大清银行。1912年，中华民国成立，北洋政府于1913年，将官银号改为直隶省银行，成立专门筹集军费的机构。到了20世纪二三十年代，随着北洋军阀的垮台，其直隶省银行所发行的纸币一再贬值，后被迫关闭。国民政府又将直隶省银行改为河北省银行，但仍不景气。该建筑于1932年被拆除，在原址建起了高三层的建筑，楼下把角是天津正兴德茶庄，沿东马路是五和商场和河北省银行。1949年10月，中华人民共和国成立后将河北省银行改为中国人民银行东北角分理处。20世纪初至20世纪六七十年代，在东北角的区域内，又派生出了以官银号为方位的地名，其中有官银号菜市场、官银号副食品综合商场等。

旧时，环天津老城厢建有有轨电车，电车在此设站，报站时售票员就大声吆喝——"官银号到了，抓紧下车，您啦！"——形成有力的广告传媒效应，官银号也因而声名大振。尽管原官银号的建筑早已不复存在，但官银号的地名和海光寺、劝业场、小白楼、大营门、小树林、下瓦房等地名却一同沿传至今。

四、古街彩绘

在古文化街主街每一店铺上方的房梁上均有彩绘，古文化街仿古彩绘当属古街的一大特色。

彩绘在我国已有两千多年的历史了。在我国古代，当时的建筑大多是木结构的，我们的先人为了防止木头腐朽，在木质的房梁上刷上一种矿物质颜料及桐油类物质，以确保木质的房梁不受损坏。彩绘最早出现在皇家园林与宫殿，其彩绘的题材也由山水、花鸟等发展到龙、凤等。随着时代的发展，能工巧匠们又给彩绘赋予了新的内涵。

在古文化街主街，色彩斑斓且人物与山水、花鸟画面相间有序的彩绘，经过精心挑选和专家研讨逐张确定下来。整条古文化街上共有彩绘800余幅，其中有400余幅带有故事情节。彩绘的脉络按照历史顺序从南到北依次展开，其故事依照中国历史汉、唐、宋、元、明、清的顺序逐一展开，历史事件不颠倒、不错位。

其西侧以中国四大名著《三国演义》《西游记》《水浒传》《红楼梦》的故事为主要题材并配有《宋史故事》《聊斋志异》；东侧以中国历史故事、古代传说以及戏剧名作为题材，有"凤求凰""昭君出塞""文姬归汉""孔雀东南飞""长恨歌""梁山伯与祝英台""岳飞传""杨门女将""牛郎织女""白蛇传""西厢记""郑和下西洋""乾隆下江南"等历史故事。宫前广场的彩绘是以中国古代吉祥话为内容，表达了广大人民祈福纳祥的美好愿望。

五、《清明上河图》木质浮雕

在古文化街主街北街的西侧，挂有近十米长的《清明上河图》木质浮雕一幅，其内容源自北宋画家张择端绘制的纪实风俗画《清明上河图》。该画原作高24.8厘米，长528.7厘米，现存于中国故宫博物院。

在恢复重建古文化街时，按照1985年第一次整修时的原画比例进行再创作。该浮雕雕刻细腻、手法高超、材质上乘，所刻制的人物各个表情生动，栩栩如生，为不可多得的精品。

该浮雕是用三块整木料刻制的，大体按照原画的结构进行分割。第一块所描绘的是当年京都汴梁郊外的农村风光；第二块是以当年汴梁城内的"虹桥"为中心，描绘出汴河以及两岸的船车运输、交通、手工业和商业、贸易等紧张忙碌拥挤的场面；第三块是以当年汴河城门内外街道为主线，刻画了汴梁城街道纵横交错、店铺鳞次栉比、市面上人头攒动的热闹情景。

六、通庆里

通庆里是目前天津市规模最大的中西合璧式的建筑群，位于古文化街东北侧，毗邻玉皇阁。通庆里始建于民国二年（1913年）。据传，这里曾是一大银号，后这片建筑群被改为居民住房，人们曾发现过院内有早已废弃了的地下金库。

通庆里的建筑蕴藏着较强的津味，并在徽式建筑风格的基础上融入了西洋建筑的特点，这一点主要体现在二层的外廊和飞檐上，在其每个院落的楼梯和阳台的维护栏杆上也显露无遗，是典型的"中西合璧、南北交融"。通庆里的建筑形式为"里弄式"，在里弄左右各自建有相对独立的院落，其院落之间有门相通，可独立亦可相连。早年在此居住者，采用了"前房经营、后房居住"的形式，相传，在此居住的人家均家庭和睦、人丁兴旺、生活幸福。通庆里巷口顶端镶有"蝴蝶"状的镂空木雕，寓意"通达吉庆"，通庆里也因此得名。

七、通庆里浮雕

（1）文明娶亲浮雕：根据杨柳青年画《文明娶亲》刻制而成。描绘的是清末民初天津卫居民结婚娶亲的情景，画面上有"八抬大轿"，有"洋马车"，反映了清末民初市井民风。

（2）天津卫俏皮话写真浮雕：浮雕所表现的是天津卫的俏皮话，将俏皮话的"皮"用漫画的形式表现出来。画面表现了老天津卫的十几个俏皮话：

- 一百斤面蒸一个寿桃——废物点心；
- 猪八戒照镜子——里外不是人；
- 小孩子不认得烟花——大钻天；

- 卖鸡蛋的回家——剩蛋；
- 大晴天看书打雨伞——多此一举；
- 锔锅碗的戴眼镜——没碴找碴；
- 卖油的敲锅盖——好大的牌子；
- 擀面杖吹火——一窍不通。

（3）踩高跷浮雕：浮雕描绘了当年天津卫的高跷队出"皇会"的情景。

（4）闹龙舟浮雕：该浮雕以天津卫早年过端午节时举行闹龙舟的宏大场面为背景，描绘出了天津海河三岔口一带景色。

（5）黄大门浮雕：描绘的是天津卫从农历腊月二十三至正月十五民间过大年的情景。画面上从左至右描绘的第一部分是天津清末民初在农历腊月二十三祭灶的情景；第二部分是天津过大年的情景；第三部分是迎财神的情景，画面上有金马驹和财神爷在外面叫门，一家男女老少准备迎财神；以及正月十五过元宵灯节的情景。

注：

春节，又叫农历年，是我国人民最为喜庆的传统节日，在老天津卫很早就有：二十三糖瓜粘、二十四扫房子、二十五糊窗户、二十六炖猪肉、二十七择公鸡、二十八白面发、二十九贴倒酉、大年三十闹一宿的顺口溜。

（6）潞河督运图浮雕：该浮雕描绘的是天津漕运繁华的景象。天津自大运河开通后，成为"南粮北调"的中枢，是南粮北运的交会处。该浮雕以诗一般的画面描绘了当年天津卫："晓日三岔口，连墙集万艘"的热闹场面，从画面上可以看到早年天津海河岸边商贾云集、桅帆林立的情景。

八、玉皇阁

玉皇阁位于天津老城外东北角南侧，三岔口西岸，近邻海河，坐西朝东，是天津现存最古老的一批木结构二层楼阁建筑之一。据史料记载，玉皇阁始建于明洪武元年（1368年），后在明宣德二年（1427年）重建。至今，在它的梁上还可以清晰地看到那一条条的"千秋带"，上面清楚地记载着历朝修缮的年代。

玉皇阁的原建筑群落十分庞大，由旗杆、牌楼、山门、钟鼓楼、前殿、八卦亭、清虚阁、南斗楼、北斗楼，以及三清殿组成，清虚阁是其中的主体建筑。现仅存的建筑，即清虚阁，是玉皇阁建筑群中唯一保留下来的明代建筑，至今仍沿用着玉皇阁的名称。

现存的清虚阁建筑在砖石垒成的台基上。台阶踏步六级，两侧设有垂带石。阁东西阔五间，进深四间，整个楼阁分为上下两层。上层周围有回廊环抱，可登临凭栏远眺。阁顶为九脊歇山式，中心用黄琉璃瓦，边侧用绿琉璃瓦，在红色栋额之上，绿衣仙子亭亭玉立，龙凤走兽飞腾，显得宏伟壮观，别具风采。这种建筑做法在古代建筑中是极为少见的，是当时津城等级规格最高的木结构楼阁。

农历九月初九，是中国传统的重阳节，重阳登高已成为民间风俗。天津近处无山，早年登高只有两个去处，一是鼓楼，一是玉皇阁。玉皇阁居高面河，疏朗开阔，站在玉皇阁上，向东南望去，海河里风帆游动，一派繁忙的景象，静静的海河水同远处的蓝天连成了一片，让人分不清水和天的界限。清代的鲁之裕在《玉皇阁》一诗中就这样写道："直在云霄上，蓬瀛望可通。万帆风汇舞，一镜水涵空。"

在玉皇阁大殿南北两侧，各有一株挺拔秀丽的海棠树。海棠花是我国的传统名花之一，花姿潇洒，花开似锦，自古以来是雅俗共赏的名花，素有花中神仙、花贵妃之称，又有"国艳"之誉，历代文人墨客题咏不绝。相传，玉皇阁前的海棠树为金童玉女化身，金童玉女原为玉皇大帝座前侍从，游客可在此体验传统吉祥文化，表达对美好愿景的追求、对未来的祈祷，对亲人、朋友的祝福。

玉皇阁自建成至今始终是天津历史文化的见证，整修一新的玉皇阁以崭新的面貌屹立在天津的海河西岸，为天津的文化发展和对外开放做出应有的贡献。

"千秋带"是中国传统古建筑营造、修缮的题记，多用朱墨两色书写于纸或木板之上，装裱在建筑内顶部的木质构件上，字面朝下，仰视可见。其内容为主修者记录的时间、官职、姓名等纪念性文字。

当我们拂去岁月的尘封，古老的遗存印记历历在目，仿佛向我们诉说着历史。在整修中，我们发现了四条"千秋带"。这四条"千秋带"记载了玉皇阁从明代宣德二年（1427年）至清代光绪十六年（1890年）间四次重建的具体时间，为我们考证玉皇阁重建和修缮提供了翔实的依据。

"千秋带"的起源我们已无从追寻，但作为中国古建筑题记的传统形制沿袭下来，它朗朗上口，字字珠玑，用独有的真实记载了历史，体现了无与伦比的史料价值。它将敬奉神明的虔诚传给了后人，也为我们保留了解读历史的文化坐标。

如今，玉皇阁经过大修恢复了原貌，被保留下来的一砖一瓦透着朴拙的气息。每逢佳节，重登玉皇阁，当我们仰望这600年历史痕迹的刹那间，映入眼帘的仍然是百年如故、历久弥新的"千秋带"。端庄的字迹彰显着殿宇的庄严，伴着金泽铮铮的风铃声，激发起人们内心无限的感怀。

九、虾米石

古文化街旅游商贸区东北部，通庆里的东南侧立有一块虾米石，该石块产自天津蓟州区国家地质公园，属燕山山脉中上元古界叠层石的一种，是由生物作用和沉积作用的相互影响形成的一种生物沉积结构，从外部形态看，在灰色的石头上呈现出酷似虾米的花纹，图案非常逼真，故被称为虾米石。

十、严复塑像和天演广场

坐落于古文化街宫北大街与大狮子胡同交口的天演广场上有一尊严复塑像，塑像的背后刻有严复的生平简介，旁边还刻有"物竞天择，适者生存"几个字。众所周知，严复是福建人，其一生最伟大的事迹之一便是翻译了《天演论》，那句著名的"物竞天择，适者生存"便是出自这本书。可这些与古文化街又有什么关系呢？原来这位出生于福建的近代著名的思想家、教育家，就是在这里翻译出了《天演论》。

严复（1854～1921年），福建人，1880年，应李鸿章之邀到天津北洋水师学堂任教，后升任会办（相当于副校长），在天津工作生活了20多年。在这20多年里就居住在古文化街宫北大街的大狮子胡同。经过岁月的变迁，这处严复曾经的旧居已不复存在，但他翻译的《天演论》，却成为影响中国近代走向的文学作品。《天演论》，翻译自英国赫胥黎的《进化论与伦理学》一书的前两章。严复于1896～1898年，在古文化街的旧居内翻译成《天演论》，并在天津的报纸上陆续发布。

《天演论》完成之时，正值甲午海战战败之际，"物竞天择，适者生存"

的观点，顿时刺痛了中国人的内心。正在民族危亡之时，这简单的八个字却给了人们认知社会的另一种角度。《天演论》顿时成为当时最畅销的书籍，前后印制30多个版本，鲁迅、李大钊等人均是该书的"粉丝"，其影响之深远，到今日依然不减。

在古文化街严复旧居原址建造天演广场，并设立铜像及天演论石刻。让这位自称"老天津"的福建人，终于又重新回到了他热爱的地方，与《天演论》一起成为古文化街上一道非同寻常的风景线。

十一、津门老店

（1）老美华：天津老美华鞋店创立于1911年，现称为"中华老字号"，老美华鞋店并未墨守成规，在品种上既保持传统特色，又坚持开拓创新，开发出400多个花色品种。1993年，被国内贸易部认定为中华老字号，1999年，被认定为天津市著名商标，2006年，被商务部评为"中华老字号"。

（2）杨柳青年画：杨柳青年画与苏州桃花坞年画并称"南桃北柳"。产生于明代崇祯年间。清雍正、乾隆至光绪初期为鼎盛期。制作方法为"半印半画"，即先用木板雕出画面线纹，然后用墨印在纸上，套过两三次单色版后，再以彩笔填绘，勾、刻、刷、画、裱等纯手工制作。杨柳青年画通过寓意、写实等多种手法表现人民的美好情感和愿望，以直接反映各个时期的时事风俗及历史故事等题材为特点，如年画《连年有余》，画面上的娃娃"童颜佛身，戏姿武架"，怀抱鲤鱼，手拿莲花，取其谐音，寓意生活富足，已成为年画中的经典，广为流传。

（3）桂发祥麻花：桂发祥十八街麻花是最正宗的天津麻花，是秉承传统工艺的百年老字号麻花老店，与天津狗不理包子、耳朵眼炸糕并称为"天津三绝"，并位列其首。桂发祥麻花创始人是范贵才、范贵林兄弟，他们曾开了桂发祥和桂发成两家麻花店，后来两家并一家，成了桂发祥；叫它"十八街"是因为当年这两家店铺都坐落在天津大沽南路十八街，因地而得名。

（4）联升斋苏绣：自1893年10月开业至今已有100多年历史了，清朝末年就是以刺绣轿子、新娘服饰等精品而闻名于世，苏绣的针法从原来的18种发展到今天的40余种。联升斋的绣品线色可达上千种，加之44种针法的变换运用，使绣出来的作品栩栩如生、笔墨韵味淋漓尽致。联升斋的绣品不仅享誉国内，而且远销美国、加拿大、德国、法国等国家。

（5）石头门坎素包：古文化街是石头门坎素包的发祥地，现今在古文化街宫北大街仍可看到石头门坎的店铺。最初石头门坎胡同坐落在宫南大街上，胡同东口朝北处就是石头门坎素包的原址，胡同因此得名。而提起真素园知道的人寥寥无几，它就是石头门坎素包的前身。宫南大街坐东老袜子胡同（民俗馆正门前）斜对面有一间不大的铺面，经营素包和油炸货，做工精细、童叟无欺，又紧靠天后宫，吃斋信佛之人们经常光顾，更有传言曾获慈禧老佛爷钦点，生意如日中天。

由于铺面地势低洼，店主便筑了一道高高的石头门坎，下修三层台阶。这样一来人们反而把真素园大号给忘了，天津人亲切地称之为"石头门坎"。其实他家的炸货如面筋、素冒、油泡、素丸子皆为上品，赶上年节，十里八乡的人们都来他家购买。后由于种种原因在20世纪50年代末就歇业了，如今在整修一新的古文化街上又绽放新的光彩。

（6）泥人张：泥人张彩塑，是指天津艺人张明山于19世纪中叶创造的彩绘泥塑艺术品。泥人张彩塑可以说是天津的一绝，"泥人张"在清代乾隆、嘉庆年间已享有很大声誉。使天津泥人大放异彩、成为民族艺术奇葩的，是"泥人张"的彩塑，它把传统的捏泥人提高到圆塑艺术的水平，又装饰以色彩、道具，形成了独特的风格。

泥人张彩塑创作题材广泛，或反映民间习俗，或取材于民间故事、舞台戏剧，或直接取材于《水浒传》《红楼梦》《三国演义》等古典文学名著。所塑作品不仅形似，而且以形写神，达到神形兼具的境地。泥人张彩塑用色简雅明快，用料讲究，所捏的泥人历经久远，不燥不裂，栩栩如生，在国际上享有盛誉。

十二、戏楼与幡杆

戏楼是天津市现存最早的戏剧演出场地，始建于清乾隆五十三年（1788年），1986年重新复原，为木结构楼台式建筑。当时，主要是以演戏来酬神，是天津百姓为了答谢天后娘娘而专门建造的一个民间活动场所。戏楼内悬挂有一块200余年的金匾，匾上刻有"乐奏钧天"四个大字，有普天同庆、太平盛世之意，表达了人们期盼风调雨顺、生活幸福的心愿。

在戏楼的南北两端，新建了休息长廊。长廊中的彩绘以中国和天津民俗为主要内容，其中有麒麟送子、刘海戏金蟾、鹤鹿同春、寿山福海、鲤鱼龙门、和合二仙、双喜临门、三阳开泰、三星在户、五福同寿、八仙过海、吉庆有余、龙凤呈祥、吹箫引凤等吉祥画面。

天后宫山门前的两根幡杆直插云霄，于嘉庆年间耸立在此。南杆高26.3米，北杆高25.9米，由若干根铜糙木和铁糙木接成，外层缠麻抹灰，涂以油漆。幡杆的顶端，是直径40多厘米的桃形镏金圆顶。早年间，在三岔河口来来往往行驶的大型运输船，经常迷失方向，进入天津渤海湾，除了查看自己的罗盘和天上的星宿来判定自己的方位，还可以借助这两根高高耸立的幡杆保证自己的行驶安全，起到了导航定向的作用。

十三、天后宫

天后宫地处三岔口西岸，坐西朝东，面向海河，是天津市区最古老的建筑，也是我国现存年代最早的天妃、妈祖庙之一。"先有天后宫，后有天津卫"，是天津人对城市发展通俗而生动的说法。天后宫始建于元朝泰定三年（1326年），当时被称为"天妃宫"，直到清朝康熙年间受赐"天后"封号。天后宫是为纪念林默所建，有近700年历史。其间，天后宫历经多次重修重建，1985年，天津市人民政府修建古文化街时，再次对天后宫重新进行修复，保留了历史的代表性建筑外貌特征。

十四、博物馆

（1）天津民俗博物馆：天津民俗博物馆成立于1985年，是全国首家民俗类博物馆，是研究和展示天津地域文化和民俗文化的重要场所和研究基地。民俗是广大民众在日常生产和生活中创造、享用和传承的习惯和行为规范，是民间文化的核心，在特定的民族、地域和时代中不断形成、积累、传播和演变。民俗文化丰富多彩，包罗万象，馆内展览——印象天津卫，只截取民俗生活中的几个片段，旨在宣传天津优良的民俗文化。

（2）泥人张美术馆：泥人张美术馆，是由张宇先生主持设立的私立美术馆，也是国家级非物质文化遗产"天津泥人张"项目等保护单位。馆内收藏并展示了泥人张世家近200年来历代大师的经典作品，系统地陈列了世家历代大师的艺术发展史。除此之外，还有历史照片、书信、书籍等各种史料陈列。

这里以展览的形式，汇聚各方的观点，让分享和发现成为自然的流动。展览会尽量提供背景和作品的内容解释，但也愿意听到人们对历史的新鲜感觉。

（3）天津华夏鞋文化博物馆：天津华夏鞋文化博物馆是一座以"鞋文化"为专题的博物馆，位于天津市南开区古文化街妈祖广场，由中华老字号老美华筹建，于2010年5月18日正式开馆。以百年老店"老美华"为依托，大力弘扬中华传统文化，传承"非遗"技艺。博物馆的开设既是珍贵藏品的集纳，也是华夏文化的沉淀，更是技艺变迁的讲述和匠人智慧的结晶。"老美华"以博物馆为窗口，向公众展现出一卷岁月的珍藏，折射出品牌深厚的底蕴。这是对社会的文化回馈，也是对津门的记忆建设。同时也为弘扬民族文化，振兴中华老字号贡献力量。

天津华夏鞋文化博物馆折射出鞋履文化在各个历史阶段中的独特性和延续性，展示特定历史时期鞋履文化的史实，发掘鞋文化中所承载的中华民间民俗风情，关联着我们民族的传统文化。同时在博物馆内设有制鞋现场，充分展示制鞋的传统手工技艺流程，让来博物馆参观的中外游客体验鞋文化的乐趣。

（4）联升斋刺绣博物馆：联升斋始创于1893年，至今已有130多年的历史，一直以经营刺绣制品为主，放眼天津乃至全国范围内看，经营刺绣的百年老店都是屈指可数的。不仅如此，联升斋还是"津门老字号"和"中华老字号优秀传承单位"。

联升斋刺绣是在继承了沈寿仿真绣技艺的基础上，融合各种刺绣针法，与素描、摄影、油画艺术相结合，不断创新发展，使每一幅刺绣作品都生动形象，栩栩如生，既具有欣赏价值又具有收藏价值。

（5）达仁堂中药展览馆：达仁堂是拥有300年历史的"乐家老铺"的正宗后裔。由乐氏第十二代传人乐达仁先生创办。"达仁堂"既是企业名称，又是企业商标，取自创始人乐达仁先生名字，"达"即通达之意，"仁"代表仁爱之心。

达仁堂中药展览馆是以经营与展览相结合的模式运营，通过对企业文化的讲授，进一步加深游客对产品的认知度。展馆分为上下两层，一楼主要以药材展示、技艺传承及中成药和大健康产品销售为主。二层是以达仁堂 100 多年历史为串线所规划的，通过中国第一家中药工厂——中国最早的工商一体国药集团——展现仁爱精神的达仁女校、达仁诊所——"蜜丸之王，品质如金"乐家老铺原貌再现中国历史上最长的大算盘等将达仁堂 100 多年历史通过文貌结合的方式展现给大家。馆内还定期组织开展中医药知识讲座及技艺传承活动，加强中国传统文化——中医药文化的传播。

达仁堂是中国的达仁堂，更是世界的达仁堂。中药制药企业是中医药文化核心传承者，肩负着传播中药文化，提供健康造福人类的历史使命。"达则兼善，仁者爱人"已融进企业骨血，达仁堂秉承"仁爱、感恩、创新"的精神，维系人类健康，让传统中药造福人类。

十五、南口牌楼

古文化街南起水阁大街，自南口步入古街，一座高大雄伟的牌楼矗立于此，欢迎着四面八方的游客。牌楼是仿清代风格，翠顶朱楹，气势磅礴，上书"津门故里"四个大字，蓝底金字，周围镶嵌着贴金彩绘。这四个字寓意深刻，"津门"是天津的别称，"故里"是老地方的意思，"津门故里"就是天津的老地方的意思，体现了今日天津正是以这一带区域为中心，逐渐向四周扩展。800 年前，这里已有了最早的建制——直沽寨，虽然只是一个小小的航运码头，却是天津最早的雏形。后来天津变得越来越大，这里一直保持着天津城市繁华商业区的地位，既为天津地区近千年来的发展打下了坚实稳固的基础，也起到了不可估量的推动作用。

牌楼背书"晴雪"，取材于明代大学士李东阳的《直沽八景》中的诗句。"晴雪"是刚刚下完雪后的景色，雪后初晴这街上游人如织的欣喜景象。

十六、十二生肖铺装

南口地面上是十二生肖：子鼠、丑牛、寅虎、卯兔、辰龙、巳蛇、午马、未羊、申猴、酉鸡、戌狗、亥猪印章铺装。其寓意有二：一是古文化街旅游商贸区，一年十二个月喜迎八方宾客，天天人财两旺；二是体现中国几千年来以十二生肖纪念的传统民俗，每位游客可按照各自不同的属相去踩一踩同自己属相相同动物的图案，这样便可将富贵和吉祥带给家乡的亲人。

第三节　盘山

盘山位于京、津、冀三地交会地带，天津市蓟州城西 12 千米处，总面积 106 平方千米，由北部盘山、小盘山山地及南部平原组成，主峰挂月峰海拔 856.8 米，盘山属暖温带半湿润、季风性气候，四季分明，清乾隆皇帝《游盘山记》载"连太行，拱神京，放碣石，距沧溟，走蓟野，枕长城，是为盘山。"

据民国初年中国商务印书馆刊印的《中华名胜——盘山集》称，盘山与泰山、黄山等并列为中国十五大名胜。又以"京东第一山"驰名中外。在唐朝佛教兴盛时期，被誉为"东五台山"，这是与山西佛教圣地五台山东西对应。

据《三国志》《资治通鉴》等史书记载，盘山始建于汉代，魏、晋时期随着佛教的传入，开始修建法兴寺。到了唐朝佛教兴起，先后在盘山修建了天成寺、李靖庵、千像寺、云罩寺、白岩寺、双峰寺、金山寺、天香寺、香水寺、感化寺、上方寺、慧因寺、普济寺和定光佛舍利塔、普化和尚塔等。辽、金时期，许多寺庙、古塔进一步扩建重修，并新建了静安寺、黄龙祖师殿。明朝时又建招提寺、云净寺、白岩庵、水月庵、秀峰庵和普照禅师塔等。清朝康熙年间又修建盘谷寺、朝阳庵、甘露庵、茶子庵东静室等。共七十二座寺、庙、庵、静室。十三座玲珑宝塔。

盘山也因此成为历代帝王的游幸之地。据史书记载，历代文人墨客，慕名接踵而至，游山逛景，络绎不绝，吟诗作画，镌石刻记，渲染盘山，诸多诗作被载入典籍和方志。北魏散文家郦道元，唐朝诗人高适，明代地理学家、大旅行家徐霞客，文学家方孝孺、袁宏道、袁中道、米万钟、王世贞、刘侗等，清代戏剧家洪昇、孔尚任，文学家王士禛、朱彝尊、高士奇、李蔚等。都曾在盘山留下大量诗作，从不同侧面、不同角度歌咏盘山壮美的风光。

盘山属典型的山岳风景名胜区。特殊的地质构造形成了崇山峻岭，深山邃谷，怪石奇松，清泉秀木。以"五峰、八石、三盘之胜"著称于世。

盘山主峰挂月峰海拔 856.8 米，前拥紫盖峰，后依自来峰，东连九华峰，西傍舞剑峰，五峰攒簇，山峦竞秀。每当春夏之交，则是山花烂漫、桃杏争妍。夏天雨后，层峦碧染，万壑堆青，那真是"缕缕浮云横脚下，山在虚无缥缈间"。秋末冬初，百果飘香，红叶遍山。严冬，白雪皑皑，苍松点翠。

然而，最使人陶醉的山景还得数盘山的"三盘之胜"。即上盘松胜，盘曲翳天，被称为三胜之首。乾隆皇帝云："何处无松，盘山之松天下松之宗。"盘山的松树，或立或卧，或俯或仰，或探身云崖，或匍匐绝壁，或挺耸直上，或青葱虬垂，千姿百态，蔚为壮观。万松寺一带松林茂密，从万松寺东上青松岭，沿路古松有的枝干盘曲，如戏水游龙，有的如撑开伞盖。由此向北，山势更加峭拔，松林葱郁蔽日。

中盘石胜，巨石嵯峨，千奇百怪。"山秀石多怪"是盘山的一大特色。明代文学家袁宏道诗云："峰峰有活石，石石挟仙气。一石玉一山，一山一点翠。"从天成寺到翠屏峰顶，过宿云亭，登欢喜岭，沿途巨石错落，石隙松生，松石相并，美不胜收。有平如几案的清凉石，有状如"云海波涛任拍浮"的浮石舫，还有众石架起神奇的"天井石"。从东路登山，在千像寺的东崖上有一块重达19吨的巨石，用重型牵引车很难挪动，但游人不论男女，只要一人用手轻轻一推，此石便会自然摇动，奇怪的是，两个人以上再推这块石头反而纹丝不动，所以，在清朝时有人在此石壁上刻有"摇动石"。石重千斤，一人推之则动，众人推之则不动。这便是盘山八大怪石之一的摇动石，此外，还有蛤蟆石、天井石、将军石等。

下盘水胜，飞泉响涧，涓流不息。每当夏秋之季，雨水充沛，百泉奔涌，瀑布腾空。清初诗人龙震《说盘山》诗云："上盘松树奇，中盘岩石怪，下盘响流泉，十里闻澎湃"，精辟地概括了盘山三盘的胜景。

一、彩绘牌楼与山门

沿连接津蓟高速公路的盘山游览路行驶8千米，便来到了盘山入胜停车场。车场内首先映入眼帘的是一座高大雄伟的彩绘牌楼，彩绘是我国古代建筑特有的装饰图案，清代时彩绘发展达到了顶峰，形成和玺彩绘、旋子彩绘、苏式彩绘三种主要形式。其中和玺彩绘是彩绘等级中的最高级，也是最华贵的彩绘形式，用于宫殿、坛庙等大建筑物的主殿。旋子彩绘在等级上次于和玺彩绘，在构图上也有明显区别，可以根据不同要求做得很华贵或很素雅。这种彩绘用途极广，一般官衙、庙宇、牌楼和园林中都采用旋子彩绘。苏式彩绘是另一种风格的彩绘，多用于园林和住宅四合院。盘山牌楼是典型的和玺彩绘。高10米、宽14米，正面刻有著名书法家爱新觉罗·溥佐书写的"京东第一山"，背面刻有著名书法家王学仲书写的"层峦叠翠"，高度概括了盘山雄伟、险峻、秀丽、幽深的独特自然胜景。

盘山入口处为黄瓦红墙三孔山门，正面悬爱新觉罗·溥杰题写的"无终胜境"，背面悬著名书法家范润华题写的"田盘奇观"。那么为什么要建三孔山门呢？自古有"天下名山僧占多"之说。盘山自唐朝以来，陆续修建了72座寺庙、13座玲珑宝塔，因此高僧法师慕名接踵而来，络绎不绝。很久以前就已成了佛教圣地。佛教中的寺院山门也叫三门，左为"无向门"，右为"无作门"，中为"中空门"，象征着三解脱。盘山山门是"七十二禅关"的门户，也是俗家和佛界的分界处，故而建三孔山门。

二、三盘暮雨

巨石上镌刻了"三盘暮雨"四个大字，为天津市市政府原顾问毛昌五题留。"三盘暮雨"是盘山的独特景观，列为"津门十景"之一。是从昔日"蓟州八景"之一的"盘山暮雨"演绎而来的。

盘山分为上、中、下三盘，即上盘松胜，盘曲翳天；中盘石胜，千奇百怪；下盘水胜，涓流不息。"暮雨"是傍晚的云气。每当阳春三月，山里的桃花、杏花、梨花开得漫山遍野，远望上盘犹如一堆堆的白雪点缀其间，春风吹过，花瓣随风飘落，好像下雪一样；雨后初晴，中盘则云雾缭绕，雾雨蒙蒙，似雨不雨，似晴非晴；下盘却是阳光夕照，一碧如洗。因此，有"上盘雪花飘，中盘雾雨渺，下盘夕阳照"的天然奇观。清初诗人王聪诗中写道："风摇万壑松涛响，云变三盘雪雨晴。"

盘山于1994年被国务院批准为"国家重点风景名胜区"。2001年，被国土资源部列入蓟县国家地质公园，此处刻有"盘山花岗岩地貌景区"几个大字。盘山虽属于燕山山脉，但其地质构造迥异。古老的燕山山脉大多为白云岩和石灰岩，而盘山多花岗岩。这是由于中生代时期燕山的构造运动形成花岗岩、中粒含黑云母花岗岩、含斑石英二长岩，它们多呈肉红色、灰色或是灰白色，结构致密坚硬，本身为不透水隔水岩层。从地质学讲，由于花岗岩和含斑石英二长岩的构造节理相当发育，加之"球网状岩化作用"，极易形成悬崖陡壁、怪石奇峰。因此，形成了今天以险峰、怪石、奇松、秀水闻名于世的盘山美景，可谓是"花岗岩地质地貌的天然博物馆"。

三、入胜

顺台阶小路上行几十步，见一块巨石横卧，上镌"入胜"二字，字径五尺，遒劲有力。为清朝晚年慈禧太后的军机大臣兼直隶总督，文华殿大学士荣禄所书。荣禄，字"仲华"。他曾多次游览盘山，在盘山留下了六个同样大小的字，即上盘"摩天"，中盘"捧日"，下盘则写下了"入胜"。这是借用古诗"山色葱茏入胜境，空谷低回溪流声"引化而来的。历史上盘山有72座寺庙，"入胜"就是已进入佛家圣地。游人到此都想体会一下佛门的殊胜清幽。

镌刻在石壁上遒劲有力的"盘山"二字，是时任国务院总理朱镕基在2003年考察盘山时题下的。朱镕基在考察时被盘山的美景深深吸引之余更是为盘山留下了"盘山胜西山，天津镇东海"的佳句。

自入胜上行，便可看到一块巨石，上镌"鸣驺入谷"四个大字，"驺"是指古代豪门贵族的车马侍从。盘山为佛门圣地，古时帝王、达官贵人，为了表示对佛门的虔诚，进山礼佛，常常銮舆随从传呼喝道，前呼后拥地进入山谷，马脖子上的铃声回荡山谷中，经久不息，场景蔚为壮观。"鸣驺入谷"这个词最早出于南北朝孔稚珪所著的《北山移文》，文中："及其鸣驺入谷，鹤书赴陇；形驰魂散，志变神动。"意思是：等到朝廷的使臣带着前呼后拥的随从来到山里，皇帝征召的诏书送到山里，他就得意忘形、神魂颠倒、志向变化、心旌动摇。文中对自命不求仕途、隐退山林闲野给予了很大的讽刺和抨击，也说明盘山是游人休闲养性的好地方，所以，称为"鸣驺入谷"。

四、四正门径与盘山名字的由来

盘山原名无终山，旧名四正山、盘龙山。盘龙山是因此山蜿蜒盘踞，形如巨龙得名。四正山是因此山特立无依，四面如一得名。

无终山是以国命名，《汉书·地理志》载，无终是国名，《春秋左传》中，两次提到无终国。无终是春秋时期蓟县至玉田一带的戎狄小国。三国时期，曹操《表论田畴》一文中说"田畴率宗人入无终山"。因此，从春秋到魏晋，盘山的名字始终称无终山。

那么，盘山这个名称从何时而来呢？东汉末年，汉献帝政治腐败，州牧郡守各霸一方，连年混战，天下大乱。当时的曹操决心统一中原。他首先打败了河北的袁绍，袁绍的儿子袁尚和袁熙败阵后投奔了北部的乌桓国，这样就成了曹操统一中原的后顾之忧。建安十二年（207年）曹操亲统十万大军北伐乌桓。当时是骑马沿土路行军打仗，大军行至无终国境内正是盛夏，天降大雨，道路泥泞，乌桓军队又占领着要道，小小的无终国又筹集不了十万大军的粮草，曹操正处在进退两难之时，在无终山隐居的田畴闻讯后，趋往曹操军中献计，曹操依计而行，田畴为向导，出无终山入卢龙塞（今喜峰口），直奔柳城，攻其不备，结果在河北的白狼山一仗中大获全胜。

得胜归来，曹操论功行赏，封田畴为五百户侯，但田畴坚辞不受，仍率家族隐居无终山。后来人们为了纪念田畴，将无终山改称为田盘山，后省去"田"字称为盘山。

山路西侧石壁上的"四正门径"说明此处是通向四正山路径的大门。所以称四正门径。

五、元宝石

东西浮青岭之间山谷中，两边是险峻的陡壁，清秀的峰峦，涧谷中弯曲的小溪，清流湍急。当道横卧一石，长数丈，高丈余，上宽下窄，形同元宝。名元宝石，上刻"此地有崇山峻岭，怪石奇松"。落款为"古檀宁椿"，"古檀"是现在的密云，宁椿是名字。古密云县的一位举人经过这里，被盘山的美景吸引住了，他想用一句话来概括盘山的胜景，于是他便借用了晋代著名书法家王羲之的《兰亭序》中有"此地有崇山峻岭，茂林修竹"一句，他看到盘山松树长势奇特，岩石形状怪异。因而在这里留下了"此地有崇山峻岭，怪石奇松"。

六、八方桥

过了元宝石上行几十米，迎面路边有一株千年古松，枝杈伸展、针叶扶疏、形如伞盖，迎面一枝平伸向前，似揖手迎客。这就是盘山著名古树"迎客松"，由于花岗地质非常适宜油松生长，加之盘山优质的麦饭石矿泉水脉，山上遍生高大粗壮的油松，自然形成了上盘松胜景观。"迎客松"树干直径达八尺，高足三丈，八百年来，迎来了多少帝王将相、豪门贵族、善男信女、文人墨客，来此桥上观景休息，吟诗作赋，赞美盘山。

迎客松下，一桥横卧涧水间，简洁古朴，为花岗岩条石建造，西岸上建一茅亭，更增添了古朴的气氛。劲松、茅亭、石桥、响涧，点缀在山谷间，犹如一幅美丽的画卷，自然和谐。

乾隆七年（1742年），乾隆皇帝带着满朝文武大臣、太后、贵妃到承德热河避暑山庄去避暑，据清史记载，当时热河一带，正是连年干旱，颗粒无收，百姓们生活十分艰难，当听说万岁爷带着太后贵妃来此游山玩水，吃喝玩乐，都非常气愤，于是就作了个民谣说："避暑山庄真避暑，百姓却在热河中。"意思是避暑山庄确实很凉快，可我们百姓都处在水深火热之中无人来管。因为是民谣，一传十、十传百地就传到了乾隆皇帝的耳朵里，乾隆皇帝听后非常生气，就派两个太监去民间查询到底是谁说出来的，由于是民谣，你说我说他也说，无法查证是谁先说的，乾隆无奈，只好避开。乾隆皇帝就和他的母亲钮祜禄氏商量，驾车返京。按照清朝惯例，返京前要先去东陵祭祖，于是他们君臣途经长城到河北省遵化市马兰峪祭祖谒陵，回京途中路过盘山，其中一位大臣见太后和乾隆皇帝连日赶路，实在辛苦，酷暑天色，也没休息，就提议说："启禀万岁，盘山地势较高，景色宜人，空气凉爽，是否到那里休息几日？"乾隆皇帝答应了，于是他们君臣一起来到了盘山，太后是用软轿抬上去的，乾隆皇帝在迎客松前下马，满脸露出不悦之色，一直朝大石桥上走，正在这时，军机大臣和珅见此情景赶紧凑到乾隆皇帝跟前说了句："我主万岁上盘山，步步高升。"以前乾隆皇帝每次听到这样奉承的话一定会很高兴，可这次是从热河生气来的，于是就反问了和珅一句："和爱卿，朕上盘山步步高升，那么朕下盘山就步步降低了不成？"和珅是何许人啊，才华横溢，才思敏捷，专挑好听的说，于是回答："我主万岁下盘山，后步要比前步高。"意思说乾隆刚当七年皇帝，将来统治国家领土还会广阔无边呀。说完后，乾隆皇帝见大臣们都垂手站在小道两旁，谁也不敢说话。乾隆皇帝也看出大臣们的心思，说："众位爱卿，今天我们不是在朝廷议事，不必拘于朝廷礼节，都随便点，百姓登山还有说有笑的呢，何况我等君臣呢，今天，我们以'登山'为题，朕出上联，众爱卿给朕对下联。"

于是，乾隆皇帝就随口说了句："游盘山走盘道盘桓数日。"说完后，大臣们都在想下联，这时的刘墉也许是有意提醒皇帝要及时回朝料理朝政，不要贪恋湖光山色，抢先对出下联道："逛热河饮热酒热闹几天。"说完后，乾隆皇帝甭提多不高兴了，为什么呢？因为乾隆皇帝想用对对联的方式把热河这段不悦之事给忘掉，可刘墉偏偏又提"热河"之事，这不是成心吗？乾隆虽然不高兴，但又不好发作，于是说："刘爱卿，下次朕出对联不要你来对了，到一边休息去吧。"刘墉于是很没趣地站在一边，乾隆皇帝站起身看了看东西浮青岭的怪峭山峦，又看了看大石桥说了句："八方桥，桥八方，站在八方桥上观八方，八方八方八八方。"一口气连说了八个"八"字。大臣们都在考虑这个下联，唯独"四库全书"的总纂官纪晓岚在桥下笑，好像没考虑这个下联，被乾隆皇帝发现了，于是乾隆："纪爱卿，这个下联就由你来对吧。"纪晓岚一听点到自己头上了，于是就站起身来，往大石桥上走，一边走一边想，一边想一边走，走到皇帝跟前，灵感也来了，他"扑通"一下给乾隆皇帝跪下了，乾隆皇帝想，你对不出下联也无须这样，就上前去扶纪晓岚，说："纪爱卿，快快请起。"这时纪晓岚说话了，"万岁爷，爷万岁，跪在万岁爷前呼万岁，万岁万岁万万岁。"用了八个"万"字，把乾隆皇帝的八个"八"字给对上了。乾隆皇帝一听是龙心大悦，满脸不悦之色已烟消云散，御笔题书："幽深处，曲涧小桥横，细薄云归千丈影，弯环泉放百般声，立立又行行。"

七、卧云楼

经过迎客松、大石桥，沿着曲径通幽的山径前行，迎面即可见到依山就势修建的两层楼阁式建筑——卧云楼。

为什么称之为卧云楼呢？每当夏天傍晚，雨过初晴，西边天际染上一抹红霞，在阳光的辉映和微风的徐徐推动下，多彩的游云竟悠然地从二楼穿窗而过。因此，得名卧云楼。蓟州古称"古渔阳"，古渔阳有八大胜景（青池春涨、白涧秋澄、彩村烟霁、铁岭云横、盘山暮雨、独乐晨灯、崆峒积雪、瀑水流冰），其中"盘山暮雨"是说盘山奇特的景观：夏天傍晚雾雨初霁，云烟雾霭，浮照满山，似雨不雨，似晴非晴，故而有此美称。

那么这两层楼阁是做什么用的呢？还得从清朝时说起。乾隆皇帝曾经先后32次登临盘山,每次来盘山都是饮酒观景,逢景作诗。后来有一次乾隆想借游山体察民情,于是对大臣们说:"朕这次去盘山要与民同庆,请附近的百姓和朕一起看戏。"大臣们一听都吓了一跳,那怎么得了,皇上的人身安全得不到保障,这可如何是好。大臣们各个献计献策,最后想出了这个两全其美的办法,建两层楼阁,对面建一戏台,这样万岁在上向下看戏,百姓在山谷向上看戏,相隔几丈之遥,万岁爷的人身安全问题就解决了。正在唱戏时,乾隆皇帝想看看百姓们表情如何,他向下一看,百姓们个个面带笑容,乾隆皇帝认为这是他治理国家有方、百姓们安居乐业的表现。高兴之余,乾隆皇帝发现了一个问题:戏台上没有贴对联和横匾。于是问道,"众位爱聊,怎么没有对联和横匾呀?"大臣们一听都跪倒在地,他们光为皇上的安全问题忙活了,把这件事给忘了。但在皇上面前又不能说忘了。其中一位大臣灵机一动说:"启禀万岁,并非为臣把此事给忘了,是想让万岁临时恩赐一副!"乾隆皇帝一听,原来是这么回事,便说:"众位爱卿,个个才华出众,满腹经纶,大家一起来说吧!但有两个条件,一要通俗易懂,百姓们一看就明白;二要与看戏有关。"话声刚落,军机大臣和珅抢先说:"启禀万岁,微臣这儿有一副,上联是'按律侣点破炎凉世态',下联是'借衣冠描尽古今人情'。"乾隆听后摇摇头说:"这副对联虽好,但不够通俗,百姓们不一定能明白呀。"又一位大臣说:"启禀万岁,微臣有一副您听如何?上联是'看我非我,我看我我也非我',下联是'装谁像谁,谁装谁谁就像谁'。"乾隆皇帝听后还是摇了摇头,说:"这副对联确实通俗,但又像是绕口令啦。"刘墉在一旁说话了,"启禀万岁,微臣想好了一副,上联是'三五人可作千军万马',下联是'六七步如行四海九州'。"说完后,乾隆皇帝连连点头,心想:还是刘爱卿技高一筹,于是说:"好,就用刘爱卿这副对联吧。"乾隆又问刘墉:"刘爱卿,光有对联,那横批是什么呢?"刘墉说:"微臣早就想好了,横批'全是假的'。"

八、天成寺与江山一览阁

天成寺始建于唐代,旧名"福善寺",又名"天成福善寺",也称"天成法界"。寺门有楼,下瞰山麓,如深巷卷曲,涧泉苔石,历历可数。远眺山峦攒簇,天成画图。取天成"图画"之意,故名天成寺。天成寺背面耸立一峰，名翠屏峰，峰下有古塔辉映，塔前有一香柏，与塔同龄，伴之两棵高大挺拔的银杏树，构成一幅天成画卷。古人云：一笻一笠不离身，风卷云岚雨洗尘。行过前溪才数里，回首原是画中人。天成寺恢复修建后现保存有四处乾隆真迹，其中寺门上方"天成寺"为乾隆九年（1744年）御题匾额。步入寺门，便见一幢两层楼阁式的建筑，这是乾隆皇帝下榻过的地方。关于此阁的来历有这样一段故事。乾隆皇帝自小叫爱新觉罗·弘历，备受他的祖父康熙皇帝的宠爱，六岁被接入宫中抚养。后来弘历的母亲请了个算命先生给他算了一卦，算命先生说他是出家当和尚的命，否则会凶多吉少。这可把祖父康熙皇帝急坏了，于是就召集群臣想主意、找办法。后来大臣们建议找一个与弘历同年同月同日同时生的人替他出家，不就两全其美了吗？康熙皇帝同意后，就派大臣去办理此事。于是在北京石景山找到了这样一个人，赐法号云海，替弘历出家在天成寺。

乾隆皇帝继位后，每次巡幸盘山都亲自去看望云海法师，两个人关系非同一般。乾隆九年（1744年），乾隆皇帝巡幸盘山时，云海法师接圣驾至阁上说："启禀万岁，此处是小僧为皇上修建的寝宫，不知是否合皇上的心意，此处还没有取名字，请皇上赐名。"乾隆皇帝凭窗俯瞰林壑，远眺山峦攒簇，堆青积翠，飞帛涧泉水下泻如奔，远处粮田翻浪，果园飘香，就情不自禁随口说道："江山如画，一览无余。"云海法师说："谢万岁赐名。"乾隆皇帝说："朕还没说呢。""皇上不是说'江山如画，一览无余吗'？依小僧看就叫'江山一览阁'如何？"乾隆皇帝说："正合朕意。"于是御赐匾额"江山一览"。这也是本寺第二处乾隆御笔。据说乾隆写这四个字的时候，"江山一"三个字是行云流水、一气呵成，而写到"览"字时，因笔画太多，一时竟想不起来了。作为皇帝，怎么好向大臣问字的写法，作为大臣，怎么敢让皇帝出丑而告诉他字的写法。正当窘迫之际，刘墉灵机一动，上前跪在乾隆面前说："臣今见驾。"乾隆一听"臣今见"，顿时心领神会，很快写出了"览"字。原来刘墉用拆字法把繁体字的"覽"字解为"臣今见"三个单字，提醒了乾隆。

天成寺始建于唐代，辽、明、清三朝均曾扩建重修。清末民国初年，天成寺疏于管理，几近荒废。抗日战争时期，天成寺被侵华日军炸毁。

1962年，天津市人民委员会定其为市级文物保护单位。1980年1月5

日，天津市将盘山辟为风景区，各项修复工作陆续开工。5月开始，陆续重修了天成寺的山门、大殿、配殿、三间殿、江山一览阁，增建曲廊和部分旅游服务设施。1981年12月竣工，总建筑面积1024平方米。在正殿东侧的配殿前立有乾隆皇帝御制《游盘山记》碑，基本恢复了天成寺的原貌。1982年7月9日，天津市人民政府将其定为市级文物保护单位。

新恢复的天成寺由山门、江山一览阁、曲廊、三圣殿、大雄宝殿及配殿等组成。山门，为一座砖石结构六角门洞，门额"天成寺"为乾隆御题。江山一览阁，面涧背岩，朝北坐南，砖木结构，上下两层，东西五楹，硬山卷棚四兽脊，屋顶苏式彩绘，雕梁画栋，精巧别致。汉白玉拱券门带螭饰，内壁为贴布四大天王彩像。登阁远眺，可"江山一览无余"，故得名。乾隆曾亲自为江山一览阁题额："江山一览。"两侧楹联为草书"两峰天辟仙壶路，六尘幻有等浮云"。

九、大雄宝殿

大雄宝殿，位于最北部，建在翠屏峰下，砖木结构，单层五楹，硬山大脊五兽青瓦屋顶，旋式金线小点金彩绘，朱红的明柱，壮丽雄伟。上悬乾隆皇帝题匾"清净妙音"，黑底金字，两侧楹联为乾隆皇帝草书"树匝丹崖空外合，泉鸣碧涧静中闻"。细心的游客会问"净"为何多一点写成"凈"呢？难道是乾隆皇帝想多一点"清净"之意吗？其实在清朝时，"净"字写成"凈"，是为了追求字体的完美，是异体字通用，并无他意。大殿正中供奉的是佛祖释迦牟尼，两边塑有罗汉像，东西两边合起来一共是十八位罗汉。在晚唐和五代时期，多以供奉十六罗汉为主，从北宋之后才开始盛行十八罗汉。那么多出的两位罗汉到底是谁呢？较为普遍的民俗说法认为是降龙罗汉和伏虎罗汉。十八罗汉因其年龄和遭遇不同，而表现出不同的精神面貌。有的手持经书，有的紧握银鼠，有的怀揽禅杖，有的轻举拂尘，有的端庄，有的妩媚，有的蹲坐，有的盘坐。有的眉飞色舞，有的若有所思，有的不怒而威，有的和蔼慈祥。真是仪态万千，各不相同，体现了劳动人民高超的雕塑艺术。

正殿东侧有一座规模稍小的配殿——五间殿，砖木结构，单层五楹，硬山卷棚屋顶。殿前矗立着乾隆御制碑，上面镌有他撰文的《游盘山记》和御笔咏盘山的诗作。

十、古佛舍利塔

位于天成寺大殿西侧，是盘山古塔中规模最大的一座，因塔内藏"神龙亲奉舍利三万余颗"而得名。该塔始建于唐，辽天庆年间（1111～1120年）重修。明崇祯年间（1628～1639年）修葺时，发现塔内有石函、舍利和佛像等。

该塔为八角密檐十三级实心砖塔。通体黄色，塔身通高22.67米，边长3.38米，沟纹砖垒砌，石砌台基，八角十三层，结构精巧，风姿挺秀。塔基由花岗岩须弥座和三层仰覆莲花组成，承托八角式塔身。塔身正面有门，内置佛龛，侧面有浮雕花窗。出檐为仿木作砖雕斗拱。十三层密檐上，挂有104个铜铎，金光闪闪，山风徐来，丁零作响。塔前有一株古柏，树龄千年以上，为天津市年代最久的一批古树，躯干粗大，枝杈盘曲。淡黄色的古塔，与翠屏峰、飞帛涧交相辉映，构成一幅"塔影穿幽壑，晴岚叠翠屏"的天成画卷。

十一、涓涓泉

涓涓泉位于天成寺大雄宝殿后侧，它是断层破碎带的裂隙水汇流形成的泉。泉水常年不涸，清凉、甘洌。当年是乾隆皇帝御饮之水，现在是游人解渴消暑的天然麦饭石矿泉水。盘山麦饭石矿泉水属于氡偏硅酸矿泉水。微量元素是构成人体内多种酶的重要成分，当失去这些微量元素时，酶的活力就会丧失或下降。微量元素在人体内主要是调节渗压、离子平衡和碱平衡，以维持正常生理功能。

十二、翠屏峰上宿云亭

翠屏峰位于天成寺后，石崖如刀削壁立，异常险峻。翠屏峰上有一座秀丽的环翠亭，六角清式建筑，苏式点金彩绘，疏朗剔透。雨后，雾雨弥漫，祥云滞留，绕亭飘忽，亭子时隐时现，凌空而动。这就是翠屏峰上的宿云亭，上连万松之雄伟，下接天成之秀丽。朝迎旭日，夕送晚霞，雨后云流，俨然超尘。

十三、一线天边双雄洞

宿云亭西是以亭为起点，又以亭为终点的循环闭合游览线。沿宿云亭西南侧往下走，下面有两个天然石洞，当地老百姓称为"包森洞"和"洪涛洞"。包森洞深5米，能容10人，冀东军分区包森副司令员曾经居住于此，运筹和指挥对日作战计划，主要负责对平西挺进军司令部、平北军分区、冀东军分区司令部的联络。当时，这里还设有电台，任务十分重要。右侧的是洪涛洞，八路军十三团政治部主任洪涛，曾在此居住，并在此召开过多次重要会议。这两个石洞是天然形成的，而且坐落在悬崖峭壁之上，地势隐蔽，不了解地形的人很难找到这个地方。过洞见一平台，东贴陡壁，西临深谷，颇有"一失足成千古恨"之感，名为"试胆台"。转回身登云梯而上，有一巨石，上镌"一线天"三个大字，陡峭的石缝仅容一人通过，穿过"一线天"，又回到了"宿云亭"。游览双洞，既可领略盘山的雄伟、险峻、神奇，同时又可以缅怀革命先烈的丰功伟绩，进行革命传统和爱国主义教育，令人回味无穷。

十四、东五台山

"东五台山"四个遒劲有力的大字，为中国佛教协会原会长、著名书法家赵朴初先生所题。五台山是我国四大佛教名山之一，盘山佛教文化历史悠久、源远流长，与五台山同为我国北方佛教文化的两朵奇葩。盘山五台，即中台紫盖峰、东台九华峰、北台自来峰、西台舞剑台、南台先师台。先师台突兀轩豁，其上低平，台外石峭如削，相传为黄龙祖师趺坐处，登此台可眺望山阳数百里形胜。盘山因其亦有五台，并在山西五台山以东，旧有"东五台山"之说。

十五、万松胜境与舞剑台

过了欢喜岭进入万松寺景区，一座花岗岩石牌坊上刻着"万松胜境"。万松寺原名李靖庵，为纪念唐朝名将李靖曾在此居住过。又名卫公庵，唐时建，清初诗人宋荦认为"前贤不宜斥呼其名"，更名卫公庵。李靖本名药师，京兆三原人（今陕西三原西北），唐太宗时历任兵部尚书、尚书右仆射等职，先后率领大军，出师边塞，击败过进犯唐朝的东突厥和吐谷浑，战功卓著，后封"卫国公"，著有《李卫公兵法》。

相传，万历四年（1576年），胜云与普照禅师挂锡于此，念诵四字佛号，导人向善，寺东有普照禅师塔及普照禅师墓，塔前有二通碑，记载着万松寺的历史环境，一通为清康熙三十二年（1693年），中秋撰《普照大师行实碑》；一通为道光十六年（1836年）所立"承先启后碑"。万历年间，明神宗朱翊钧御书"清心"二字，字径尺许，存寺中。万松寺在清康熙年间，多次扩建整修，规模越来越大，跃居盘山72座寺庙之首。

在万松寺山门的前面，矗立着一峰酷似骆驼的巨石，成为天然的屏风，这就是有名的骆驼石。骆驼石需从西面看，才能显现出它的身影。骆驼身上，前面镌"名山古寺"，后面镌乾隆御制诗八首。除《万松寺》一首尚清晰外，其他均剥蚀，模糊不辨。《万松寺》诗中有句云："田盘到处佳，万松我心写。寺楼坐空翠，天籁披潇洒。"

万松寺原有建筑除山门以外，有几座小殿各自独立。最大的是弥勒殿。供奉弥勒尊佛，旁塑四大金刚，后面有韦驮像一尊。据说四大金刚与韦驮是为保护寺中"三宝"——佛、法、僧，故在山门之外。山门以西有一块地方，为该寺花园，种有花草树木。

山门悬康熙皇帝赐额"万松寺"。拾级而上便是一座楼房。楼为五楹两层。楼北向，与正殿相对。楼的阳面只开几个小窗，别无雕饰。楼阴面为正，雕梁画栋，金碧辉煌，檐正悬有"盘阿精舍"匾一块。

楼房北面是中殿，也是该寺正殿，名毗卢殿。供奉毗卢佛。殿檐悬乾隆皇帝题"慈育万物"匾。廊前明柱挂有"片石孤云窥色相，清池皓月照禅心"楹联一副。殿正中悬康熙皇帝所书"乐天真"匾。该殿东侧有一钟亭，亭内悬一大钟，口径3尺。钟声响时，山谷共鸣，数里之外可闻。

再上则为上大殿，又名"千佛殿"殿中供释迦牟尼铜像一尊，高6尺余。后有倒座观音。四围泥塑十八罗汉，形态各异。殿中还有一座千手千眼观音佛像，造型华美，千佛殿由此得名。该殿西耳房名"祖师殿"供奉开山明空老祖，为木制坐像。

近年修复的上大殿内，恢复佛像。殿中按原状供释迦牟尼像一尊、高约四米，后有倒座千手千眼观音。四围泥塑十八罗汉，造型独特，栩栩如生，为中外人士所称赞。

寺院东部是平房群落。最正一层为厨房、饭房、茶房、斋房等。中层名"东驾"。相传早年三月初十香火会，乾隆皇帝微服出游。骑毛驴从"静寄山庄"出发，来万松寺进香，混行于香客之中，当晚息于东驾廊下，次日一早，臣僚、太监来此寻找皇帝，众僧皆不知晓。太监说："皇上毛驴在此，怎说不知？"后来寻至东驾廊下，只见乾隆席地而坐，手托水烟袋，怡然自得。臣僚、太监始率从僧接驾。"东驾"由此得名。

此外，还有三间清静小屋，名"东学房"。相传，该寺鼎盛时期，小沙弥众多，入寺后先进东学房，由专师教读，学习文化及礼仪等。五六年后，才开始学经。

出寺院的东角门，原有一座望海楼。楼高三层，登楼眺望，海气重重，四周山色野景尽收眼底，顿觉心胸开阔。相传此楼毁于雷击。现在，从宽广的楼基和巨大的石础，可窥见昔日规模望海楼东崖上，有一棵松树从崖边凌空横生，如凤凰展翅，名"凤翘松"。

顺万松寺千佛殿后面山路，曲折上行，可达青松岭。岭西端有一平台，通体顽石，三面青削壁立，形势险峻，这就是舞剑台，又名西台，为唐朝名将李靖舞剑处。舞剑台上，刻有10个正楷字："李从简曾游李靖舞剑台。"李从简是唐文宗时人，官至左金吾卫将军、御史大夫。其时距贞观年间不太远，题记更证实了李靖曾在这里舞过剑。站在舞剑台上，"天风浩浩，四望无极"，遥想当年卫国公在此舞剑，云霞炫彩，剑影凌虚，志得意满，威风八面。今天，舞剑台成了游人向往的游览胜地，也是进行爱国主义教育的好地方。

十六、云罩古刹

云罩寺位于主峰挂月峰脚下，旧名降龙庵，唐太和年间，道宗大师所建。历史上寺内供奉皇藏千叶宝莲佛。万历三十年（1602年）敕赐"云罩寺"。因寺临绝顶，云掩雾罩，从下望之，不知是寺之为云，还是云之为寺，故而得名云罩寺。云罩寺雄踞于盘山之巅，久负盛名，堪称盘山众寺之冠，号称"云里梵宫"。山巅云起而金碧藏辉，云收则嶙峋耀彩，登临此寺颇有"仰视浮图天近，俯窥下界尘翻"之感。乾隆皇帝称这里是"殊胜"。

关于云罩寺名字的由来，民间一直流传着一个神奇的故事：明万历年间，寺庙里有个小和尚，人称"小灵通"，他每天早早起来练功，非常刻苦。一天，天还没亮，小和尚起来到外面练功，其间，只听得头顶上一片嘈杂声，抬头一看，原来是一些天兵天将在习武练兵。他感到很好奇，于是也没出声，躲在一块巨石后面观看，看得非常入神，高兴至极，小和尚情不自禁地喊了起来。不料，被天上练兵的李天王听见了，他顺着声音向下寻找，发现了巨石后边的小和尚在偷看。天兵习武不准凡人偷看，视为"天机不可泄露"，可是，李天王见这小和尚年幼，天真无邪，不便惩治，就顺手移过一片云头，将这片天空给遮盖住了。顿时，山头云雾弥漫，朦朦胧胧，将整个寺庙都笼罩起来。后来，此寺便称为云罩寺。

  云罩寺这一组建筑依据山地的高低落差，分别建有三层。第一层叫"菩提院"，由山门殿、地藏殿、药师殿和主殿组成，香烟袅袅；第二层为广济龙王殿，峰回路转；第三层为观音殿，视野开阔。三层建筑之间用叠石踏步和曲折回廊相沟通，利用高度和深度的差别，使建筑出现了不同的空间，达到了自然环境与建筑工艺完美融合。进入拱门，即山门殿。首先映入眼帘的是一个大大的"佛"字。这个"佛"字大家都会写，但是您知道它的含义吗？佛经有云："觉己觉他觉行圆满者即为佛也。"佛就是自己已经觉悟了，而且进一步帮助其他的人也能够觉悟，使这种自觉和觉他的工作同时达到最圆满境地的人。唐代玄奘法师对弟子讲经说法时曾经这样解释过："佛"字由两部分组成。单人旁代表大自然，一切具有生命的东西，比如说花、草、树、木，人类的你、我、他以及天下一切芸芸众生都包含在这个单人旁中；而另一部分则是由一个"弗"字组成，代表了人世间的生老病死以及悲欢离合的种种痛苦。生老病死是我们人类必须经历的事情，因为悲欢离合种种痛苦是由心而生，被统称为"心魔"。所以，我们人类要不断地修行、修身、修心，摒弃心魔方能脱离苦海，离苦而得乐，悟道而成佛。

  因为云罩寺是皇家寺院，也就是最高统治者的活动场所，所以，必须处处显示皇帝的"至高无上"和"尊贵富有"。因此，各殿都采用宫殿的建筑式样，围墙多用红色，代表庄严、幸福。殿瓦则全部是黄色琉璃瓦，壁镌黄龙，金碧辉煌，极为华丽。西配殿供奉的是地藏王菩萨，他所表示的是孝亲、尊师。一部《地藏经》就是佛门的《孝经》。东配殿供奉的是药师佛,他所表示的是健康、快乐。药师佛是东方净琉璃世界的教主,全称为"药师琉璃光如来"。药师佛本为大医王,曾发十二大愿拯救众生病源,治疗无名痼疾。

大雄宝殿上方匾额"云峰法界"四个字是康熙御笔,为康熙四十三年(1704年)所题,字迹刚劲浑厚,潇洒自如。其含义是,这里是云罩寺讲经说法的地方。下方两侧楹联是乾隆御笔。上联"青山白云常自在"。写的是乾隆来到这里,身处青山、白云之间,不理政务,自由自在,身心得到放松;下联"禅悦法喜悟无生"。写的是乾隆听到庙里僧人的经声佛号,讲经说法,感慨万千。即使贵为一国之君,享尽荣华富贵,也脱离不了人世间的生、老、病、死的苦难。正是人生如梦,佛法无边。难怪古往今来,文人墨客、帝王官宦,皆爱游览群山、拜访名师、寄情于景、吟诗作赋,尽情抒发自己的心情与感叹。大自然的心胸能够包容世间一切喜、悲、褒、贬,回归自然,确实受益匪浅。进入殿内,我们看到佛祖上方悬挂一乾隆亲笔御书匾额"金界常明"。"金界"原指西方极乐世界,传说西方极乐世界以黄金铺地,七宝聚成。"常明"指西方极乐世界没有白天与黑夜之分,光明照耀。"金界常明"引申为人生荣华富贵,悲欢离合,一切皆为虚幻,唯有佛法才是永生不灭的道理。大殿内供奉的三尊金佛是三身佛,即佛的法身、报身和应身。中间供奉的是法身佛——毗卢遮那佛,法身指代表佛教真理凝聚成的佛身。东侧供奉的是报身佛——卢舍那佛。报身指经过修行得到佛果,享有佛国(净土)之身。西侧供奉的是应身佛——释迦牟尼佛。应身指佛为超度众生,随缘应机而呈现的各种化身。法身佛胸前端坐一尊极为精致的缅甸玉佛,这在佛教中称作"佛中佛"。

十七、上方寺

上方寺,位于盘山上盘嶕峣峰东侧。唐大和二年(828年),道宗大师始建,唐代宝积禅师隐居于此,以后各代多有修缮。清乾隆皇帝曾七次到上方寺,留有大量摩崖石刻和诗句,并于乾隆十七年(1752年)重修。寺东西两侧有东架静室、西架静室和龙凤庵等。清末至民国初年,因年久失修而逐渐坍塌。

上方寺原为四合院建筑形式,山门为两层,面阔三间,正殿三间,东西各有耳房两间，东西配殿各三间。抗日战争时期毁于战火。

2006年5月，正式启动上方寺恢复工程，总投资2000万元。由盘山管理局和杨子明等人共同投资。主要建筑有山门、大雄宝殿、观音殿、药师殿、僧房等，建筑面积1280平方米。同时建有石牌坊和3000米登山步道。恢复工程基本保留了原址原貌。

山门，仿古双层，砖木结构，面阔三间，建筑面积120平方米，卷棚青瓦屋顶，旋子小点金彩绘，内供弥勒佛像，两厢供奉四大天王像。

大雄宝殿，单层五楹，砖木结构，面阔五间，宽18米，进深10米，建筑面积约180平方米。九脊吻兽，五彩斗拱，青瓦歇山顶，旋式大点金彩绘。内供释迦牟尼佛。额悬清乾隆皇帝御题"云涛花雨"匾和"石润苍台皆佛性，松摇晴籁有禅机"联。

观音殿，位于大雄宝殿后。单层青瓦卷棚屋顶，旋式大点金彩绘，面阔三间，建筑面积78平方米。

药师殿，位于大雄宝殿东侧。双层青瓦九脊歇山顶，五彩斗拱，面阔五间，建筑面积572平方米。内供奉药师佛站像一尊。

僧房，位于地藏殿前。仿古双层，顶设平台，四周有护栏。建筑面积322平方米。

上方寺小区，青峰崛耸，石奇壑险，幽洞石室，云气岚光，为盘山险胜之处。

十八、悬空石与喝断石

在上方寺不远处的石壁上有一块巨石悬而不落，突出边缘三分之二，看样子一阵微风就能将其吹落下来，好多游人从这块石头底下悄悄地经过，唯恐自己的脚步声大了，把此石给震下来。可是千百年来，历尽沧桑，经历过多次大地震，此石仍安然无恙，这就是盘山八大怪石之一的悬空石。

相传三国时期，刘备、关羽和张飞哥仨儿在此逍遥，连续几日登山，刘备觉得有些疲劳，便和关羽、张飞商量道："二弟、三弟，连日来登山我身感疲劳，咱们坐下来休息一会儿吧。"张飞这个人个性直爽，好动不好静，东瞧瞧，西看看，关羽想让张飞坐下来，于是说："三弟，你也坐下来咱哥俩借这幽静之地下盘棋吧。"于是这哥俩从马背行囊里取出棋盘，摆好棋子下起棋来。也许张飞观看风景后，大脑受到很好的启发，他一招一式走得精妙绝伦，真把关羽给将住了。关羽很奇怪，三弟平日里没走过这么好的棋呀！今日怎么了呢？我走哪一步能转败为胜呢？正琢磨呢，有一个樵夫挑着担子经过这里，他看到下面有一红脸汉子和一黑脸汉子在下棋，便好奇地放下担子，趴在一块巨石上观看。看了一会儿，他觉得红脸汉子有一招棋能反败为胜，便替关羽着急，他一激动，把趴着的这块巨石给推落下来，关羽、张飞二人正在下棋，忽听头上一声巨响，仰头望，不得了，这块巨石正向他们俩砸来，躲已经来不及了，就在这千钧一发之际，关羽急中生智，顺手捡起一枚棋子"嗖"的一声抛向空中，刚好将滚落的大石头给倚在半山之间，突出边缘三分之二悬而不动了。张飞看险情已过，见二哥有如此之神功，大喝一声："好功夫！"这声音如同一声炸雷，将对面一块巨大的花岗岩给劈裂两半。这就是盘山八大怪石之悬空石和喝断石。

十九、盘山烈士陵园

抗日战争后，为了纪念抗日战争中牺牲的革命烈士，中共河北省委和省政府，决定于1956年修建盘山烈士陵园，历时两年，成为冀东有名的烈士陵园之一。

陵园南麓，清泉奇石，苍松翠柏，风景秀丽，总面积20万平方米，主要建筑为烈士纪念塔、烈士墓区、革命烈士纪念馆、盘山抗日斗争事迹陈列馆、烈士骨灰堂等。整个建筑宏伟壮观，庄严肃穆。

陵园最高处，巍然屹立着烈士纪念碑，碑基1177平方米，碑身用汉白玉石块砌成，上面镌刻着齿轮麦穗图案，象征着工农联盟。碑高27.5米，在几千米处就能看到它的雄姿，象征着革命先烈的崇高的形象。碑身正面，镌聂荣臻元帅亲笔题词"光荣烈士，永垂不朽"八个大字，左侧镌谢觉哉题写的"永远活在人民的心中"，右侧镌宋劭文题写的"抗日英雄浩气长存"，后面镌李运昌题写的"为人民革命事业而牺牲的英雄们永垂不朽"，表达了党和人民对革命先烈的无限敬仰和深切怀念。

碑前两侧为烈士墓区，安葬着205位阵亡先烈，主墓为冀东军分区副司令员包森和冀东西部地区党委书记田野。陪墓32座，群墓171座。墓区甬路中间，有一个很大的石砌圆池，池中卧着一块巨大的通体石，此石与地下岩相连，名"巨灵石"。巨灵石前对烈士纪念馆，后对烈士纪念碑，"巨灵石"上的缝隙中，生长着八九株侧柏，苍翠茂盛，睹石思人，更增添了人们对先烈们的"巨灵"的怀念。

如今盘山烈士陵园已成为全国著名的爱国主义宣传教育基地，每到清明时节，附近的十几万名青年学生、单位职工、农民等慕名接踵而至，缅怀革命先烈，学习英烈的无畏精神和为国为民的满腔热忱，激发人们的爱国热情。在拜谒中，人们会从中领略到我党多年来创建的盘山革命根据地，在驱逐日本侵略者时所付出的巨大代价，人们会永远铭记这惨痛的革命历史。在这里人们可以受到深刻而又生动的革命传统教育和爱国主义教育。

盘山抗日战争革命根据地军民的英雄业绩，永载革命史册，他们坚强的革命意志，高尚的民族气节和无畏牺牲的精神，将永远激励着后人。

二十、北少林寺

少林寺坐落在中盘区。这里雄峰幽壑，林木郁茂，石磴崎岖，"峰依紫盖留仙迹，泉汲红龙供佛坛"。相对于河南嵩山少林寺，盘山少林寺被称作北少林寺，是盘山僧人习武重地，现正在恢复中。北少林寺处于盘山腹地，前有两溪交汇，后有群山环抱，寺内有观音殿、明月堂等建筑。明成化年间，由德聚禅师重修，多宝佛塔则为清顺治末年高僧仁凤重修于寺东龙首岩上，与挂月峰定光佛舍利塔在同一条直线上，与中华人民共和国成立后修建的盘山烈士陵园纪念碑呈"三塔连星"之势。清康熙年间再次修葺，寺西有华严洞、大松棚，东有红龙池。乾隆年间重修并题写"禅指真趣"。多宝佛塔下有账房石，四角有孔，为唐太宗李世民驻跸处。下有菱角石、蟒石，东西长三丈有余，上有咒语。再下有晾甲石等。

第四节　五大道风情区

在近代中国历史中，天津有着无可替代的地位。天津既是国际通商口岸，又是清末民初北京政治舞台的后台，居住在这里的近代著名人物数不胜数，天津的名人故居和风貌建筑成为中国近代史的缩影。五大道更是凝聚了中国近代百年的历史风云,是天津市的一张城市名片。

在天津,小洋楼不仅是时间的印记,更是城市文化的瑰宝。1860年,英法联军攻占大沽口,天津被迫开放为通商口岸,外国势力侵入,洋人开始在天津建立租界,为自己建造房屋,最早的洋式建筑是英租界的洋行大楼和法租界的望海楼教堂。随着外国资本的不断入侵,银行、洋行、大饭店等西洋式建筑纷纷在天津出现。位于海河两岸的九国租界,分别按各自国家的建筑风格,建起一片一片的国中之国。租界洋楼,既是旧中国饱受凌辱的实证,也是给我们留下的大批建筑艺术的精华。

五大道位于市中心的和平区,是指坐落在和平区成都道以南、马场道以北、西康路以东、马场道与南京路以西的一片长方形地区,共有23条道路,总长度为17千米,总面积1.28平方千米,天津城建部门为便于统一管理,将这一地区依照沿东西向从南到北分布的马场道、睦南道、大理道、常德道、重庆道、成都道等统称为"五大道"地区。这里原是天津城南的一片沉塘,1902年扩展为英国租界,随后被改造成了工业区和住宅区。1911年辛亥革命之后,许多清朝的皇亲国戚、遗老遗少从北京来到天津租界居住;此外,还有众多富贾巨商、各界名流、戏曲名角以及北洋政府时期的要人也在此居住,他们留下了各种风格迥异的建筑。五大道至今完整保存有20世纪二三十年代建成的英国、法国、意大利、德国、西班牙等国不同建筑风格的花园洋房2000余幢,其中风貌建筑和名人名居多达300余处。2003年,五大道风情区被评为"津门新十景"之一,2010年,五大道又被评为"中国历史文化名街",2014年,该景区被评为国家4A级旅游景区,2016年,五大道被列入首批《中国20世纪建筑遗产名录》。

提起小洋楼,上海、青岛、厦门、武汉都有很多,但比较起来,天津的小洋楼可谓独树一帜,不仅数量众多、保存完好且集中,还因居住者的非同寻常而更显其魅力。天津曾作为中国的政治中心,在辛亥革命后又成为全国的"政治后院",这一特殊背景使得小洋楼承载了丰富的历史内涵。每一座名人故居都如同一部史书,记载着一段段波澜壮阔的历史,演绎着一个个扣人心弦的故事。这些承载着中国近代历史文化的旅游资源,让天津成为人们深入了解近代中国的绝佳窗口,也成就了"近代中国看天津"这一知名旅游品牌。据不完全统计,仅五大道地区,在20世纪二三十年代就曾有众多重要人物居住。如两任总统曹锟和徐世昌，北洋军阀政府七任国务总理或代理总理潘复、唐绍仪、顾维钧、张绍曾、颜惠庆、龚心湛、朱启钤，还有诸多督军、省市长等。此外，还有著名教育家严修、张伯苓，著名医学家朱宪彝、方先之，著名爱国将领高树勋、鹿钟麟，以及美国第 31 任总统胡佛、英国 400 米跑奥运冠军李爱锐等。他们的存在让天津小洋楼更加熠熠生辉，也为这座城市增添了浓厚的文化底蕴和历史韵味。

五大道小洋楼的一大特点便是其建筑所营造出的深邃、幽静氛围，这得益于其私密性。这里的居民，无论是军政要员还是其他领域的成功人士、知识分子，在当时动荡不安的社会背景下，都渴望安逸，不喜张扬。低矮的房屋、宜人的楼房与花木繁茂的庭园，在光影中营造出幽静舒适的环境。严实不透空的围墙，更给这些住宅增添了安全感与私密性，这也是那些深不可测的房屋主人所追求的。而建筑样式的多样化和异国情调，则是为了满足那个时代人们对外国文化的好奇与追求奢侈的心理。于是，外来文化被改造和融合，成为近代天津城市历史文化的一个重要象征。

一、马场道

马场道原名马厂道，因通往英租界跑马场而得名，修筑于 1901 年，全长 3216 米，是五大道地区修筑最早、最宽、最长的一条道路。道路两侧的西式建筑，鳞次栉比，交相辉映，充分体现出一派欧陆风情。曾经是近代天津达官显贵云集、交错往返的一条繁华道路。末代皇帝溥仪、清朝各色遗老、民国下野政客、失意的军阀等均在此道路上留下过足迹。

（一）潘复旧居（马场道 2 号）

该建筑是 1927 年被张作霖任命为国务总理的潘复的旧居。该楼建于 1919 年，是一座典型的西欧风格花园式住宅。院内的主楼分东西两楼，三层砖木结构，建筑设计突出圆形、五面形阳台，装修极其奢华。潘复（1883～1936 年）曾任民国时期北洋军阀政府最后一任国务总理（第 32 任）。1928 年初夏，北伐军步步胜利，北洋政府日暮途穷，张作霖通电全国，退出北平，潘复内阁也随之土崩瓦解，潘复辞职后退居天津做了寓公。他结交广泛，其公寓也成为当时在津朝野官僚的"俱乐部"。如今这里是天津第二十中学，也是潘氏父子藏书楼华鉴阁所在地。

（二）李烛尘旧居（马场道102号）

我国近代史上著名的爱国实业家李烛尘先生的故居位于马场道与桂林路交口处的安乐邨，安乐邨原名"新武官胡同"，为意大利建筑设计师保罗·鲍乃弟设计。该地共有3幢楼，呈"品"字形布局，沿马场道一侧联排别墅为南北向，共8个门，过去人称"横八所"，门牌为102号至108号。李烛尘故居为其中的102号。

李烛尘（1882～1968年），著名的爱国民族实业家、中国化学工业奠基人之一，辛亥革命后回国，受聘成为天津久大精盐公司技师，后任厂长。1920年，他任永利制碱公司副总经理。他与范旭东等创立的久大、永利、黄海等化工品牌，打破了英国财团在中国市场上对纯碱的垄断，为中国近代民族化工行业的发展奠定了基础。天津解放后，他积极宣传党的政策，领导工商界恢复生产，支援前线，为解放全中国效力。中华人民共和国成立后，历任中央人民政府委员、华北行政委员会副主席、轻工业部部长、中国民主建国会天津分会主任委员、全国政协副主席等职。1951年12月28日，毛泽东主席视察天津时，曾到此楼李烛尘家中做客，并住宿在李老家里，成为一段历史佳话。

（三）天津外国语大学（马场道117号）

位于马场道117号的天津外国语大学，始建于1920年，原名为天津工商学院，校内建筑均为法式，20世纪20年代陆续建成，其中主教学楼正面上的大时钟体现了法国罗曼式建筑风格。

北疆博物院旧址就坐落于校园内，是天津自然博物馆的前身，1914年，由法国天主教耶稣会神父、博物学家桑志华在天津法租界的崇德堂创建，1922年，桑志华在法国耶稣会的支持下在天津修建了专职馆舍，是中国北方地区最早建立的博物馆，是中国近代博物馆发展史上的一座"活化石"。

今天的北疆博物院，基本保持了20世纪20年代的原貌，收集了桑志华路途中采集及发掘的标本化石、民俗物品，印发了一系列书籍、刊物，是目前中国唯一一家原址、原建筑、原展柜、原藏品、原文献资料完好保存至今的百年博物馆。

（四）疙瘩楼

这座欧式古典建筑称为"疙瘩楼"，设计者为意大利建筑设计家保罗·

鲍乃弟。该建筑为三层半砖木结构八门联体洋楼，其中，一层在半地下，二层为圆拱形正门所在，由高台阶通达，三层为阳台，四层为一排百叶窗，百叶窗上部设有绿色的遮阳棚。疙瘩楼是毗连式里弄住宅，该住宅类型受到西方联排式住宅建筑形式的影响，整体由单元联成并组合，布置较为紧凑，房间朝向和采光通风条件良好。建筑外立面采用清水墙面，上面铺有琉璃砖并镶嵌着一些疙瘩砖，构成建筑主体的粗糙质感外观，圆形的门楣之上设有圆拱半凹悬挑的曲尺形阳台并设有珍珠串式栏杆、窗边设有水纹花饰。是一座具有浓郁意大利风格的西洋公寓式建筑。

（五）达文士楼旧址（马场道121号）

这幢浅黄色水泥砂浆墙面、瓦楞铁屋顶的西班牙风格小洋楼，是目前五大道地区保存完好的建筑中历史较悠久的。东临具有法国罗曼风格的原天津工商学院主楼（现天津外国语大学）建筑群，西接欧洲象征主义风格的原中华民国政府海军总长刘冠雄故居（现天津财经大学分院办公楼），为重点保护等级历史风貌建筑和天津市文物保护单位。

小楼修建于1905年，最早是一名德国武官的寓所。据说当年楼前有花园，栽种着海棠、藤萝，侧面有一个小网球场。实木大门上雕刻着欧式花纹图案，楼内一层有60平方米的大客厅、饭厅、备餐室、厨房和卫生间；二层是卧室、书房和卫生间。壁炉上方、楼梯栏杆装饰有外文图案的族徽，形状是欧洲中世纪的盾牌，似乎是日耳曼人独有的标志。德国战败后，德国武官将小楼卖给了英国皮毛商人达文士，后称"达文士楼"。

（六）刘冠雄旧居（马场道129号）

刘冠雄故居，始建于1922年，建筑面积3325平方米，是一处砖木结构的带地下室的欧式建筑，共有三座楼，中楼、西楼、北楼。其中，由于主人的海军将领身份，中楼是仿造航空母舰的三层建筑，正面设有立放的望远镜造型。西楼为巡洋舰式，北楼为望远镜造型。北楼外立面采用红砖清水墙与混水线条装饰搭配，部分点缀砂石罩面，整体呈立面对称，现为天津财经大学分院使用。

二、睦南道

睦南道全长1968米，始建于20世纪初，最初被称为香港道，之后又曾改名为镇南道等。在睦南道上，房屋错落有致地分布着，街道两旁高大茂密的法国梧桐等树木，宛如一顶顶华盖。由于车辆较少，睦南道更显得清幽静谧，别有一番难得的韵味。

（一）高树勋旧居（睦南道141号）

高树勋（1898~1972年），字建侯，出生于河北省盐山县。早年参加了冯玉祥的西北军，因为打仗勇敢、头脑灵活，成为冯玉祥的贴身警卫员，后来一路高升，官居青海省代省长。他反对内战、主张和平。1931年，在国民党对红军进行第二次"围剿"时，愤然脱离反动军队，来津定居。七七事变后，他积极抗日，毅然除掉了投日通敌的第三十九集团军总司令石友三，制止了部队叛变。抗战胜利后，在蒋介石发动全面内战的紧要关头，他率部队在邯郸起义，在国民党高级将领中产生了巨大的影响。中华人民共和国成立后，曾任河北省副省长、全国政协委员、国防委员。

该建筑占地面积约1200平方米，建筑面积约600平方米，砖木结构楼房，主体二层，局部三层；高耸的屋顶和外露的半木屋架构件，展现了英国民居的风格。外墙采用琉缸砖清水墙面与浅色混水墙面搭配，与红瓦坡顶一起构成了清新亮丽、精巧别致的特色。

（二）周书弢旧居（睦南道129号）

周叔弢（1891~1984年），安徽东至人，1919年，随叔父在青岛创办华新纱厂，任专务董事。以后历任唐山华新纱厂经理，天津华新纱厂经理，启新洋灰公司董事、协理、总经理、董事长，滦州矿务局、耀华玻璃公司、江南水泥厂董事，是中国北方民族工商业的代表人物。解放战争时期，周叔弢赞赏中国共产党关于和平建国、建立联合政府等主张，中华人民共和国成立后，他以民族工商业者的身份，积极参加国家的政治建设和经济建设。

周叔弢在青年时期就热衷于收藏，他曾不惜花费重金，将险些落入外国人手中的石涛的《巢湖图》《东观余论》购得，并慷慨捐献给北京图书馆。在中华人民共和国成立后，他更是先后向国家捐献了古籍善本图书达4万多册，以及字画、印章、古玺等文物1000余件。在中华人民共和国成立后，他曾担任天津市副市长、全国人大代表、全国政协副主席等重要职务。

这栋房屋始建于1938年，1954年，周书弢迁至这幢二层别墅式楼房内居住，目前是天津市和平区文物保护单位和重点保护等级历史风貌建筑。建筑为二层砖木结构别墅式楼房，顶部为红瓦坡顶，外立面为琉缸砖清水墙面，楼房和院落紧凑而舒展，建筑外形精巧别致而简洁大方。建筑一楼为客厅和饭厅，二楼为卧室和办公室。

（三）徐世章旧居（睦南道122号）

徐世章，字瑞甫，号濠园，天津人，是曾任中华民国总统徐世昌的堂弟。北京同文馆毕业，随后在比利时里达大学获商业学士学位。1911年，赴意大利担任万国博览会审查委员，继而赴英、法、德等国考察商业及铁路行政。1912年学成回国后，先后任交通部路政司属官和京汉铁路管理局副局长、津浦铁路管理局局长。1920年，任交通部次长兼任交通银行副总裁、币制局局长等职。1922年，因徐世昌垮台而去职，随即来津寓居。1954年病逝后，家属遵遗嘱捐出了大量珍贵文物，还向国家捐献了56所房屋及一块空地。

该楼原为三层砖木混合结构摩登式建筑，1976年地震后改建为二层，建筑面积约1295平方米。外檐首层为细卵石抹灰墙面，二层为水泥抹灰墙面，建筑转角、窗间墙处均设有红砖带点缀，墙面肌理别具特色。建筑内部设有书房、舞厅、客厅和餐厅。一楼书房有古希腊风格的壁挂式烛台，用汉白玉制作而成。门梁有精美中式玉雕人物，栩栩如生。建筑四周原设有庭院式花园，内设假山和小亭，四周设有透景式花墙。

（四）李勉之旧居（睦南道74号）

这四幢建筑风格相同的别墅式楼房是20世纪50年代天津著名的爱国商人李勉之的旧居。李勉之，天津人，父亲李希明是启新洋灰公司总经理，并在中国多家大型企业中拥有股份。李勉之25岁时，从德国亚美机械厂进修回国，协助父亲办理家务文书。34岁作为长子接替病故的父亲，挑起了管理家庭投资的重担，打理庞大复杂的家业。他先后投资了中国银行、中兴煤矿等，后来与人在天津合资开办了中天电机厂。1937年，李勉之在睦南道购入地皮，出资聘请奥地利设计师盖苓设计并督建了四栋具有欧式古典风格的花园别墅，竣工后由李勉之、李允之、李进之、李慎之兄妹四人居住。每栋别墅为地下一层、地上三层，建筑面积约1000平方米，院内面积1000平方米。1994年5月，时任和平区政协名誉主席的李慎之，将属于自己的一幢楼无偿捐赠给和平区政协。

该楼外檐为花岗石砌基，卵石混水墙，大坡度尖屋顶，设有屋顶晒台。

室内护墙板和地板全由高级硬木制成，客厅为六角形，内有造型精致的壁炉，是具有德国风格的庭院式别墅住宅。

（五）纳森旧居（睦南道70号）

纳森旧居始建于1928年，为砖木结构楼房，主体三层，局部两侧两层，红砖清水墙，人字屋架，大坡度筒瓦顶，高低错落，具有典型的英国乡村别墅风格，是重要近现代史迹及代表性建筑。

该建筑为英籍犹太人开滦矿务局总经理纳森在津旧居，纳森青年时在英国军队中供职，经胡佛推荐，于1903年来到天津，几番转换，便在天津谋得了开平矿务局总办的差使。1912年，袁世凯就任临时大总统，成立中英合办的开滦矿务局，局本部设在天津。开滦矿务局主要决策机构为董事部，董事部分别设在伦敦和天津。天津董事部有董事7人，英方占4人。这时纳森刚刚在英国短暂停歇后回到中国，因之前担任过开平矿务的职位，这一次，他便顺理成章地出任董事部主席兼经理，直到1935年回国。

（六）卞氏旧居（睦南道79号）

卞氏旧居是天津实业家、天津八大家之一卞家的后人在天津的旧居。天津人俗称其为"乡祠卞家"，或以其所经营的商号名称而称其为"隆福号卞家"。该楼为卞家后代卞肇新等人的住宅，卞肇新曾任中央银行天津分行经理，并拥有多家工商企业。

该建筑为砖木结构四层楼房，设有半地下室，清水砖墙，缓坡瓦顶，顶部出檐，立面两侧前凸，各有一个方形三层阳台。整座楼房线条明快，庄重古朴，具有典型的西班牙建筑风格。卞氏旧居虽被使用多年并经历1976年地震，但未受到大的损坏，建筑现状良好。

（七）张学铭旧居（睦南道50号）

张学铭旧居建于1925年，为英庭院式建筑风格。张学铭（1908～1983年），字西卿，奉天（今辽宁）海城人，中国近代著名爱国将领张学良的胞弟，1919年，从日本步兵专门学校毕业，之后任驻日使馆见习武官。1929年张学铭回到中国，中原大战之后随哥哥张学良挥师入驻平津，1930年，张学铭被任命为天津市警察局局长，第二年成为天津市市长。

该楼是张学铭1931年以大福堂名义购买的住宅，其在津期间一直居住于此。该楼占地1756平方米，建筑面积1300平方米，有主楼、后楼两幢，共有房屋21间。外墙采用紫红色机砖砌筑,错落式筒瓦屋顶,内檐全部用菲律宾进口木装饰,内设客厅、花厅、舞厅、餐厅、书房、卧室等,楼前有花园。整体设计风格简约自然,比例均衡,色调和谐统一,落落大方。

(八) 徐世昌旧居

徐世昌旧居位于睦南道与新华路交叉口处(新华路255号)。徐世昌(1855～1939年),字卜五,河南汲县(今卫辉市)人。1922年,直系军阀曹锟恢复旧国会,他被迫辞职,来津隐居。1927年,用"宝墨堂徐"的堂名在此处购地建房9所,共计181间,九所楼房各自成体系,徐世昌自住的是一个独立大院,占地4233平方米,共有楼房26间,平房4间,建筑面积1085平方米,是一所西式三层楼,混合结构,红砖瓦顶。徐世昌曾两任清朝军机大臣,1918年被段祺瑞的安福系国会推举为总统,国学功底深厚,不但著书立言,而且,研习书法,一生编书、刻书30余种,著作有《欧战后之中国》《退耕堂政书》《东三省政略》等,被后人称为"文治总统"。

(九) 李叔福旧居(睦南道28号)

这幢三层欧式砖木结构建筑为早年天津"八大家"之一"李善人"后代李叔福旧居。清康熙年间,天津有过这样的民谣:"高台阶、黑大门,冰窖胡同李善人。"民谣里说的李善人,名叫李春城,江苏昆山人,康熙年间来到天津卫落户。李春城发迹后,对各地庙宇、大事布施,每到冬季,施舍棉衣、小米粥,无论哪里的难民到李家讨饭,都会给予接济,于是,社会流传李家"乐善好施",是"善人",李家也欣然接受。"李善人"第四代李叔福,迎娶北洋政府大总统曹锟侄女,1937年,建造了这栋私人住宅,为三层欧式砖木结构建筑,平面呈凸字形,中间稍突出,一楼正立面并列三扇拱形大门,门上装饰三条扭绳状拱形白条,二楼设有大型露台,四根高大的六角罗马式石柱为整个建筑平添了一抹意大利风情。石柱顶部有科林斯式雕花,显得端庄大气。整座楼风格简洁、古朴。楼内客厅、书房、卧室、餐厅等一应俱全,装修讲究。大楼四周有高墙相围,自成院落,是当年英租界内一座高级住宅楼。

(十) 颜惠庆旧居(睦南道24号)

颜惠庆旧居是一幢典型的欧洲中世纪古典主义风格的建筑。20世纪20年代,曾是民国国务总理颜惠庆的寓所,也曾经作为伪满洲国驻天津领事馆，是市级文物保护单位。它的建筑风格别致，红瓦坡顶、琉缸砖清水墙面，墙体采用疙瘩砖和天津传统的建筑材料琉缸砖砌筑。局部设有不规则挑出，其中，挑出的部分有意劈凿形成"疙瘩墙"。该建筑外立面为呈对称布置形成三段式构图，三段的比例关系为古典主义风格。正面立有五根方柱，建筑外檐造型多变，凹凸结合，精美别致。故居入口处设有高大的转折楼梯，楼内设有客厅、舞厅、餐厅和佛堂等，各房间均用菲律宾进口木材装修，并设有造型各异的壁炉，是天津市一处极具特色的高级欧式住宅楼。

（十一）孙殿英旧居（睦南道20号）

这幢建筑是曾经盗掘慈禧墓的军阀孙殿英为三姨太所建，主要充当孙殿英的驻津办事处，为特殊保护等级历史风貌建筑，建于1930年。

孙殿英（1889～1947年），又名魁元，河南永城人。早年出身绿林，曾任国民党第六军团十二军军长，1928年，以军事演习为名，炸开清东陵，将乾隆、慈禧陵墓盗掘一空。

该楼为三层砖木结构，正面大型露台是英国古典式建筑风格，上面立有四组绞绳式立柱，柱头装有花饰，整个建筑物的外形高低错落有致，别具一格。内外檐采用拱券窗、矩形窗及绞绳状双柱等元素，富丽堂皇，特色鲜明，具有典型的折中主义建筑特征。

三、大理道

大理道修建于1926年，原为天津英租界新加坡道，东北到新华路，西南到西康路，全长1745米，南北两侧分别与睦南道和常德道平行。大理道地区是天津市历史风貌建筑的聚集地之一，大量的名人故居坐落于此。

（一）蔡成勋旧居（大理道3号、5号）

位于大理道3号的建筑为曾任北洋政府陆军总长的蔡成勋旧居。蔡成勋（1871～1946年），字虎臣，天津人。1900年毕业于天津武备学堂，此后一直追随冯国璋、曹锟，成为北洋军阀直系骨干，曾任北洋政府陆军总长、甘肃督军、江西督军等职。1924年12月，因部下合谋倒戈而下台，返回家乡天津后，在英租界五大道盖了寓所和祠堂，过上了寓公生活。

3号是主楼，是三层砖木结构中西合璧式的建筑，外观为法国罗曼式，内装修使用中式木雕，建筑面积2100平方米，外檐为青砖墙，顶层中部为平顶，两侧为坡顶，第三层有前出檐的平台，风格庄重古朴，楼内装修豪华，有中式硬木透雕落地隔扇，做工精美。

5号为中式四合院家庙，是中国庙宇式平房建筑，红柱黄瓦，古色古香，为家庭祭祖所用，垂花门及门窗隔扇，砖、木、石雕，无一不精。

（二）张志潭旧居（大理道4号）

与蔡成勋旧居相对的西式洋楼，是曾任北洋政府交通总长、内务总长的张志潭旧居。

张志潭（1884～1936年），字远伯，河北省丰润人。前清举人，曾任陆军部候郎中。1921年任交通总长，皖系军阀失败后，去职来到天津英租界这座欧式小洋楼内隐居。张志潭一生酷爱书法，卸任后在此楼闲居时，专在楼下设一写字间，每日练字不辍。他与天津著名书法家华世奎关系甚密，华经常来此楼共同切磋书法技艺。张志潭的字写得十分漂亮，天津著名饭店"登瀛楼"三字即为张志潭所题。

（三）鹿钟麟旧居（大理道18号）

鹿钟麟是著名西北军将领，曾驱逐清逊帝溥仪出宫。这座砖木结构的二层联排式楼房线条简洁，朴实无华，设施完善，居住舒适。

鹿钟麟（1884～1966年），字瑞伯，河北定州北鹿庄人。在"北京政变"中，鹿钟麟率部先行入城，不费一枪一弹，仅三天就控制了北京全城。接着，带领军警等二十余人，直入清室，将中国末代皇帝溥仪驱逐出宫，废为平民。北伐后，曾任南京军事委员会委员、军政部次长及代理部长、河北省主席、兵役部部长等要职。

（四）陈光远旧居（大理道48号）

陈光远曾是北洋政府江西督军。这座二层、局部三层的欧式现代风格建筑，以独特的设计引人注目。黄色琉缸砖墙体，二层凸出于三层并设有大型露台，三层楼顶的八角凉亭更是别具特色，混凝土的八角形顶盖宛如大伞。整幢楼房端庄气派又尽显奢华壮观，融合了英国高级公寓式和中式小凉亭的风格，在中外建筑中较为罕见。

陈光远（1873～1939年），字秀峰，天津市武清县（今武清区）崔黄口人。早年毕业于天津武备学堂第二期，后追随袁世凯、冯国璋，为北洋军阀直系骨干，曾任江西督军多年。1922年，被广东北伐军打败而去职下野，携近千万财产住进天津英租界现烟台道的一处豪华别墅，后来投巨资又在此处建成第二座豪华别墅，并广置房产、投资企业、开银号、开当铺，过着舒适的寓公生活。

（五）润园（大理道 66 号）

润园是一座具有西班牙别墅建筑风格的豪华住宅。于 20 世纪 20 年代初期由孙震方出资兴建。砖木结构，局部三层，多坡顶，外延为白色水泥拉毛墙面，花岗岩台阶，配以造型各异的门窗，具有西班牙建筑风格。室内全为硬木装饰，院内原设有游泳池、草坪、藤萝架和欧式花坛，楼房四周种植各种花草树木，是一座欧式庭院式高级别墅。1949 年以后改为政府招待所，现为和平宾馆，又称润园。20 世纪五六十年代，许多党和国家领导人均在此下榻，其中，最著名的当数毛泽东主席。至今，润园内仍保留有毛泽东、周恩来、邓颖超等领导人的住房陈设原貌以示纪念。

四、常德道

常德道，东起民园广场，西至西康路，全长仅有 1.2 千米，属于五大道 6 条东西向道路中最短的一条。常德道所在区域原为一片沼泽地，后于 1919～1926 年因海河清淤工程填筑，1929 年建成，原名科伦坡道，中华人民共和国成立后更名为常德道，鳞次栉比的各式小洋楼成为五大道万国建筑博览会的重要组成部分。

（一）曾延毅旧居（常德道 1 号）

该建筑为罗马柱式的欧洲中世纪风格 3 层小楼，正门有退台式圆台阶，圆门厦，上有圆阳台，十分典雅精巧。

曾延毅（1892～1964 年），字仲宣，湖北黄冈人。1929 年阎锡山就任平津卫戍司令时，曾延毅曾任天津市警察局长。1938 年离职来到天津寓居。中华人民共和国成立后，曾任天津市政协委员、文史馆馆员，于 1964 年去世。

（二）张福运旧居（常德道 2 号）

该建筑于 1935 年由原国民党财政部关务署署长、税务署署长张福运出资兴建，属于私人住宅。该楼为二层砖木结构，红砖墙，红瓦多坡式屋顶，高低错落，风格别致。正门门厅为彩色大理石地面，各房间均有不同式样的欧式花饰。地板、护墙板全为菲律宾进口木制作。一楼客厅墙身有四组西洋古典式立柱，周边镶有花雕。小楼周围是3000多平方米的花园，设有藤萝架长廊，院内种植各种花草树木，与小楼构成一种典雅的英式庭院住宅建筑风格。

（三）林宪祖旧居（常德道8号）

该建筑建于20世纪30年代，为英式庭院式砖木结构尖顶红瓦三层小洋楼。坐北朝南，清水砖墙，房屋高大，设施完善。楼门前有高台阶，有四根水刷石柱子，上有阳台。楼下设客厅、饭厅，二楼为卧室，共有房屋10多间。

林宪祖（1891～1980年），字稚芗，山东省莱州市人。林家是世家望族，世代都是读书人。1926年4月，被张宗昌保荐为山东省代省长。1928年3月，任山东省省长。其间曾组织创办山东大学。日军侵占东北后，举家由大连迁到天津。中华人民共和国成立后，仍寓居天津，任天津市政协委员、文史馆馆员。

（四）范权旧居（常德道24号）

小楼为欧洲折衷主义建筑风格，为著名医学家，曾任天津儿童医院院长的范权教授的住宅。大筒红色瓦顶格外醒目，门窗全由优质木材做成。室内装修精致，欧派风格，设施完善，院落宽阔。

范权（1907～1989年），江苏吴县人。儿科专家，毕生致力于儿科事业，在儿科医疗、科研、教学工作中，特别是在水盐代谢及液体疗法研究中做出积极贡献，创范氏输液法。在儿科人才培养、医院营养方面也积累了丰富经验，是中国儿科事业的奠基人之一。

（五）赵以成旧居（常德道69号）

著名医学家、中国脑外科创始人赵以成教授旧居为英格兰乡村别墅式风格。该建筑为英式三层小楼，顶层前面呈坡形，在二层上面附带阁楼。首层是一个向前突出的弧形，二层有阳台。建筑线条简洁、明快，楼外有一个院子。楼里装潢讲究，壁橱与地板使用菲律宾木，卫生间铺设比利时高级地砖。

赵以成（1908～1974年），字泽如，福建漳州人，神经外科专家。1934年毕业于协和医学院。赵以成早年留学于加拿大，曾于1963年在广州成功地为海军战斗英雄麦贤德做了手术。中华人民共和国成立后，先后在天津和北京医院建立神经外科。作为医学专家，他为我国培养了许多优秀的神经外科医生。

（六）毕鸣岐旧居（常德道78号）

常德道78号为著名实业家，曾在中华人民共和国成立后任天津市副市长的毕鸣岐旧居。该房为五大道上为数不多的西式平房之一。该房建有琉缸砖大筒瓦尖顶西式平房13间，砖灰平顶。室内设施完善、装修典雅。

五、重庆道

重庆道修建于1922年，原属英租界。重庆道东北到马场道，西南到昆明路，全长1919米，宽10米，南北两侧分别与常德道和成都道平行。

（一）张作相旧居（重庆道4号）

该建筑占地面积1619平方米，建筑面积1370平方米。砖混结构三层西式楼房，建筑设计考究，墙面凹凸多变，镶有西式雕花，楼顶高低错落，屋顶平坡结合，风格别致，主楼两侧设有青条石台阶，内装修豪华，设有精致的壁炉，为一座西洋古典式建筑。

张作相（1881～1949年），字辅忱，奉天（今辽宁）义县人。1911年东北讲武学堂毕业，奉系军阀将领，辅佐张作霖、张学良父子执政东北，曾任东北边防副司令兼吉林省政府主席。他创办吉林大学，修吉敦铁路，兴办自来水，铺筑柏油马路；拒绝种植鸦片，拒绝与日本人合作修筑吉海铁路。1933年因热河失守而去职，来天津买下此楼隐居。

（二）孟恩远旧居（重庆道23号）

与张作相旧居相对的建筑是曾任北洋政府江西督军的孟恩远旧居。该建筑是临街由外檐水泥墙面的围墙环绕的一处院落，院中为一座豪华典雅的西洋双塔式风格四层楼房，首层中央为宽阔的石阶，大门首层、二层均作壁柱，两侧为尖顶塔楼，造型别致，外观雄伟。建筑面积共计1539平方米，始建于20世纪20年代，由英国建筑师设计，据说设计理念来源于英国首都伦敦泰晤士河上的双塔桥，此楼也因双塔而得名，号称"双塔楼"。

孟恩远，出生于天津西泥沽村。他曾于1912年民国建立后，任陆军第二十三师师长、吉林护军使，拥有大片土地，还在天津投资经营面粉、棉纱等工商企业。

（三）李爱锐旧居（重庆道38号）

该建筑为英式现代风格的砖木混合结构平顶楼房，外立面为琉缸砖清水墙面，部分为砂石鹅卵石，墙面新颖别致，阳台墙为砖砌，上部设有方形透视孔，整体简洁大方，是一座带有现代主义建筑特征的西洋式建筑。

李爱锐（1902～1945年），原名埃里克·利迪尔，英国人，是一位出生在天津的奥运冠军。在1924年举行的第八届巴黎夏季奥运会上，他一举获得400米跑冠军，并打破世界纪录，成为英国著名的体育明星。1925年，他回到天津任教。抗日战争爆发后，他曾赴冀中支援抗日游击战争，1945年死于日寇潍坊集中营。

（四）庆王府（重庆道55号）

庆王府是清王朝庆亲王爱新觉罗·永璘第四代传人爱新觉罗·载振旧居。建筑始建于1922年，原为清末太监大总管小德张亲自设计、督建的私宅，在原英租界中列为华人楼房之冠。后被清载振购得并举家居住于此，因而得名"庆王府"。

清末民初，我国政治舞台风云变幻，清朝的遗老遗少，以及北洋政府的总统、总理、督军纷纷到天津租界地购置房产。有的图个清静，当上寓公；有的蛰居在内，密谋其外。许多历史事件的密谋策划都发生在天津。故有"北京是前台、天津是后台"之说。当时的租界，成了"国中之国"，正好成为庇护力图东山再起的下野政客，妄图复辟的遗老遗少的保护所。

该建筑为砖木结构二层（设有地下室）内天井围合式建筑，为中国传统的长方形布局，中轴为楼房四合院，院墙和外檐顺应当时建筑潮流，采用西洋建筑的手法，水刷石墙面与中国传统琉璃栏杆交相辉映，门窗玻璃上比利时工艺雕琢的中国传统花鸟栩栩如生，是一座典型的中西合璧建筑。

这幢楼房四合院别具特色，其立面上、下两层及地下室基座一层的设计十分独特。一层、二层外檐设有列柱式外廊和下联坐凳式栏杆，平顶四周则是栏杆式女儿墙。三层的立柱式黄、绿、紫琉璃砖格外抢眼，体现了主人对紫禁城琉璃色彩的留恋。地下室较高，东、西、北三面都设有高台阶以便进出首层大门和旁门，其中以北门为主入口，有17级半石阶垒成的宝塔形台阶。进入大厅后，犹如置身四合院，四面二层楼房围合的天井上设有高侧窗罩棚，形成了严谨的方形大厅，厅内还有可拆的戏台，可供大型宴饮、娱乐、聚会使用；二层房屋则作为回廊，可俯视大厅。一层、二层房间分别设有餐厅、客厅、卧室供主人使用，厅、堂装修充满古色古香的皇家气派。此外，院内还建有数千平方米的中式花园，假山、流水等景观应有尽有。1923年，清室末代庆亲王载振相中了小德张的这套宅院，用郑州道5800平方米空地基和北马路十余所房屋置换到手。1924年冯玉祥发动"北京政变"，溥仪被赶出紫禁城，载振也从北京庆王府举家移居天津，直到1947年，71岁的末代庆亲王在此病故。

（五）民园广场

民园广场，地处重庆道、大理道、常德道之间，东临河北路，西界衡阳路，其前身为民园体育场，早年为沼泽洼碱地带，后因海河疏通航道，用淤泥填成平地，占地4.12万平方米，属旧英租界，1926年由英国奥运冠军李爱锐参与设计并主持改造，在跑道结构、灯光设备、看台层次等方面都达到当时世界先进水平，曾是远东地区首屈一指的综合性体育场。

2012年，有着80多年历史的民园体育场被改建，改建后的民园广场，总建筑面积7.2万平方米，球场草坪被中心1万平方米的绿地取代，保留有400米标准跑道，成为五大道地区唯一的综合性休闲广场项目，除了保留原民园体育场的体育健身功能，还新增旅游休闲、文博展示、特色餐饮等功能。

（六）先农大院

先农大院位于河北路与洛阳道交口，这片以"老院子的时光"为主题的商旅区吸引了众多游客。2006年，天津历史风貌建筑整理公司启动了对该街区的整理工作，恢复了建筑的原有风貌和院落空间，并对街区进行了整体保护和利用。

这片始建于20世纪二三十年代的建筑，红瓦屋顶，清水砖墙，历史底蕴深厚，人文资源丰富。前身先农大院始建于1925年，是为先农公司职员居住使用的。先农公司是天津成立最早、规模最大的以房地产为主的企业，它也是近代外商在天津经营房地产的一个典型代表。在其七个发起人中，美国人胡佛广为人知，他在天津赚取第一桶金后返回美国，这段经历对他之后当选第31任美国总统起到了不可或缺的作用。

受当时西方建筑思潮的影响，街区建筑呈现出多种建筑风格，有折中主义西式洋房、英式联排住宅、英式独栋别墅及现代风格建筑等。原先农大院的红瓦双坡顶与清水红砖墙面，形成了朴实温馨的风格。街区的每幢建筑既各具特色又和谐共生，置身其中，仿佛能看到昔日景象。

（七）龚心湛旧居（重庆道 64 号）

龚心湛于 1919 年任北洋政府财政总长兼代理国务总理。龚心湛（1871～1943 年），原名心瀛，安徽合肥人。1912 年起历任汉口中国银行行长、安徽国税筹备处处长、财政厅厅长，又调任财政次长兼盐务署督办，后任安徽省省长。1919 年秋，在财政总长任上代理国务总理三个月。1926 年去职移居天津，任中国实业银行董事长。1940 年，与靳云鹏等一起修建大悲禅院。

该楼为砖混结构，西式三层楼房，平顶带护栏，有地下室、清水墙，首层中央为高阶出檐门厅。门厅上方筑护栏式阳台，门窗作假柱，庄重典雅、自成院落。

（八）金邦平旧居（重庆道 114 号）

金邦平（1881～1946 年），字伯平，1899 年留学日本，毕业于早稻田大学。回国后，先后任翰林院检讨、北洋大臣直隶总督袁世凯的秘书、袁世凯内阁政事堂参议、段祺瑞内阁农商总长等职。民国十五年（1926 年），任天津启新总公司经理。后又任上海银行监察、振华纸板厂董事、耀华中学校长等。

该建筑为砖木结构二层西式楼房，清水墙，二层中部设弧形阳台，顶部为多坡瓦顶，上设天窗，独自成院。

第五节 黄崖关长城

万里长城是中华民族的象征和骄傲，是中国两千年历史发展的见证，黄崖关长城坐落在天津市蓟州区最北部的崇山峻岭之巅，是我国万里长城重要组成部分，东有悬崖为屏，西以峭壁为依，沟河环流穿城而过，有山雄水秀之趣。这里自然景观雄、险、秀、古，人文景观新、奇、优、雅，是京东著名的风景区之一。公路长城，一纵、一横、一经、一纬，织就了黄崖关长城古往今来战争与和平、人文与自然的美妙图画，颇具南方景色的娟秀之美。

黄崖关长城主体城墙长 3025 米，蕴含着中华民族博大精深的历史文化，1990 年，被评为"津门十景"之首，2001 年，被评为国家 4A 级旅游景区，以得天独厚的自然资源、内涵丰富的人文景观以及贯古穿今的历史背景成为著名的旅游胜地。

"长城十万里，独数黄崖关！"这是天津市境内唯一的一段长城，始建于隋开皇三年（583年），距今已有1400余年历史。东起小港乡赤霞峪，与河北省遵化市马兰关相连；西至下营镇的前干涧，与北京平谷的将军关相接。横跨蓟州下营镇的赤霞峪、古强峪、船舱峪、常州、东山、刘庄子、青山岭、车道峪、小平安、黄崖关、前干涧11个自然村，全长40.28千米，楼台81座，是一座宏伟的知识宝库，蕴含着无数政治、经济、艺术、军事乃至自然科学的奥秘。

东侧太平寨长城集聚了中国长城的所有建筑特色于一地，楼台形式多样，有石墙、砖墙、圆楼、方楼、空心楼、实心台，也有高置于墙体之外的哨楼，还有独立设在墙内的墩台、寡妇楼的遗址、北齐墩台、牛头马面等，荟萃了万里长城的建筑精华，被长城专家称为"万里长城的缩影"。西侧八卦城景区主要以玄妙的八卦和众多的人文景观而著称。取黄崖正关为中，以南北沟河写意，用雄山壮古抒怀，融山、河、关、城为一体，独树一帜，这座八卦城是全国长城沿线上独一无二的，是按照八卦的卦形规律来建造的。东西两段长城被一条秀水沟河贯穿而过，自汉朝至今，这条河的河名从未变过，它是蓟运河上游西侧的支流，天津市一级河道，源于河北省兴隆县青灰岭。流经天津市蓟州区、北京市平谷区，至蓟州区与宝坻区交界处的九王庄与州河汇入蓟运河，全长180千米，也是天津市水流落差最大的一条自然河流，落差达150米，是蓟州区河道最长、水量最多、水质最优、利用价值最大、利用率最高的河流，地势异常险要，是兵家必争之地。

万里长城的每一段，都有重要的历史地位，在有明长城分布的10个省、自治区、直辖市中，天津境内的长城最短，只有蓟州区的40.28千米，但可以说是天津长城的代表地，具有年代久、地势高、山行陡、石墙长、风景美等特点，在全国长城中占有重要的地位。著名长城专家罗哲文先生赞誉这里为"万里长城之缩影"，敌楼的形式多样，风格独特，清康熙皇帝虽决定不修长城，但对黄崖关长城的军事和政治地位十分重视，在位期间曾先后八次巡幸驻跸，并发出了"气壮山河"的感叹。

古长城名关要塞众多，八达岭——险：它是中国古代伟大的防御工程，万里长城重要组成部分，是明长城的一个隘口，为居庸关的重要前哨，古人说:"居庸之险不在关而在八达岭",明长城八达岭段被称作玉关天堑,为明代居庸关八景之一。

慕田峪——危:全长5400米,是中国目前最长的长城,也是著名的"北京十六景"之一。

嘉峪关——雄:是明长城最西端的关口,历史上曾被称为"河西咽喉",因地势险要,建筑雄伟,是古代丝绸之路的交通要塞,中国长城三大奇观之一(东有山海关,中有镇北台,西有嘉峪关)。

金山岭——万里长城独秀:明朝爱国将领戚继光担任蓟镇总兵官时期主持修筑,是万里长城的精华地段,素有"万里长城,金山独秀"之美誉,敌楼密集,构筑精巧,形式多样。

黄崖关最大特点就是——异:它以玄妙的八卦独树一帜,以浓郁的人文气息以及神秘、悲壮的传说故事吸引着众多游客。

一、牌楼

牌楼也叫牌坊,是汉族传统建筑之一,最早见于周朝,在园林、街道、寺观、陵墓等都有建造,大致分为五类——木牌楼、琉璃牌楼、石牌楼、水泥牌楼、彩牌楼。每当看到牌楼的时候,说明它的背后一定有一座雄伟的建筑物,而这里就有一座长城沿线上独一无二的八卦关城。

牌楼上有"蓟北雄关"四个大字,是说这里是蓟州区的北大门户,控扼入关的咽喉要道,为兵家必争之地。黄崖关是蓟镇长城的重要关隘,关城建在两山之间,封锁着沟河河谷,地势异常险要,故称"蓟北雄关"。还有一种说法就是"蓟"字的由来是蓟州生长着一种蓟草,这里水资源丰富,由此得名。后面是"金汤巩固"四个大字,"金汤"是金城汤池的缩语,"巩固"是坚固牢靠的意思,这里形容由八卦关城、主体城墙、关外孤峰顶上的高大圆形哨楼凤凰楼所组成的完整军事防御体系,如同用金属浇筑的一般坚不可摧,易守难攻。

二、黄崖口关

八卦城南门的匾额上书"黄崖口关"四个大字,据说为民族英雄戚继光亲笔手书,原匾现保存在博物馆内,当时老百姓保护文物的意识比较差,破损较为严重,是在黄崖关村小学校门口台阶上挖下来的。据村民说当时经常有人把它敲下来当作粉笔用,在这里建议大家要增强保护文物的意识,把这些历史完整地传承下去。

这是三大奇观之一的黄崖夕照。因为,这里的山石是一种含铁量很高的铁矿石,且呈黄褐色,每当太阳西下的时候,余光反射在断崖之上,呈现出一种金碧辉煌的壮观奇景,因此,成为黄崖关长城的一大奇观——"黄崖夕照"。

山上有黄崖,山下建雄关,泃河在此横切燕山,夺道南流,形势险峻,明朝在此修建了这座精心设计的防御工程,是黄崖关长城防御体系中唯一的通道,所以又叫黄崖口关,这个名字沿用至今。黄崖口是明长城沿线两百多处险隘之一,属马兰路管辖,在此设提调,因为是三等边城,所以,规模不如山海关宏伟,气势没有居庸关巍峨,然而工程设计却独具匠心。

相传李自成抗清来此,见这里地势险要,林茂古奇,颇似山西雁门关,就以此为御敌屏障,改黄崖关为"京东雁门关",所以有"小雁门关"之称。清乾隆五十八年(1793年),在南城门前修筑木牌楼一座,有诗曰:中华名胜厚博回,蓟北雄关史韵怀,碑有百将军墨志,气纵千豪越古才,水陆关城黄崖照,空心八卦傲敌台,推古鉴今持存用,五光十色画纸白。我们既能领略长城建筑的精华,又能在游览中享受乐趣,接受古代传统文化思想的熏陶。

三、八卦关城

进入了黄崖口关,就进入了长城沿线上独一无二的八卦关城,又称"八卦迷魂阵",占地面积近4万平方米,始建于明朝天顺四年(1460年),按文王八卦的卦形规律,采用八种标记符号,用墙体显示出来,组成街道网络,阵内纵横交错四十余条街道,各卦区建造的排房错综复杂,不知底细则进也进不去,出也出不来。街道有T字形的、回字形的,还有的平行错位,给人以前方是路又无路的错觉,甚至陷入模糊状态,"八卦迷魂阵"因此而得名。

八卦是我国古代一套有象征意义的标记符号,每个卦形代表一定的事物,八卦相互搭配又得到六十四卦,用来象征各种自然现象和人事现象。八卦源于中国古代对基本的宇宙生成、相应日月的地球自转、农业社会和人生哲学相互结合的观念。最原始资料来源为西周的《易经》，《易经》明确地告诉我们八卦不能脱离于社会，因而八卦的演变过程告诉我们第二个重要的理论：易学不能脱离社会，否则就是空洞的、无意义的。

四、八卦迷宫

今天，长城已经失去了昔日的军事功能，被辟为旅游胜地。为了让您更直观地了解八卦，1995年，在关城的西南角建造了一座占地3000平方米的八卦迷宫游乐园。这座迷宫汲取了历代八卦阵法之精华，结构巧妙，格调新颖，数百道古式矮墙分割成迂回曲折的街巷，置身其中，给人一种扑朔迷离之感。中心的太极观阵台四周是青砖垒砌的方形墙体，象征了天圆地方，共有十六个生门，每个门口各有一对小石狮，造型各异，栩栩如生。这里不仅是旅游观光休闲的好地方，也是对青少年进行爱国主义教育的最佳场所，迷宫东侧的微缩建筑群——长城集仿苑，可以让游人极大限度地发挥想象力和创造力，体验修长城的艰辛，并加强保护文物的意识。

五、长寿园

这个园子坐落在八卦城的"坤"字卦内，占地3000平方米，坐西面东，背依王帽顶山，得林木葱郁，前临沟河，环流而过，遥望长城蜿蜒，地理位置极佳。长寿门上的圆橡、方橡、矛头、滴水、门当、门墩上都是寿字，整个园子里共有10003种不同写法的寿字，被载入了"上海大世界吉尼斯之最"。

寿字是汉语中最常用的吉祥字之一，原指事物生命的长久，民间常见"福寿双全""五福捧寿"等祈寿装饰题材，可见寿与福是相提并论的吉瑞字符。在商周有"长寿为五福之首"之说，我国民间深受道家思想影响，一直存在"五福以寿为重"的观念，人民期盼长寿，珍惜生命，注重现世，正是基于这种现世观，中国人对长寿的追求始终不渝，并把祈寿的观念贯穿传统文化的方方面面。园内展示寿字千变万化的写法以及六书造字的演变过程，是中华文化的宝库。

迎面照壁中心大寿字四周布满了小"寿"字，形成"众寿捧一寿，寿寿不离寿"的万寿无疆之意境，中间的"寿"字出自宋末元初的著名书法家赵孟頫之手，他信奉道教，开创元代新画风，为楷书四大家之一。历史上每有沧桑变异之际，文化颇易失范，人们总是喜欢以史为鉴，从古代的启示中去寻找医时救弊的良方。赵孟頫是很有影响的书法家，他的寿字也独具特色。影壁中间的大寿字是圈起来的，有人说：寿字可圈，福字无边，就是说人的生命是有限度的，而福气是没有上限的。

影壁背后的白色大理石上是长寿园碑记：敬老颂寿乃中华文化传统之美德，相沿殆两千余年，《尚书·洪范》即以寿为五福之首，《诗经》多篇，屡见"万寿无疆"之颂，历代朝野咸以颂寿而示敬老，以之正风俗、育仁心……长寿园于1998年春动工，秋竣工，从此之后，老人有了养憩之地，后辈得到尊老敬老的熏陶，中华美德得以代代相传，社会风气为之丕变，黄崖关也增添了风采。当时主事者念其造园不易，在盛世之时，为垂范于未来，以碑记而记之，也希望体恤创建者的艰难而倍加维护。

绕过影壁后，这座造型独特的建筑就是长寿桥，周围四个小水池是佛家的万字符号，中间是一个大的寿字，在人类文化历史之谜中，"卍"字符显得非常奇特，不但很早就出现，而且遍及世界的各个文明之中。虽然很简单，却在人类的不同族群中流传了很久，出现在不同的地方，代表相似的含义，"卍"字符总是代表好运、吉祥。"卍"字符在考古学和文字起源的研究当中早就受到众多学者的关注，有些人认为它是人类文字的起源符号之一，有些人认为它起源于太阳的象形，有些人则认为它和人类的繁殖有关。我们这里有一种说法就是：长寿桥上走一走，逍遥活到九十九；长寿桥上走一走，想活多久活多久。

院子中间的塑像就是中国历史上很有名的寿星和养生专家——彭祖。他原名钱铿，江苏徐州人，生于夏朝。据说，他是黄帝的后裔，曾侍奉尧帝，尧很赞赏他，就将大彭国（今江苏徐州）封给了他，后人称他为彭祖。传说彭祖高寿活了888岁，实际上，是因为当时的计年方法和现在不同，在一些偏僻的山区用花甲纪年，天干地支一轮回以60天为一年，而按照现在一年365天的算法，相当于现在的140多岁。

园内四周围廊上的苏式彩绘，描述了中国的二十四孝故事。这幅是"岳母刺字"，岳飞背负着老母的深情嘱托精忠报国，撇下困苦中的老母奔赴疆场，杀敌报国，看似不孝，实则大孝至孝。一声"忠孝不能两全"的喟叹，道尽了古今多少好男儿的无奈，这无奈其实就是一种宽慰，想想母亲思念他们时含泪的笑脸就明白，其实他们已然忠孝两全了。

走廊中间是长寿桌和长寿椅，桌子周围有九十九个小"寿"字，加上中间一个，象征九九归一，桌椅的材料很特殊，是蓟州区特产叠层石。轻敲它的时候会有一种金属的声音，清脆悦耳，它形成于18亿年前，是蓟州区中上元古界地层的岩石。世界上共有四处地层剖面，美国科罗拉多大峡谷、俄罗斯里非文德剖面、澳大利亚阿德莱德剖面、蓟州区中上元古界地层剖面，其中，以蓟州区的剖面最为清晰，出露连续，微生物化石丰富而闻名于世。著名地质学家李四光说：在欧亚大陆，蓟州区剖面之佳者，恐无出其右，上面这些彩色的花纹都是天然形成的，是大海深处单细胞的海藻植物以及泥土在岩浆的作用下形成的。

这里有一幅典型的杨柳青年画，通过寓意、写实等多种手法表现人民对美好生活的向往，尤其以直接反映各个时期的时事风俗以及历史故事题材，寓意生活富足，成为年画中的经典，广为流传。杨柳青年画造型严谨，写实性强，构图丰满，形象生动，画面富有装饰特点，既富于变化，又典雅和谐，对比强烈，给人以明快的感觉。

中国汉字是沿着象形、指示、会意、形声、转注、假借的"六书"造字规范创用的，寿字也是一样，最初的寿字是以象形字态出现在汉字宝库中。象形字源自对实物的写意，但寿字没有具体形态，所以很难造出象形字来，各种各样奇形怪状的寿字是从远古的神话传说中演变而来。像伏羲氏时期，根据"龙马驮书出于黄河"的传说创造"龙书"而推演八卦、新石器时期神农氏创造的"穗书"、黄帝时期的"鸟迹书"、高阳氏时期的"蝌蚪文"等，都是用一个吉祥的图案来表达寿字的含义。寿字也一样，取其实物形态，用以表达寿的含义，但它只是作为一个吉祥的图案出现，没有六书造字的规范特点，只是寿字的雏形，一个小小寿字足以引发人们无限的想象力。

寿字虽然不是汉字中最早出现的文字，但由于运用广泛，在发展的历史长河中，成为多变的字体，可以说超过其他任何一个汉字，更是世界上任何一种文字所无法比拟的。经过几千年的发展，寿文化更加完善，我国各族人民养成了丰富多彩的祝寿习俗，如：六十岁称为初寿，八十岁称为中寿，百岁则称为高寿，又如七十七岁称为喜寿，八十八称为米寿、九十九则称为白寿。福禄寿中有老寿星，成语里有寿比南山，日常用语中有健康长寿，传说中，最长寿的人有彭祖，祝寿用品中有寿面、寿糕、寿桃、寿联等。

我们都说福寿双全，寿为五福之首，五福就是，寿、富、康宁、好德、考终命。所以，我们要成为五福之人，自身的高尚是十分重要的，用今天的话来讲，就是一要守法、二要勤劳、三要讲科学，如果做到这些，那么五福离您就不远了。

这个大寿字有一个传说，据说该字是在乾隆年间，九九重阳节时刘念拔给全州老人祝寿后，应百姓之请所写。刘念拔善画，为官清廉，他在任期间减免税款，兴修水利。这个"寿"字，字体气势雄浑，从容不迫，堪称"寿"字一绝，写得既有形态又有神韵。古代人非常尊敬长者，重视长寿，因此，把"寿"排在"五福"的第一位，即歌中所说的"寿为先"，寿字歌中说"寿乎人乎两并传"。这个寿字至今仍然吸引着人们，有人将寿字拓片珍藏起来，有人将其敬献给老人作生日礼物，都是表达了对老人的敬重，石头上方是空缺的，这样的建筑叫空井，在这里就是说"寿比天高"。

六、提调公署

走出长寿园，又回到了八卦街上，周围的四合院房子都是古代守城士兵的军营，现在来到的就是八卦城的中心——提调公署。明永乐年间，设置黄崖口提调公署，它是关城、水关、营城以及附近太平寨等关营寨堡的中心。崇祯十五年（1642年）十一月，清兵攻陷黄崖口关，纵火焚烧关城，守备公署毁于兵燹。1945年3月，满洲国军调防驻守黄崖关，营部占用提调公署，后因年久失修，房屋倾塌，只存遗址。这是中国长城沿线上第一座长城历史博物馆，前殿悬挂着中国书法家协会原名誉主席启功的题字——天津黄崖关长城博物馆。内侧还有一块匾额——黄崖口提调公署，"提调"就是官职名称，相当于现在的团长。院子中间石碑上刻着"重修蓟县长城碑记"，字体为鸡毫汉隶，是天津书法家协会原主席龚望所书，背面的碑文是天津书法家协会原副主席孙伯翔所书，碑文记载了万里长城的历史沿革，蓟州区长城的始建与重修年代和壮丽清奇的景色，同时，还记载了天津人民重修长城的盛举。

七、东展厅

东展厅，迎面有一幅万里长城百关图，他将中国20多个诸侯国和封建王朝修筑过的长城都表现在一张图上。这个沙盘模型图是整个蓟州区内的长城，在明朝时修长城是一关七寨，一关指的就是我们现在所处的位置——黄崖口关，七寨，指的就是赤霞峪、船仓峪、古强峪等；明长城经黄崖关后继续向西，经过王帽顶山向西后，由于山势险峻，因此，没有修建长城，后又出现长城，一直向西至黄土梁附近的三界碑。所谓三界碑是当地农民的一种叫法，这里是北京市、天津市、河北省的交界点，但是因为长城已经失去了它本身的防御体系，现在大部分长城都是供后人游览参观，所以，在1985年我们只维修了3025米的黄崖关长城。

天津市境域内的明长城分布在北部山区，军事指挥系统大致经历了洪武、永乐以及嘉靖三个时期的发展演变，日臻完备，逐渐形成了一套严密的军事指挥系统。明洪武六年（1373年），加强了对天津市境域长城沿线的防御，隶属北京指挥，明永乐时期，为了加强长城的防御能力，明朝廷日益重视长城沿线防务，正是在这样的大背景下，长城防御的军事指挥系统才得以严密完备，逐渐形成了以文官、武官分别担任戍边职务，充分发挥各自优势；这样既可在战争时期协调各方，充分发挥前线指挥官的能攻作用，又可在和平时期相互监督牵制，避免拥兵自重，贪污腐化。

近年来，通过考古调查和发掘，在下营镇、孙各庄满族自治乡、罗庄子乡、官庄镇、邦均镇、城关镇六个乡镇发现了旧石器遗址，说明至少在1万年前，蓟州有人类居住。据史料记载，明朝早期为便于防守，将长城沿线分成九大防区：东起鸭绿江，西抵嘉峪关，绵亘万里，分地驻守。初设辽东、宣府、大同、延绥四镇，继设宁夏、甘肃、蓟州三镇，而太原总兵三边制府驻固原，亦称二镇，是为九边，这便是明长城九镇的由来。蓟镇设置于嘉靖二十七年（1548年），延袤1765千米，蓟州镇又分为十二路镇守，蓟镇为明朝的九边重镇之一，地理位置极其重要，特别是在永乐帝迁都北京后，担当着拱卫京师的重任。蓟州境内长城墙体的大规模修建应在嘉靖末年至隆庆时期，《四镇三关志》记载了黄崖口关"边城六十里，嘉靖三十年建"，可见，蓟州境内长城墙体包砖不早于万历四年（1576年），且集中于黄崖关段。

在沿边九镇中，蓟镇具有特殊的重要地位，蓟镇之重，在于地理位置是从东、西、北三个方向包围着京城。号称"京师西大门"的居庸关距京城只有五十余千米，有"京城铁门"之称的古北口也只有百余千米，蓟镇有险，则京城震悚，蓟镇稳固则京城无虞，特别是永乐帝初撤销塞外的大宁卫以后，更增加了蓟镇的防卫负担。文官中蓟辽总督是掌管蓟镇、辽东，保定明长城防御的最高军事指挥官，相当于现在的战区总司令，武官中蓟镇总兵是掌管蓟镇长城防御的军事指挥官，现在的军区司令。

万里长城作为世界文化遗产，是中华民族灿烂文化和古老文明的象征，东起鸭绿江畔，西至祁连山，沿着起伏的山脉和茫茫的沙漠绵延起伏。长城在历史上曾经为防御北方游牧民族的侵扰、保障中原人民的生产和生活起到了重要的军事作用。它不同于一般城市周围封闭的城墙，而是一种彼此相望的城堡、城墙联结起来的漫长的防御体系。早在西周时期，我国就开始出现这种城堡与烽火台相连的防御建筑，周幽王烽火戏诸侯的故事，反映了当时利用烽火来传递军情的情况。建筑长城的历史，可上溯到公元前6世纪的春秋战国，各诸侯国家纷纷修建长城。当时国与国之间战争频繁，为了彼此设防，齐、楚、魏、赵、燕等国先后在邻近敌国的边境修筑了互防长城。齐长城又称"巨防"，齐国北方的燕国与中原其他诸国很少往来，且有大河为界，因此，齐最早修筑防门，作为边境的重要边塞。楚长城是环行建筑，因名方城，方城以城为中心在其东、西、北三面所筑长城连接而成，方城的名称最早见于周惠王楚齐会盟的时候。

蓟镇地区由塞外越边而入的河流甚多，形成的关隘密集，在1000千米的防线上，大小隘口190多处，重要的关隘也有40多处，历来是兵家必争的险关要塞。整个明朝时期，北边烽警年年皆有，尤其是北撤大宁弃开平，西弃哈密丢河套之后，几乎没有安枕之日。危及明朝政权命运的重大事变和战争，有"土木之变""庚戌之变"、嘉靖三十八年（1559年）的潘家口之战、洪山口之战，这几次重大事变和重要战争，除土木之变外，全发生在蓟镇，可见蓟镇之戍牵动全局。

八、正厅

正殿里陈列文物338件，分为三大类：一是古代兵器，有枪、刀、矛、箭等各种冷兵器，以及铁炮、石炮、陶蒺藜等火器。在冷兵器中，最珍贵的是戚继光生前用过的战刀，刻有"万历年间，登州戚氏"字样。在火器中，最难的是佛郎机铳。虽然绿锈斑驳，但构件和子铳齐全，是罕见的古代兵器实物。二是反映士卒生活的文物，有杯子、碗、顶针、象棋等。三是明清两代有关黄崖关修城、修墙、修庙、修空心敌台和提调公署等的碑刻。

中华人民共和国成立后，党和政府对长城的保护以及维修和综合利用给予了高度重视。"文化大革命"时期，黄崖关一带的长城建筑荡然无存，凤凰楼成了一片废墟，边墙成为一道道灰垄，关城只存留北城墙的卵石芯，全线45座空心敌台，只有3座保存尚好。1984年7月5日，中共中央政治局委员、书记处书记习仲勋看到《北京晚报》刊登的一篇题为《北京晚报八达岭特区办事处等联合举办"爱我中华修我长城"社会赞助活动》的启事后说：这是一个好的活动，是个大好事。随后在人民大会堂为这次活动题写了"爱我中华修我长城"。

同年9月1日，邓小平同志向全国人民发出了"爱我中华修我长城"的号召，天津市人民政府积极响应邓小平、习仲勋"爱我中华修我长城"的号召，决定修复黄崖关长城。天津市委副书记、市长李瑞环召集并主持了"爱我中华修我长城"赞助活动大会，共收到修复长城赞助资金1200多万元。

1984年10月～1985年9月为第一期工程，修复太平寨段边墙873延米，1985～1986年为第二期工程，修复泃河两侧边墙共计2152延米，1986～1987年为第三期工程，修复黄崖水关一座，整座关城包括环城860米，逐年增设修建其他景点。天津人民创造了三年内修复古长城的奇迹，原国务委员古牧参观后题词：雄关内外风光好。

九、关城模型（三道防线）

八卦城是按照伏羲八卦的规律，从西北方向开始按照顺时针依次建筑乾三连、坤六断、震仰盂、艮覆碗、离中虚、坎中满、兑上缺、巽下断这八个卦区。设三条防线，一线是凤凰楼，建于关城以北1000米的馒头山上，山的西面和北面均为百米绝壁。凤凰楼的作用主要有三个：一是前沿阵地，如果敌兵人数不多，可以用来作战；二是如果敌兵入侵人数多，它就取代了烽火台传递信号，主体长城接到信号后，准备作战；三是可以从背后包抄敌人，两面夹攻，使敌人的腹背受打击。二线是长城主体城墙，建于王帽顶和狐仙晃两山之间，城高墙厚，沟河穿城而过，形成险要的河谷，上建有水关，易守难攻，大有"一夫当关，万夫莫开"之势。三线是八卦关城，奥秘异常，故而黄崖关的防御体系在万里长城沿线是不可多得的军事杰作。

从当时军事防御角度上讲，如有入侵之敌，将其引入八卦阵内，因阵的外围筑有城墙，墙上设有鸟铳手和弓弩手，可以居高临下，便于观察阵内敌情的动向。敌兵本来就对地形不熟悉，再加上街道错综复杂，很容易在街道内迷失方向，这时，围墙上的士兵就可以弓弩齐发，敌人均陷入火器、弓箭的有效射程之内，无法躲避而被一举歼灭。有的敌兵即使在街道内没有被歼灭，他们还会拼命地去寻找出口，八卦阵被称为"三门相通，八点都到，整个八卦只有一条通道"，实际上这条道是通往陷马坑的街道。"陷马坑"设在八卦阵的西南方位（八卦迷宫的位置），院内矗立着高高的大旗，上有"校场"二字，用意是诱敌入内：这里看上去是一块平地，其实是个巨大的陷马坑，在门口处设置了翻板，上有伪装，当敌人来到这里，自然就会闯入门内，随即掉入陷马坑，坑内设有石灰粉和倒立的长矛、削尖的竹器等物，落入其中难以生还，可将入侵之敌全歼于此。

十、碑林

长城作为军事防御体系，处处体现了华夏民族的勤劳智慧，但最伟大的还是用中华民族不朽的精神和高尚的文化铸就的精神长城——碑林。

碑林位于乾卦区内，处于中心位置的是邓小平同志"爱我中华，修我长城"的题词。西侧是建于1987年的全国第一座百将碑林，在回廊壁上镶嵌着当时在世的徐向前、聂荣臻两位元帅，两位大将、22位上将、74位中将、7位少将为黄崖关长城的题字碑刻。墨宝华章装点关山，掷地有声，表现了中国人民解放军这座钢铁长城，誓为祖国建设保驾护航的昂扬气势。

东侧是1988年创建的全国第一个以颂扬长城文化为主的百家碑林，展出了李瑞环、九世班禅、启功等104位政治家、艺术家、书法家的墨宝。这里文治武功交相辉映，骏彩星驰，堪称双璧，增蓟北之风光，寓中华之灵气。

（一）篆刻碑林

进入大厅，是1991年10月建成的全国第一座以歌颂长城为题的篆刻碑林。展出114方篆刻精品，以30厘米见方的白色理石拓红制成，篆刻精品是从全国各省市自治区和港澳台地区的数百份作品中精选出来的佳作。篆刻有秦汉印玺、虫篆、肖形、花押、圆朱、泥封、砖瓦等，形式多样，五彩纷呈，漫步其间，会有一番新奇的感受。

（二）毛泽东诗词墨迹碑林

穿过中厅的篆刻碑林，这里是毛泽东主席的诗词墨迹碑林。它创建于1992年，为纪念主席100周年诞辰而建，在99块青花岗岩石上镌刻了毛泽东同志1923～1964年间创作的28首诗词手稿。迎面这块高1.226米、长4.1米的石碑上镌刻着江泽民题写的"毛泽东诗词墨迹碑林"九个行书大字。以《沁园春·雪》为主碑的毛泽东诗词墨迹碑林，再现了毛泽东在不同的历史时期所表现出来的伟人胸怀和气魄。所有诗词的字数共1893个字，恰与毛泽东生辰之年巧合，题名碑高1.226米，寓意毛泽东同志的生日是12月26日。

毛主席的书法属于"狂草"，在承袭了"颠张狂素"等人的书法妙意的基础上又进行了大胆的发挥，字体既有章草的波磔，又有今草的笔画萦带，字势多用中锋，融入了篆书笔法，又有所创新，大起大落，不拘小节，因而一般人很难模仿。有行家评论毛泽东的书法：是对前人巧妙综合、取舍后的再创造，取"二王"之秀逸、孙过庭之峻拔、张旭之狂韵、怀素之恣肆、苏黄之浑厚，可以说是极尽变化，不失法度，随心所欲，飘逸潇洒。

毛泽东碑林建成后，一位顾问提议，在碑林处塑一尊毛主席铜像，使整个工程能够升华，市委指示，要充分展现毛泽东作为革命领袖与伟大诗人的风采。经过筛选，由著名的雕塑家潘鹤教授进行设计，经过反复比较，最终选择以毛泽东在黄河边上的一张照片为基础，精心设计创作而成。塑造了毛泽东同志在硝烟弥漫的岁月，目视长城内外、豪情满怀迎风矗立的伟人身躯，再现了我党、我军和中华人民共和国的主要缔造者毛泽东同志运筹帷幄、决胜千里、指点江山、激扬文字的领袖风范及诗人风采。1993年的11月10日，举行了隆重的铜像落成典礼，这既是天津人民向毛泽东一百周年诞辰献上的一份厚礼，也为十年长城工程画上了一个圆满的句号。人们在欣赏毛泽东同志卓绝的诗词和精湛的书法艺术的同时，也会油然生出对伟大领袖毛主席的缅怀情思，产生了一种超越时空的历史遐想。

十一、百松园

走出碑林，后面就是百松园。1993年9月，为纪念毛泽东100周年诞辰而建，这里有不同品种、不同形状的松树一共100株，是一座天然大氧吧，大家可以在这里呼吸一下新鲜的空气。这块大石头上的"不到长城非好汉"几个大字，出自毛主席1935年10月所写的《清平乐·六盘山》，为毛泽东翻越六盘山的时候咏怀之作，抒发了长缨在手，定当缚住苍龙的革命豪情，这是中华民族的一种精神气魄、一种积极向上的奋斗精神。

十二、凤凰楼

相传有凤凰栖居于此而得名，整座楼台通高23米、直径16.5米，像一位"一夫当关"的巨人，傲立在陡峭的孤峰上，扼守谷口。凤凰楼上下两层，顶部设有铺房楼，是长城沿线上最高大的一座圆形哨楼。明代戚继光任蓟镇总兵时，为了加强防御，在此处设有三道军事防线，凤凰楼作为第一道军事防线，起到三个作用：一是前沿阵地，当敌人进攻时，从山上放滚木礌石可以直接消灭敌人；二是当进攻敌人多时，它可以给主城传递情报；三是敌人攻打主城时，它可以从背后包抄敌人，使敌人腹背受敌，减轻主城的压力。第二道防线是主体长城，建于王帽顶山和狐仙晃山之间，城高墙厚，泃河穿城而过，形成险要的山谷，河上建有水关，下设五孔水洞，在作战时用铁栅栏拦住以阻拦敌兵，平时则驻关收取通行费，易守难攻，大有"一夫当关，万夫莫开"之势。第三道防线是八卦关城，构造巧妙，闯关者大都是九死一生。这三道防线联合起来固若金汤，是明代万里长城沿线上为数不多的没有被攻破过的关口之一。相传李自成抗清兵也来到过这里，见这里地势险峻，林茂谷奇，颇似山西的雁门关，就以此为屏障，改黄崖关为"京东雁门关"，所以又有"小雁门关"之称。1994年10月3日，军委原副主席、国防大学校长张震将军登临黄崖关后感慨万千，他说："黄崖关可谓是麻雀虽小，五脏俱全。这里水陆关隘、边城掩体、战台烟墩一应俱全。我是搞军事研究的，三句话不离老本行，尤其是这座玄妙的八卦城，布局精巧，可以说是研究《孙子兵法》的不可多得的军事杰作。"之后，老将军挥毫泼墨写下了"万里长城瑰宝，独数蓟北雄关"的题词以示赞誉。

十三、黄崖正关

黄崖正关，城台上匾额题有"黄崖正关"四个大字，这座建筑曾于八国联军侵华时被德军烧毁，现存建筑为1986年重修。黄崖正关地处狐仙晃和王帽顶两座高山之间的峡谷中，它巧妙地与这陡峭的悬崖绝壁融为一体，形势极其险要，曾有古诗形容："紫塞横空岚影秀，云字平分两仞山"，生动形象地道出了黄崖关的雄奇险峻。虽说是关，却并没有通街的门洞，按照原貌修复的黄崖正关是一座长31米、宽19米、高10.8米的城台，台上建阁，面阔三间，九脊歇山顶、着明式彩绘、绚丽夺目、雄伟壮观，名曰"北极阁"，俗称"玄武庙"。

真武，又称玄武，民间还有"玄天上帝""真武大帝"的称号，真武在道教诸神中声威显赫，玄武的信仰起源很早，在上古神话中是水神，是大禹的父亲。明朝永乐帝登基后，当时的元朝残元势力仍然很强大，多次侵扰明朝的国土和百姓，永乐帝先后五次派军北征，歼敌数十万，北方游牧民族实力明显削弱。他的五次北征，其中四次都与蓟州有关，他专门设重兵把守修筑工事，以防北方的来犯之敌，在当时，蓟州的军事战略地位也更显突出，故在这里设置北神玄武像。

这座正关为什么没有北门，下面建台、上面建阁呢？相传明成祖朱棣信奉道教，他自认为扫北获胜、继承皇位，皆因得北神而助，按照道教的说法是四方四神各守一边，东神青龙、西神白虎、南神朱雀、北神玄武，这是我国古代人民所喜爱的吉祥物，是中国古代神话中的四方神灵。春秋战国时期，五行学说盛行，两汉时期，四象演化为道教所信奉的神灵，故而四象被称为四灵。四神在古代的另一个主要表现就在军事上，在战国时期，行军布阵就有"前朱雀后玄武，左青龙右白虎"的说法，简单地说就是一个布阵的方位图而已。风水理论上常说"左青龙，右白虎，前朱雀，后玄武"，一般这四方之神常被运用于军容军列，成为行军打仗的保护神，道教兴起后，将青龙、白虎、朱雀、玄武纳入其神系，作为护卫之神，以壮威仪。因此，朱棣为了尊崇和供奉北神玄武大帝，在京东一带和他出兵打仗经过的地方大建玄武庙，意思是保佑他的江山稳固，又为避免人行和车马通过而冲撞北神不设北门。据《蓟县志》记载：蓟县有北极阁二、县城一、黄崖关一、蓟县城有东关、西关、南关，唯独没有北关，就是因有北极阁而不能设门，目前这座北极阁在全国长城沿线上是第一个恢复起来的。

十四、名联堂

位于瓮城内的就是名联堂，建于1991年10月，"黄崖关名联堂"六个篆书大字为中国书法家协会原副主席王学仲先生亲笔所题，天津市著名书法家赵伯光先生镌刻。

这座精致的门楼云集了天津在建筑工艺上的古三绝：砖雕、木雕和石刻技术，它们在建筑学上的意义不言而喻。两侧的青砖围墙上可以看到精致的砖雕，内刻有亭台楼阁、小桥流水等，是失传许久的"砖雕刘"技术，仅有三个地方可见到他的作品，另外两处是石家大院和北京故宫。门口的石狮是深宅大院的镇宅之物，虽地处北方，却有南狮的小巧精致。分辨狮子雌雄主要是看狮子的脚下，踩着小球的是雄狮，代表权力和地位，踩着小狮的是雌狮子，代表女性伟大的母爱，还有一种最简单的方法，就是按照中国古代惯例，男左女右的方法来区分。这座门楼不大，但是讲究不小，有一句成语"门当户对"，门当就是门框上这几个突出的木柱，户对是狮子下面的圆形石鼓，在古代，门当和户对都有严格的限定，石鼓上的图案，也有讲究，上面有花鸟图案的代表是文官，有兽类图案的代表是武官，素面没有花纹的就是经商世家，所以，古代大户人家择婿，只要派人去男方家门口看一看就知道是什么家世了。

对联，俗称楹联，是一种用语言塑造文学形象，反映社会生活，表达思想感情的艺术，具有文学的形象性、真实性和倾向性等特点。它具有极大的包容性，春节时我们都喜欢贴春联，以示辞旧迎新，增加喜庆的节日气氛，表达人民对新一年的美好愿望。

十五、太平寨

"太平寨"这三个大字出自明代著名书法家董其昌之手，这段长城始建于明成化二年（1466年）。太平寨建在海拔800余米的山脊之上，东起半拉缸山绝壁，西至11号敌楼，全长2152米。这里地势险要，风景秀丽，楼台密集，有方楼、圆楼，有砖筑、石砌，有空心楼、实心台，有分置于墙体之外的哨楼，也有独立设在墙内的墩台以及马面造型等，荟萃了万里长城各种楼台建筑的精华，被长城专家称为"万里长城的缩影"。中国首席文物鉴定专家罗哲文先生用两句话概括长城：上下两千年，纵横十万里，如果将长城所用的砖石、土方堆起来，修成一道高5米、厚1米的大墙，这道大墙可绕地球10周有余。有诗咏太平寨长城曰："蔓草荒烟万古秋，突兀险脊鬼神愁。断崖涧底泉溜响，立壁残墙浩韵留。诡异墙台门寨险，岢岩伟照忽敌楼。豪吞戚帅英雄酒，扫取平安震貔狖。"

十六、戚继光

戚继光，山东蓬莱人，生于1528年，他因抗击倭寇而有功，因修筑长城而成名，成就了他"中国历史名将"的称号，明嘉靖年间，戚继光平定东南倭寇，保卫海疆功勋卓著。隆庆二年（1568年）受蓟辽保总督谭纶的举荐，被任命为蓟镇总兵，总理蓟州、昌平、辽东、保定军务。

为纪念这位威震边塞十六年，立下卓著功勋的民族英雄戚继光400周年诞辰，于1987年10月塑造这尊戚继光石雕像。像高8.4米，重90吨，选用32块山东泰安的红色花岗岩雕刻而成，戚将军身着戎装，威武庄严，屹立于太平寨长城，以育后人。因其功勋卓著，被大臣高拱、张居正器重，朝廷加封他为太子少保，等于现在全国总工会主席一职，位列三公。

十七、寡妇楼

我们都知道孟姜女千里寻夫哭倒长城的故事，充分展现了民间传说中忠于爱情、反抗暴政的妇女形象。民间传说之所以把孟姜女故事设置在秦始皇时期，其目的是民众深恶痛绝秦始皇为修建长城横征暴敛，遂虚构了一个丈夫被征为民工的民女，又把杞良之妻哭城的情节移植过来，作为对秦始皇的血泪控诉。人们欣赏孟姜女那种对爱情的坚贞不渝和对统治者的坚定反抗精神，反映了人民对封建暴政的痛恨和对自由幸福生活的渴望与追求。

这座敌楼现已更名为巾帼楼，它与孟姜女哭长城不同，孟姜女哭倒长城是悲歌，而这些妇女修长城是壮举。几百年来，由于风雨侵蚀和人为的破坏，长城沿线大部分楼台均已损坏，这座敌楼却完好地屹立于万山之中，楼台的保存要归功于当地百姓的自觉保护，他们说：这座敌楼是用十二名妇女的心血筑成。当地百姓中流传着这样的故事：明朝隆庆年间，戚继光指挥大修长城时，有一支河南籍的士兵队伍，有十二名士兵的妻子见丈夫数年未归，便结伴到边关寻夫。她们风餐露宿，跋山涉水，历经千辛万苦终于来到蓟镇长城，可是她们得知的消息并不是丈夫的平安，而是已经全部为修筑长城献出了生命，听到这个噩耗，十二名妇女悲痛欲绝，抱头痛哭。总兵戚继光给了她们丰厚的银两，好言相劝，给她们讲述修长城的意义，劝她们回家孝敬父母、抚养儿女。这些妇女抑制着悲痛，连夜商量决定继承丈夫的遗志，献出这些银两，作为修长城的费用，并主动留下来，投入修长城的行列中，终于修起这座敌楼。后来，人们为了纪念她们这种深明大义、为国分忧的壮举，便命名这座敌楼为"寡妇楼"。一些文人咏诗撰文歌颂她们的高尚情操，称她们是"女中豪杰""长城上的守护神"，有一篇文章这样写道，"伟哉万里城，壮哉寡妇楼，千里寻夫不畏远，伉俪情变报国心，十二遗孀继夫志，前赴后继中华魂。" 1985年重修长城清理地基时，发现了铜顶针、铜簪子、骨簪子等妇女用品，同时，还出土了一块河南营都司"鼎建碑"，碑文中专门记载了河南营士兵修筑长城的情况，充分说明这座敌楼的确是河南士兵修筑的。妇女是否参加了施工，虽无文字可考，但从清理地基时发现的妇女用品来看，可以证明当时河南营中确实有妇女居留，文物的佐证，这个传说故事也有一定的可信性，可见，古代的妇女就有这种高尚的爱国情操。

第六节　杨柳青古镇

一、运河文化

千年大运河，推动经济的发展、文化的传播、社会的变革，曾在古代中国的南北沟通、中西交流方面起到举足轻重的作用，彰显了中华民族的创新意识和伟大智慧，其沿线历史文化名城、名镇、名村的沧桑变迁是一部部浓缩的文化史。生生不息的运河文化孕育了沿途独特的商贸、建筑、文学、饮食、民俗风情，直到今天仍散发着无穷魅力，影响着运河沿岸的发展。中国大运河流淌的是中华文化，传承的是中华文脉。

大运河天津段全段为全国重点文物保护单位。北起武清区木厂闸，南至静海区九宣闸，全长182.6千米。包括北运河88.6千米，南运河88.5千米，海河2.0千米，子牙河3.5千米。流经静海区、西青区、南开区、红桥区、河北区、北辰区、武清区。其中，天津北运河、南运河天津三岔河口段全长71千米为世界文化遗产，流经武清区、北辰区、河北区、红桥区、南开区、西青区。西青区境内大运河起点为辛口镇大杜庄，终点为西营门街密云路桥，总长度约34千米。大运河西青段全段于2006年公布为全国重点文物保护单位。其中，杨柳青镇西节制闸至西营门街密云路桥约16.5千米河段为世界文化遗产。

杨柳青地表水资源丰富、洼淀密布，北有子牙河，南有大运河，古镇在两河之间。春秋战国时，西青境内已有少量先民居住。公元前200年，西青隶属渤海郡，分隶章武（今河北青县）、平舒（今河北大城）二县。至汉元帝初元元年（前48年），史志记载：渤海水溢，饥荒，人相食。朝廷运钱谷救济全郡。东汉永康元年（167年），渤海再次水溢，西青地界连遭两次灭顶之灾，变成一片泽国。后来海水渐退，却给这片土地留下了厚厚的盐碱。虽经上游九河多次洪水冲刷，仍不能洗净盐碱，一直危害人们垦荒种田。从那以后数百年，西青境内不宜居住，人烟稀少。

隋朝前后，西青地界可垦荒地渐增，人烟也多起来。尤其是在隋炀帝开凿大运河（永济渠）后，沿河两岸得渔航之利，开始有起色。辛口镇沙窝村出土过一块明朝的《重修法藏寺碑》。碑文载：静海北去三十里许，地名沙窝村，有寺曰法藏者，始创陈隋间。由此可知，隋朝大运河开通后运河沿岸居民已较稠密，并建造法藏寺。

杨柳青初名流口，后为柳口。《杨柳青镇志》载，金朝贞祐二年（1214年），金政权派完颜咬住为巡检，驻柳口镇。可见，金朝时这里已经是个镇，人口较多，与周边村庄相比已经是个大地方。巡检是以巡察关隘要地、维护治安为专职的官员，所以多由武官担任，属州县指挥。这一职务从宋朝就有，一直延续到明清。柳口镇有运河航运和码头，因此，金政府十分重视。

据宋朝军事史书《武经总要》记载，宋朝与辽国是以白沟河、大清河、海河为边界的，宋朝在河南设很多军寨做边疆防卫。西青区界内有当城、百万、沙窝、小南河诸寨，以"知寨"一职总理各项军事政务。可见，当时这些军寨已经有人居住并有村名且沿用至今。宋朝设军寨是在景德二年（1005年），金朝在柳口镇设巡检是在贞祐二年（1214年），两者相距200多年。在这200多年中，作为军寨的当城、小南河诸寨依然是村庄，而柳口却发展成镇，其主要原因显然是运河码头的作用，为杨柳青带来发展与繁荣，在周边数十里鹤立鸡群，成为热闹的市镇。

在西青区界内，南运河主河道流经辛口镇、杨柳青镇、中北镇、西营门街道，南运河支流运粮河流经张家窝镇、精武镇、李七庄街道、大寺镇。至于王稳庄镇，其实也与大运河有关，因为赤龙河连接运粮河，然后向南走，经过大寺镇，进入王稳庄镇。这样，西青区的九个街镇就都与运河有了关系。因此可以说，不光古镇杨柳青是因运河而生，因运河而富，其他村落也基本是因运河而生，因运河而富。

二、杨柳青古镇

据传，宋代时杨柳青地域就有人居住，时称"流口"。到金代，流口已经改为"柳口"。据文献记载，金政权派完颜咬住为巡检驻柳口镇。那时，尚无天津卫，地方称直沽寨，是由柳口镇的完颜咬住和武清巡检完颜佐两名官员代管。金代开通大运河水运，因此，作为运河畔的柳口镇才得到发展，人口逐渐增多。可以说，古镇的渔航之利是从金代开始的。

那时的柳口镇周围洼淀密布，镇西有莲花淀，再向西有东淀和白洋淀，可谓一片泽国。古镇人几乎是在水上生活，可耕地极少，淡水资源丰富。元朝翰林修史官揭傒斯于至正三年（1343年）小住杨柳青，留下著名诗篇《杨柳青谣》，此诗在遗作《文安集》中被发现。这一珍贵诗篇十分形象地记述了杨柳青人当时的生活状态和大运河给杨柳青人带来的好处：

　　　　杨柳青青河水黄，河流两岸苇篱长。
　　　　河东女嫁河西郎，河西烧烛河东光。
　　　　日日相迎苇檐下，朝朝相送苇篱傍。
　　　　河边病叟长回首，送儿北去还南走。
　　　　昨日临清卖苇回，今日贩鱼桃花口。
　　　　连年水旱更无蚕，丁力夫徭百不堪。
　　　　惟有河边守坟墓，数株高树晓相参。

这首描写杨柳青的诗篇距今已有 600 多年。由此诗可知，杨柳青在那时水产品资源极其丰富，人们的生活每日都离不开逮鱼摸虾、割芦卖苇之类。

《中国文物地图集·天津卷》载：1992 年，在杨柳青席市大街挖掘出金、元、明三代陶器、瓷器和度量衡用具等，还有青花瓷器，并于三米深处发现灶膛、灰坑及草木灰，燃料是芦苇。考古专家推断，此处是漕运中转站码头。文物是埋在地下的历史，此次挖掘强有力地证明，明代时杨柳青已有水运码头。

揭开这一历史尘封的面纱，我们可以想象，作为大运河岸边的杨柳青水运码头在那时的景象是多么繁荣。大运河千帆竞进，码头上樯桅如林；南货北货集散有序，装船卸船一片繁忙。水码头带动起旱码头，白沟市场、霸州市场以及河北腹地数百里之内的商贸货物都依赖杨柳青运河码头的货物吞吐而发展。水旱码头带来众多就业机会，养船户逐渐增多，为船户打工的船工、纤夫更多。旱路运输的养车户也多起来，卖苦力的装卸工、脚力更多，百姓都有了饭碗。古镇上，酒肆、客栈、茶馆、说书场、杂货店及各类服务场所都应运而生。杨柳青因大运河水运的繁忙迎来繁荣。

据《津门保甲图说》所载，杨柳青在船运最兴盛时养船户有五百余家。天津八大家之一的杨柳青石家便是靠漕运起家的，还有周家、梁家等也是如此。

漕运催生一批巨富，其他众多杨柳青人也都随之不同程度地获益。养不起漕船的就养徭夫，搞不起漕运的便就近搞运输或做生意。靠山的吃山，傍水的吃水，杨柳青人南临大运河，北靠子牙河，这一得天独厚的水运之便，为古镇带来了第一次辉煌。

杨柳青年画其实也是由大运河催生的。北宋战乱时期，有年画艺人逃难至此，恰巧杨柳青镇南有很多杜梨树和枣树，它们非常适合作为年画板材，从此年画在杨柳青扎了根。到明清时期，杨柳青年画业得到发展壮大，在北方已经很有名气。这里坑塘注淀多蒲苇，有充足的造纸原料，因此，经营造纸业的人也很多，运河南北两岸均有纸坊胡同。

由于大运河运输业的逐渐发达，南北货物不断交流沟通，拉近了南北数千里的距离。南方运来的纸张、颜料都比本地精细、好用，对提高年画质量起到相当大的促进作用。

到清朝初年，年画艺人戴廉增采用套色印刷，并以手工敷粉、勾脸、描眉、点唇，使年画更加漂亮，鲜艳丰满。一时间，过年贴年画成为一种时尚，也是日子过得不错的标志，一般贫困人家省吃俭用也要在过年时买张年画贴在家里。

年画最初是赶集串街售卖。卖出声誉后，便有外乡人来采买，更有一些人借河船之便，沿运河南下北上，或沿大清、子牙等河进入河北腹地去售卖。后来，年画不仅销售到山东、河北，还远销到山西、内蒙古和东北三省。

到清朝乾隆年间，杨柳青年画业达到鼎盛期。最多时，镇上年画业的从业者达三千多人。随着画业的不断发展，年画销量的猛增，各作坊都忙不过来，便将手工彩绘的活儿分散到南乡各村。这就形成了杨柳青镇和南乡三十六村"家家会点染，户户善丹青"的画乡之势。

戴廉增利用运河之便，把杨柳青年画店办到北京城，后来不少年画作坊纷纷跟进。这一举动不仅扩大了杨柳青年画的影响，也为提高年画质量和品位带来了难得的机会。

由于行业和市场的需要，在那一时期，不少南方著名画家纷纷沿运河北上，到天津杨柳青为年画作坊画出画稿。众多著名画家参与创作，更使杨柳青年画声名大振。因年画的品相和品位都提高了，年画不光进入寻常百姓家，也进入富贵人家和王侯府第，并张贴到紫禁城的大门上。

三、杨柳青民俗文化

民间节日风俗作为一种文化现象，有它形成和发展的条件。杨柳青交通便利，古有京杭大运河（南运河）、大清河、子牙河（西河）流经此处，把杨柳青同南方及周围各地联系起来，许多民俗文化得以传入。

明清时期，杨柳青的经济繁荣，漕运的兴盛、集市的形成使此处成为农副产品的集散中心，带动了杨柳青的商业、服务业发展。店铺林立，摊贩通街，尤其是年画业，画店达几十家之多。这些为民间节日风俗的形成发展奠定了物质基础。在佛教和道教的影响下，全镇先后建起寺庙三十余座，宗教文化的渗入和影响使杨柳青民间节日风俗日渐完善。

四、漕运文化

杨柳青石家大院的祖先，是从山东驾船来到此地的，石氏发家也起源于漕船运粮。

清乾隆年间，石万程用自家的漕船，来往于河南和通州之间，为清廷运送米粮。因对粮食行情十分熟悉，加之南来北往，信息灵通，石万程便在杨柳青开设了一家粮行——万兴粮行，由他的父亲石衷和儿子石献廷掌管经营。石万程则利用往来运粮之机，低价收购各路粮食。与此同时，石万程不惜重金，结交地方官员，为其粮行牟利创造条件。因此，在杨柳青的数家粮行中，石家万兴粮行的生意独树一帜，日渐兴隆。清嘉庆六年（1801年），杨柳青地区遭遇大水。水退后土地面积扩大，粮食出产增加，万兴粮行因此更增加了贱买贵卖之机，收入丰厚。石万程也趁机大肆收购土地，很快成为远近闻名的大地主，人送绰号"石万顷"，从此为石氏家族的兴旺繁衍奠定了基础。时至今日，在杨柳青人们所能看到的石家遗迹最著名的要数石家大院（尊美堂）了。

五、石家大院

杨柳青石家在京津地区是一大户，从清朝中叶到民初，其财势号称津西首富，列为天津八大家之一。从石万程开始发家到石元仕一代为石家鼎盛时期，在津西地区影响很大。烜赫一时的石家大院，便是石氏家族从发家到衰落的最好见证，现在人们仍能在那里感受到当年石氏家族兴衰荣辱的沧桑。

石家大院坐落于荣膺"中国历史文化名镇"称号的千年古镇杨柳青。石家祖籍山东省东阿县，明代时起以漕运粮食为业，赢利渐丰。在杨柳青落户以后便广置田产、重利盘剥，明末清初便发展成为拥有26多平方千米土地的大地主。清嘉庆四年（1799年），乾隆的宠臣和珅获罪赐死，有一使女携带珠宝出逃，被石万程停泊在通州的粮船收留，由此石家财富骤增。

清道光三年（1823年）石家共分四大门户，各立堂门，长门福善堂、二门正廉堂、三门天锡堂、四门尊美堂。其中以四门尊美堂治家有道，财丁兴旺，不断扩建为津西第一家，世人俗称"石家大院"（此院为四门尊美堂的宅院，也称为尊美堂大院）。

1991年，石家大院被天津市政府列为省级重点文物保护单位，由天津市文化局命名为"天津杨柳青博物馆"，同年12月31日正式开馆。自2003年起，随着西青区文化旅游事业的大力发展，杨柳青博物馆遵循古建筑修旧如旧的原则，对石家大院进行了大规模的修缮，并对博物馆进行了扩建。2006年6月，石家大院被国务院列为全国重点文物保护单位。同年10月，被国家旅游局评定为国家4A级旅游景区。

天津杨柳青博物馆（石家大院），是天津爱国主义教育基地、影视拍摄基地，也是天津市重要的旅游景点，曾被国家文物局评为"全国文物系统优秀爱国主义教育基地"，被授予"全国文化先进集体"称号。

（一）照壁

进入石家大院，首先映入眼帘的便是这座照壁。照壁由青石堆砌而成，给人以古朴厚重之感，是中国传统建筑特有的部分。在石家大院，照壁所处的空间位置，给登门造访者一种心理暗示，使人产生空间转换的感觉，让造访者在登门之初、入室之前自然地来一番心理调整；而且起到了一种隔离作用，使外界难以窥视园内的活动，在一定程度上保护了院内的隐私。照壁四角及中间雕刻着五只蝙蝠，在中国文化中，蝙蝠的"蝠"与"福"谐音，这五只蝙蝠寓意着"五福临门"，表达了对居住者幸福、吉祥、美满生活的祝愿。照壁前方还摆放着一颗用玉石雕刻的白菜，"白菜"谐音"百财"，同样蕴含着纳福纳财的美好寓意，为庭院增加独特的气氛，承载着人们对美好生活的期盼与祈福。

这座照壁是石家大院建筑艺术的一个小小缩影，它与整个大院的建筑风格相得益彰，展现了中国传统建筑的精妙之处和深厚的文化内涵，也为研究中国传统建筑文化和民俗风情提供了宝贵的实物资料，让每一位前来参观的游客都能感受到那份独特的历史韵味和文化魅力。

（二）沙盘

眼前的这组模型就是石家大院的全貌。石家大院大规模修建始于1875年，历经十几年才建成，仅戏楼、客厅的主体建筑就耗费白银30万两，现今所恢复的石府模型，东西宽72米，南北长100米，总占地面积8300多平方米，建筑面积3000多平方米，共有18个院落，典型的四合连套，院中有院、轴线明确，功能布局合理，典雅华贵，气派宏大，砖木石雕精美独具特色，是华北地区保存较好、独具特色的大型清代民宅。

石家大院是一座遵循中国传统布局和建筑风格的幽深院落。戏楼处于整个宅院中心位置，也是整个大院中最高建筑。戏楼正北有穿山游廊院和佛堂院贯通相连，正南接南花厅院和候客厅院，由戏楼以及正南、正北四个院落建筑构成了石家大院主体建筑群，而这一主体建筑群的南北垂直线就是整个宅院的中心线（中轴线），由南向北地势不断升高，有步步高升之意。此外，甬道上门楼为三座，门前台阶都为三级，又暗喻为连升三级。中心线主体建筑群东临百米长的甬道，西临百米长的风雨长廊。甬道和长廊相对平行，并且经戏楼、花厅院、佛堂院、游廊院内的东西侧门相对贯通。因此甬道、长廊起着连接前后左右院落的作用，是全院主要交通线，同时，也是内部防火隔离通道。身处甬道和长廊之中，便会感受到其极强的纵深感和序列感。甬道东临五层院落，从南至北依次为外账房院、女花厅院、内宅两院及内账房院。除外账房院外，其他四院为四合连套、相互贯穿。这五层院落以东还设有三个跨院，并通过便门与之相通。东跨院最南端便是石家大院走车的大门。长廊西侧从北往南分别是学堂院、家丁把式院及石府花园，而这几个院落西侧还有小甬道，小甬道西侧配有附房12间。

石家大院整个建筑用材考究，做工精细，其砖瓦大部分来自苏州、临清，木料分为楠木、樟木、楸木、柏木等硬木，均来自云南、贵州。其建筑工程均为青石高台、磨砖对缝，院内的排水、取暖等设施完善，在当年民宅建筑中首屈一指。其房屋结构均为抬梁式框架建筑，以砖实墙格扇来围护分隔空间。各院落纵向、横向分布，以围墙封闭，并雕梁画栋，花棂格扇，油漆彩绘。院内大部分的门楼设计巧妙，别具匠心，就连非常隐蔽的小门，都起了雅致有趣的名字。整个建筑上的砖木石雕装饰不但精美细致，而且寓意极其丰富、巧妙。

初次置身于石家大院就像进入了一座迷宫，但真正领悟到石家大院建筑的真谛，就会感悟到已置身于一座文化大院、吉祥大院、祝福大院，从而才深刻认识到中国的古民居建筑竟然如此博大精深。

石家大院的沙盘让人们能够直观地感受这座历史建筑的魅力和独特之处。它不仅是一座建筑的模型，更是一段历史的见证，展现了当时的社会生活和文化风貌，让人们对这座古老的大院有了更深刻的了解和认识。

（三）花厅

花厅是石家的男主人接待宾客、商议大事的场所，清光绪二十六年（1900年），八国联军占领天津，石元仕就在这里接见丁甲立的门人王厚斋，为保甲局洽购武器弹药。中堂悬挂着"尊美堂"匾额，屋内上方还有一块巨大的牌匾，上面书写着"乐善好施"四个字，据说这是慈禧太后的亲笔题字。客厅正中的这尊玉石雕塑，所刻的是白菜和两只小狗，取"人财两旺"之意。客厅中隔断上的这八扇屏是保存下来的珍品，雕刻工艺非常细致，它表现的内容是四季花鸟，其特点是从玻璃两侧看图案完全一致，看似八扇其实十六面。当年没有玻璃的时候，中间夹的是层纱，根据需求的不同夹有不同颜色的纱，所以也叫夹纱，起到只听其声、不见其人的作用。

花厅的建筑风格充分体现了清代民居的典雅与华贵。从布局上看，宽敞大气，空间利用合理，彰显出主人家的气派。室内的砖木石雕精美绝伦，每一处细节都展现出当时工匠的高超技艺。无论是门窗上的雕花，还是梁柱上的纹饰，都栩栩如生，仿佛诉说着过去的故事。

石家大院花厅的地炉是一种独特的取暖设施，地面方砖架在梅花垛上，下面是纵横交错的烟道。在花厅建筑的西房处设有地炉灶口，是烧火的地方。这一设施是石家从当年的皇宫学来的，只供花厅和戏楼取暖之用。此外，地炉面积超过800平方米，更增加了修建难度，所以，其地下构造非棋盘网状，而是由若干环结构组成蜂窝形状。此构造，首先，可以保证建筑结构稳定；其次，其为环形，避免了传统网状结构中，热气不能通畅，离炉火最近的房屋会很热，而其他房屋却不能贯穿热流、不能保证取暖效果的弊端。同时，烟道的走向和布局经过精心设计，确保热气能够均匀分布，且东北角处暗藏的烟道可将燃烧产生的废气从屋顶排出，既保证了取暖效果，又解决了排烟问题，体现了古代工匠的智慧和精湛技艺。

（四）戏楼

石家大院的戏楼是我国目前发现的保存较为完好、规模较大的民宅封闭式戏楼，是一处集南北建筑风格为一体的厅堂，它处于石家大院中心位置，也是整个大院最高建筑。戏楼正北有穿山游廊院和佛堂院贯通相连，正南接南花厅院。进入戏楼正门，上方有"厚德载福"的匾额。

戏楼全部为砖木抬梁式框架结构，建筑面积478.47平方米，长38.9米，宽12.3米，最高处9米，立柱54根。建筑布局是南北两个双脊大厅与中间一个盝顶大厅连在一起。戏楼顶层设计非常巧妙，其木质结构外面是铅皮封顶，并用铜铆钉钉成一个篆体大寿字于铅皮上。厅内的雀替、隔扇、柱头等木雕，台阶、基石上的石雕装饰，极为考究。戏楼横梁下悬双雕宫灯，梁柱间镶有木雕，有12盏壁灯挂于中间12根立柱之上。立柱均为上圆下方的通天柱，取其天圆地方，象征建筑天长地久之意。在立柱上方围有一圈回廊，称"走马廊"或"仙人廊"，是当年石府家丁护院所用之处。

前方戏台20平方米，台口6.5米，上方有"赏心乐事"的匾额。抱柱对联为"梓泽兰亭逢圣世，绽桃杨柳庆升平"。后台57平方米，供演员化装休息，后台佛龛内供奉有百戏之祖——唐明皇李隆基。艺人演出之前，先磕头拜他以求演出顺利。后台还保存有上梁诗"门庭焕彩振家声，阀阅光辉绵世泽"，意思是权势家庭不断焕发光彩、振奋声誉，功勋世家代代相传、大放光彩、兴旺发达。戏楼内共设120个座位，中间有官客席（男客人），后面台阶上设有堂客席（女客人）。逢年过节，石府宴请客人前都把戏楼内装饰一新，灯火辉煌。当年著名京剧表演艺术家孙菊仙、余叔岩等人曾在此唱过堂会，盛况空前。

戏楼建筑结构设计巧妙，其特点是冬暖，夏凉，音质好。冬日，外面虽寒风凛冽，但由于戏楼的墙壁是磨砖对缝建成，严密无缝隙，并设有地炉取暖，楼内却温暖如春。到了夏天，戏楼内地炉空气流通，方砖青石坚硬清凉，东西两侧开有侧门使空气形成对流，空间又高，窗户设计的阳光不直射却分外透亮，使人感觉十分凉爽。音质好主要由于戏楼建筑用砖均是三座马蹄窑指定专人特殊烧制，经专用工具打磨以后干摆叠砌，用糯米面打糨糊加入白灰膏黏合，墙成一体，北高南低回声不撞，北面隔扇门能放音，加上"走马廊"还有一个回旋声音的作用，因此拢音效果极佳。偌大戏楼不用扩音器，不仅在角落听得清楚，而且院内也听得明白无误，在此唱戏便可找到绕梁三日的感觉，石府戏楼堪称"民宅一绝"。

（五）水局陈列馆

杨柳青水局陈列馆类似现在消防队的机构。杨柳青自明朝永乐十三年（1415年）南北大运河开通后，市面逐渐繁荣，各类店铺、作坊、货栈以及酒肆、茶楼栉比毗连，那时的房屋，均为砖木芦苇等结构，而且取暖、做饭全用柴草；夜晚照明也是油灯、蜡烛，极易发生火灾。往往由于一家不慎，殃及数家，民间有"时时防火，夜夜防贼"的谚语。当火情发生，附近界内水局闻讯后，立刻鸣锣聚众，然后转向界外水局传锣、吹口哨、摇串鼓，按照规定路线，各水局相互传递延伸，顷刻之间全镇铜锣、串鼓响成一片，全镇共18道水局。我们可以看到厅内所展出的这幅图画，就是当年水局救火的场景。

穿过水局陈列厅，左手边的这所屋子里是杨柳青年画《二十四孝》。正面的这间房子是当年石府的家学堂。旁边这个院落是佛堂，是石氏供奉佛龛神像之处，清光绪十年（1884年），家庙竣工，将神像等移至三门天锡堂内供奉，此处改为小家祠。家祠正中供奉观世音菩萨及石氏宝字辈以下的木主，逢年过节，壁间悬挂已故家主影像，每逢长辈忌辰，在此院诵经追荐。屋里上方供有关公像，下方为福、禄、寿三星像。佛堂建筑为典型的抬梁式框架结构，四梁八柱，在中间最高房梁上有当年保存下来的上梁诗，上联是"玉堂金马家声旧"，下联是"画栋雕梁气象新"，意思是石宅兴建豪华美丽的家院，一改旧的面貌，到处是装饰精美的房屋，一派新气象。

（六）垂花门

垂花门是宫廷传统建筑中的经典制式建筑，堪称绝活。因其图案为莲花倒垂，故而得名垂花门。全院共建有三座垂花门，其垂柱根据莲花的三个花期雕刻成三种不同形态，分别被命名为"含苞待放""花蕊吐絮""籽满蓬莲"。

佛堂所对的这座门便是石家的第一座垂花门，此门最为考究，其垂柱雕刻的是含苞待放的花骨朵图案，故而得名。门柱托耳（雀替）木雕，呈现的是形态各异的九只狮子，"九"谐音"久"，"狮"谐音"师"，寓意九世太师。雀替背面木雕为凤戏牡丹，凤凰被誉为"百鸟之王"，性情高洁，善于歌舞；牡丹则是"百花之王"，雍容华贵，国色天香，象征着荣华富贵、生机勃勃、春意盎然。中间两块抱鼓石正面分别为浮雕狮子滚绣球和太狮少狮图案，绣球象征吉祥富贵，"狮"与"事"谐音，构图中狮子绣球追逐耍球象征好事在后滚滚而来；抱鼓石外侧是象首，即"吉祥"之意。里侧是鹤鹿同春，鹤被视为"长寿瑞祥"的仙禽，鹿象征喜庆长寿，竹林意春，寓意为

- 116 -

喜庆长寿，天下皆春。当年仅石料便需白银五百两，两位石匠精雕细刻一年之久才完工。两旁的抱柱石（湖平石）上面是宝相花，这是以莲花、牡丹、菊花等植物花朵为基础构成的想象图案，具有宝和仙的含义，象征着美好的愿望。内侧是太师少师，大狮又称为太师，小狮又称为少师，借用"太师"的官名，以大狮小狮相戏构图，象征着官禄代代相传。

看门石狮子的摆放也是有规矩的：一般来说，都是一雄一雌，成双成对的，而且通常是左雄右雌，符合中国传统男左女右的阴阳哲学。放在门口的雄狮一般都雕成右前爪玩弄绣球或者两爪之间放一个球；门口右侧雌狮则雕成左前爪抚摸幼狮或者两爪之间卧一只幼狮。外侧是八骏戏春，八匹骏马形态各异，栩栩如生。石雕琴棋书画则含有博古通今、崇尚雅趣之意，以示书香门第、富贵吉庆。在这座垂花门三级台阶上也有回纹图，这在民间实属少见。这座垂花门上方木格中有四季花图案，象征着走过此门四季平安。在当时，此门实为仪门，两旁栏杆后还要有吹鼓乐队，称为：两厢奏乐，仪门大开迎贵宾。以往，石家迎接贵宾都是开此门。

第二道垂花门，其垂柱雕刻的是莲花瓣开放的图案，故而取名为"花蕊吐絮"。门柱托耳是木雕太平有祥、平升三级图案，背面雕有春兰秋菊图案。门楼上方木格中是木雕仙鹤九只，仙鹤相传寿龄千年，取名为团鹤献寿。在仙鹤的背面还雕有古代铜钱的图案。这座垂花门中间有一木制的屏门，穿过此门回首望去，便见一座欧式风格建筑的圆券门楼与其相连，名为西洋门。上面有砖雕两面旗子相互交叉。当年八国联军围困天津城时，天津八大家筹资50万两白银，请与外国人打交道的石元仕办支应局，把支应局的招牌就挂在这个门楼上。此门建于1911年，其建筑工艺十分精湛，砖与砖之间未施任何黏合剂，只是将砖的六面都精细打磨之后，无论是三顺一丁或是十字口的摆放过程中，匠师都能在墙体的正中留出拇指盖大小的空隙，将蛋清和糯米的混合物通过注水加压的办法向中间灌注。这样，建筑外表整齐划一，如同西方建筑中大理石材的视觉效果，彰显了中国土木工程中高超的技术水平。

整个石家大院的建筑均建在青石高台上，又有柏木条隔离，在墙体的下方还留有洞孔，这是为了防潮隔碱。独具匠心的是，为了美观，把洞口雕刻成蝙蝠的样子，意为"福在眼前"。

第三道垂花门，其垂柱木雕的是莲花开放并接有莲籽图案，故而取名为"籽满蓬莲"。这对抱鼓石图案也是九狮图，抱柱石图案为暗八仙即八仙宝物，两侧为草龙图案。门楼上方及垂柱两边有木雕葫芦爬蔓图案，取名葫芦万代，象征着子孙万代繁衍不断。院内的三座垂花门以荷花的三个花期为图案建造，象征着主人一生美好的愿望，即四季平安、一代长寿、子孙万代。

（七）砖雕、木雕、石雕

砖雕、木雕、石雕是石家大院建筑的三绝，石家大院砖雕处处精美，就连房屋垂脊上的砖雕图案也十分精致，有向日葵、葫芦、花卉等，其寓意为子孙万代、蒸蒸日上。女客厅房上的砖雕图案"凤戏仙桃"，凤凰代表女性，仙桃象征长寿，用来祝福女眷健康长寿。男客厅房上的砖雕图案为花瓶中插有三支戟。"瓶"与"平"同音，"戟"与"级"同音，取名平升三级，象征官运亨通，步步高升。此外，甬道上虎座门楼的一组砖雕图案，左侧砖雕从上到下依次为宝相花、事事如意、五福捧寿。右侧为灯箱，外面砖雕"卍"字符相连，内放煤油灯，取"万福连登"吉祥谐音。装饰在内账房院内的砖雕，图中方砖内容为老猴背小猴，上树偷桃，无意间有马蜂飞出蛰在猴子背上。借用背与辈、蜂与封、猴与侯的谐音取辈辈封侯之意，寓意为封侯拜相、世代为官。下方花牙图案为一条鲤鱼跃出水面，距不远处有一座龙门，取名为鱼跃龙门。

石家在当年建造戏楼时，选用了上等石料雕刻成十二块精美的石雕装饰房檐。图中是房檐一侧的大小石雕六块，一般民宅建筑上此处多为青砖，而石家在此处特意让石头上房，因为石家姓石，石头上房其寓意石姓高升，这在民宅建筑中确实少见。此外，还有石雕"五福献寿""葫芦万代""事事如意""鹤衔仙草"等图案，包含着吉祥美好的祝愿。

石家大院门楼下一般设三级台阶，但只有在佛堂院中最高级别的第一座垂花门（贵宾门）下三级台阶及垂带条石上雕刻有精美的回纹以及由莲花、菊花、牡丹花组成的宝相花图案。据说，封建社会民宅建筑受典制约束，只有皇家、庙宇才允许在门楼建筑台阶上雕刻图案。由此可见，石家在建筑上越制，具有与皇家媲美的心态。虽然建筑年代在清末，等级制度并不严格，但是当年石家还是用精制的木套将整个台阶套住，外人很难知其名堂。在杨柳青镇古民居普查中，尚未发现第二家台阶建筑上有此雕刻，可见石家在建筑设计时具有前瞻性。

六、杨柳青年画

木版年画是中国民间极具特色的一种美术形式，其源头可追溯至古时的"门神画"。木版年画与中国人的日常生活紧密相连，大多在农历新年时张贴，以此装饰环境，营造浓厚的节日氛围，同时蕴含着祝福新年吉祥喜庆的美好寓意，是迎接新岁、祈求福祉的重要载体。

杨柳青木版年画以其独特的造型方式和艺术风格，在众多中国民间年画中独树一帜，别具一格。它于2006年被列入国务院公布的《首批国家级非物质文化遗产名录》。

杨柳青木版年画历史源远流长、题材丰富多样（涵盖历史故事、神话传奇、戏曲人物、世俗风情、山水花鸟等），构图饱满充实，寓意吉祥美好，艺术特色极为鲜明，通过寓意、写实等多种手法，展现了人民的美好情感和愿望，尤其以直接反映各个时期的时事风俗及历史故事等题材为其突出特点，被誉为中国民间木版年画的翘楚。杨柳青年画传承了中国古代绘画的艺术传统，采用木版套印与手工彩绘相结合的独特方法，绘制工艺大致可分为勾、刻、印、绘、裱五大工序，刻工精细秀丽，绘制细腻入微，色彩绚丽夺目，形象栩栩如生，洋溢着浓郁的乡土气息。

杨柳青木版年画发源于明代。在明永乐年间（距今已有600年之久），京杭大运河的开通成为沟通中国南北水陆交通的命脉，随之而来的天津漕运的兴起（南方运来的纸张、颜料），再加上镇外盛产的杜梨木非常适合雕刻，这些都为年画作坊的兴起创造了充分的条件。到了明万历年间（距今已有400多年之久），出现了套色木刻。艺人们为了保持其固有的传统绘画风格，对人物的头、脸、衣、饰等重要部位精心进行敷粉、施金、晕染。随着时间的推移，逐渐形成了一种既具有遒劲力道的木刻韵味，又不失民族传统绘画风格的"杨柳青木版年画味"的独特格调。在清代乾隆至嘉庆年间，杨柳青年画迎来了全盛时期。当时，杨柳青全镇以及附近的30多个村子，呈现出"家家会点染，户户善丹青"的繁荣景象，画店林立，各地商客往来不绝，使其成为声名远播的年画之乡。

七、中华人民共和国反腐败第一大案展

中华人民共和国成立后到 1956 年，中共河北省天津地委机关便设立在杨柳青石家大院内，而天津专署则设在估衣街石家大院的对面，当时的天津地委书记刘青山和行署专员张子善就在此办公。刘青山、张子善作为党的高级干部，本应为人民尽责、用好手中权力，可他们却没能经受住执政的考验，背离了共产主义的理想信念，在资产阶级的诱惑面前一败涂地。他们骄傲自满、堕落腐化，将党和人民赋予的权力变为牟取私利的工具，挪用公款、疯狂贪污，给党和国家带来了巨大且难以挽回的损失，从革命功臣沦为历史罪人，这样的演变过程实在令人震惊，也令人深刻反思！

"中华人民共和国反腐败第一大案展"生动展示了刘青山、张子善这两位革命功臣如何一步步走向罪恶深渊的历史过程，同时联系近年来在反腐败斗争中查处的一批大案要案，以史为鉴，总结经验教训，警示广大党员领导干部要警惕各种腐朽思想的侵蚀，正确行使手中的权力，做到清正廉洁。

2008 年，天津市纪委对"中华人民共和国反腐败第一大案展"进行了展陈提升改造工程，随后将其列为天津市廉政教育基地。2010 年，石家大院的"中华人民共和国反腐败第一大案展"被中共中央纪律检查委员会、中华人民共和国监察部授予"全国廉政教育基地"的称号。

第七节　渔阳古镇

蓟州区位于北京、天津、唐山、承德四市的腹地中，西距北京 88 千米，南距天津 110 千米，总面积 1590 平方千米，北部山区绿风浩荡，林木绿化率达 79%，南部平原田畴似锦，千顷碧波翠屏湖点缀其间。蓟州古称无终、渔阳，历史悠久，可追溯至春秋时所建无终子国，隋朝时改称渔阳，北宋初年，渔阳被称作蓟州，是燕云十六州之一，具有重要战略意义。1913 年，改称蓟县。2016 年 6 月，国务院批准撤销蓟县设立蓟州区。

蓟州区拥有丰富的自然和人文景观，文化遗迹众多，有首批国家 5A 级旅游景区盘山、国家自然保护区八仙山、国家森林公园等景区景点 21 处，

有世界文化遗产黄崖关长城等市级以上重点文物保护单位27处，有盘山抗日革命根据地等红色遗迹150余处，有乡情野趣浓郁的旅游特色村100余个，是华北地区知名的旅游休闲目的地，是享誉京津的"后花园"。

区内有许多著名的历史遗迹，如独乐寺、蓟州白塔、鲁班庙等。其中，独乐寺是中国保存最完整的三大辽代寺院之一，寺内的山门、观音阁以及十一面观音像都是绝世艺术瑰宝。蓟州白塔建于辽代，原本是独乐寺整体建筑的一部分，其设计精巧、造型奇特，是中国古代建筑与古印度造塔艺术完美融合的经典之作。这些古迹见证了渔阳古城的历史变迁和文化传承，具有极高的历史、艺术和科学价值。2007年，蓟县（现蓟州区）被联合国地名专家组评定为中国"千年古县"。

一、渔阳古街

渔阳古城有着悠久的历史，明洪武四年（1371年），土城包砖重修。城内设东西南三门，北面不设门，以山为屏障。连接东门望远门和西门超都门的三里长街，是古城的主要街道。《水浒传》第四十四回中的"病关索长街遇石秀"的故事描写的就是这条蓟州古街。

随着历史的推移，古城发生了巨大的变化。1987年，经过对古街的改造，又恢复了原有风貌。西大街又称武定街，东起重建于道光十五年（1835年）的鼓楼，西至古城墙，街两端各有牌楼一个。

古街槐荫匝地，店铺鳞次栉比，旗幌迎风招展。街上各家店铺雅号别致，富有地方特色。店铺前的对联浓缩历史古今，意境高远，为古街增添了浓厚气氛。整个古街具有清代建筑风格，高低相间、错落有致，或起脊飞檐、高阁耸立，或简朴明快、店坊结合。这些建筑与古街百年老槐和千年古刹独乐寺交相辉映，浑然一体。

二、独乐寺

独乐寺景区位于蓟县古城的中心位置，辖独乐寺和白塔两个景点。独乐寺始建于唐，现存建筑为辽统和二年（984年）重建，是我国古代木结构建筑的代表作。它集古建、壁画、塑像三大艺术于一体，拥有九个"全国之最"的桂冠，是国务院1961年第一批公布的全国重点文物保护单位，古时以"独乐晨灯"列为渔阳八景之一，1990年又以"独乐晨光"入选津门十景。独乐寺现已列入《世界遗产名录》申报清单。

关于独乐寺名称的由来，有三种说法：一种是唐玄宗时，安禄山起兵叛唐，在此誓师，因其一心想做皇帝，"思独乐而不与民同乐"，故而命名；另一种是观音塑像内部支架是由一棵高大的杜梨树切削而成，以谐音而取名；还有一种是说佛家清心寡欲，独以普度众生为乐，取其首尾得名"独乐寺"。

独乐寺占地16500平方米。整个建筑坐北朝南，依次由山门、观音阁、韦驮亭、报恩院、乾隆行宫及附属建筑构成一套完整的建筑群，庄严宏伟。

（一）山门

山门是过去入寺的主要通道，山门正中匾额上书写"独乐寺"三个字，字体苍劲雄浑，为明代武英殿大学士、太子太师严嵩所书。独乐寺主体建筑坐北朝南，主线上有山门、观音阁、韦驮亭、报恩院等，东路有清代乾隆行宫，西路是清代民居和一些附属建筑。

山门面阔三间，进深两间，中间做穿堂。山门前两稍间内是两尊辽代彩色泥塑金刚力士像，这两尊力士像没有按佛教仪轨持金刚杵，而是手握长剑，这与辽代的门神持剑有关。东侧力士像高4.5米，竖眉、瞪眼、闭嘴，一手握拳，似从鼻中喷出一个"哼"字；西侧力士像与之相对，高4.45米，横眉、瞪眼、张嘴，一手伸开，似从嘴中冲出一个"哈"字，老百姓俗称他们为"哼哈二将"。由于塑像身材高大，气势威严，加之身体前倾近20°，居高临下、令人生畏，上下肢体凸显的肌肉，显示出浑身都是力量，让人相信他们一定能降妖伏魔，保护佛国的安全。相声大师侯宝林先生来独乐寺参观时，曾高度评价这两尊塑像："造型生动，形象逼真，不但塑出了骨骼，而且塑出了肌肉，是形神兼备的艺术佳作，给人以力和美的享受。"

山门内金柱间原有大门，现在只剩门框和门槛。这道门槛也是观音阁的视野分界线。站在门槛外，只能看见观音阁局部；迈过门槛，则大阁全貌尽收眼底，犹如画中，令人称奇。实际上这种建筑手法是借用了中国古代园林构景手段中的"框景"，利用门框将观音阁抱合起来，使观音阁就像嵌在门洞上的一幅画。现在，请大家亲自试一试。山门后两稍间内是清代绘制的"四大天王"彩色壁画。他们个个手握法器，怒目而视，东西南北各护一方，取其法器作用即为"风、调、雨、顺",反映出古代人民希望风调雨顺,企盼五谷丰登的美好愿望。

独乐寺山门是我国现存最早的庑殿顶山门。山门屋顶,五条脊四面坡,又称"四阿大顶",是古建中等级最高的殿顶。在非皇家建筑上施以庑殿顶,是古代建筑中十分罕见的。在造型上,整个屋顶并不是几道生硬的斜直线,而是通过对梁架和斗拱的精心安排,从脊到檐之间呈现一个陡缓相宜的曲线,至屋脚处展翼如飞,使建筑物在庄严中显得高昂,在恬静中显得生机勃勃,表现出了中国古代建筑独有的艺术效果。山门脊上瓦饰奇异,别具一格。正脊两端鸱吻,似鱼非鱼、似鸟非鸟、张口吞脊,长尾翘转向内,犹如雉鸟飞翔,造型生动古朴,气势威武,是我国保护在建筑屋顶上年代最早的鸱吻。鸱吻最早出现在汉代,《汉记》中记载宫殿多火灾,巫觋们认为大海中有鱼虬(音同"求",传说中的一种蛟龙),尾似鸱,激浪即降雨,遂作其象于屋脊,以求降雨降灾。由此,后世殿顶屋脊皆饰以鸱吻。明清以后,鸱吻变成了龙的形象,有的连整个屋脊都变成了双龙戏珠的图案,已完全失去了原貌。殿顶龙首鱼尾的鸱吻,外翻跃起,古朴庄严,具有典型唐代韵味。"鸱"为龙生九子之一,能施云布雨、避雷避电,因此早在汉代,我们的祖先就用它来装饰建筑,这里也是我国现存建筑中屋顶上年代最早的鸱吻实例。

(二)观音阁

穿过山门,眼前一座巍峨挺拔的楼阁平地崛起,这就是独乐寺的主体建筑——观音阁。观音阁为九脊歇山顶,它的高度比山门高出一倍多,与山门相对应,更显得器宇轩昂、宏伟壮观。最引人注目的还是"观音之阁"四个大字的镏金方额,它是唐代大诗人李白北游蓟州时所题,已被收入"全国名匾大全"。请各位仔细看"观音之阁"四字中,有一个字与众不同。不同在哪里?噢,这位朋友说对了,是"之"字。"之"字头上的点好像溅上去的。关于"之"字的由来,还流传着一段动人的传说呢。

相传,唐天宝十一年(752年),李白北游蓟州来到独乐寺,恰逢大阁落成。众所周知,李白不但是"诗仙",而且还有"剑仙""酒仙"之称。于是住持命人以好酒款待,当住持请他题匾时,李白已酩酊大醉,但心里明白,乘着酒兴,提笔一挥而就。第二天,当人们把匾额挂上去之后,现场一片哗然，原来"观音之阁"的"之"字上少了一点。这下可急坏了住持，急忙跑到李白面前躬身施礼："先生您看如何是好？"李白一愣，接着便开怀大笑，高声断喝："拿酒来！"此时有人备上两坛酒，笔墨也随之奉上。但见李白抱坛狂饮，直至脸红微醉时，抓起毛笔，蘸满浓墨，眼望大匾，踉跄两步，一个举火烧天，毛笔脱手而出，只见笔尖不偏不斜，正好点在"之"字头上。此时，人群响起雷鸣般的掌声。这就是著名的李白飞笔点"之"字，传为千古佳话。

下层门额上高悬的"具足圆成"匾额为咸丰皇帝御题。意思是：观世音大慈大悲，已经具备了成佛的条件，但为度化众生，甘愿做菩萨。

观音阁整体建筑通高23米，东西面阔五间，宽26.7米，南北进深四间，长20.6米，外观两层，实为三层，中间夹一暗层，全木结构，是我国现存最古老的木结构高层楼阁建筑。全部结构围绕中间的巨型观音像设计，用28根立柱，作横六竖五排列，中间空出两根以供塑像之用，最终使全部立柱形成内外两周，外檐柱18根，内檐柱10根，外圈柱头之间施阑额，联成外圈柱框，内柱间施内额，并在柱头上施"普柏枋"，与内额上下呈T字形，类似现代建筑中的圈梁，起到稳定、加固整体框架的作用。由于里、外两圈形成两个封闭交圈的柱框，组合起来固若金汤，所以在底盘分槽类型中，把它称为"金箱斗底槽"。1932年，我国著名建筑学家梁思成考察独乐寺时说："此建筑乃我国木结构建筑中发现之最古者……是罕见之宝物也。"细心的朋友一定奇怪，观音阁和山门四角的柱头明显向里倾斜，而且比中柱稍高，这是为什么呢？原来这种做法称为"侧脚"，是我国古代建筑的特点，可以起到稳定整个建筑的作用。我们再看一下柱头上一朵一朵的木构件，这就是"斗拱"。"斗"为方形木块，形似古代量具中的"斗"，弓形短木为"拱"，斜置长木为"昂"，组在一起为一组"斗拱"。斗拱的主要作用有以下三方面：一是分解来自上方给柱头的压力，起承上启下作用；二是斗拱间的空隙增加了木构件连接的灵活性；三是美观大方，富于装饰性。按照建筑整体结构的需要，斗拱常做多层结构，向柱头前后伸出，叫作出跳，在《营造法式》一书上说：拱每伸出一层谓之一跳。斗拱是观音阁外观最显著的特征之一，粗大雄伟，排列疏朗，根据位置和作用不同，大阁斗拱结构较山门更加复杂，多达24种152朵，外檐柱头的斗拱出四跳，因而使观音阁更显得挺拔高昂。

在观音阁明间内槽正中悬挂一块长匾，上书"普门香界"四个楷书大字，为清代乾隆皇帝御笔。寓意阁内观音以广大神力普度众生，供奉菩萨，常烧香可入佛国，概括为"普度众生、香及佛国"之意。

1."十一面观音"像

步入观音阁，如同进入一座神圣的艺术殿堂，将向大家展示古建、泥塑、壁画三大艺术瑰宝。

向上仰视，这位就是独乐寺的主像"十一面观音"。这尊巨像站在须弥坛上，穿过暗层直达阁顶，呈顶天立地之势，通高16米，是我国现存最高的彩色泥塑站像。它积累了南北朝、唐朝的敷彩经验，色彩清新淡雅，由青、绿、朱、赭、白相交织，显得爽朗明快，从而使观音人物像具有独特的风格。因观音像首束发，冠顶置十个小佛头，加上本面，共计十一面，因此得名"十一面观音"。

相传这里最早供奉的是观音铜像，高1.6米，与常人相似。唐太宗李世民东征高丽时，到渔阳境内，粮草枯竭，不能行进，李世民一筹莫展。当他到独乐寺拜谒观音时，突然发现像是铜铸的，请求借其铜身一用，并许愿将来以十倍金身奉还。之后，便将铜像化为铜水，以铜铸钱币，置办了粮草，解了燃眉之急。东征回朝之后，他时时为此事发愁，因为即使把国库金子全部拿出来，也不够造一尊16米高的金像。正在此时，大臣魏征递上奏折，上有一句"当以十倍泥塑金身奉还"，李世民看到"泥塑"两个字非常高兴，即命尉迟敬德赴渔阳重修独乐寺，重塑十一面观音像，因为当时塑像是1.6米，扩大十倍，当然是塑一尊16米高的泥塑金身啦。

观音像两侧的胁侍菩萨面部圆润，表情谦恭，衣裙上图案花饰严谨，着色华丽，摒除了扭捏的体态，腰部微扭、步态轻盈，介于动静之间。观音阁里的每一尊佛像并非毫无联系地凑合在一起，而是统一在十一面观音这一主像之下，各因职务不同而异。

观音面貌沉静，微带笑容，仪态端庄，最为不同的是其头上还有10个小头像，所以，我们又称为十一面观音。为什么要供奉十一面观音呢？据《十一面神咒心经》称：刻好十一面观音菩萨之后，再将"十一俱胝诸神所说的神咒心经念诵一百八十遍"就能"现身获得十种胜利"。何等为十？一者身无病；二者恒为十方诸佛摄受；三者财宝衣食受用无尽；四者伏怨敌而无所畏；五者令诸尊贵恭敬先言；六者蛊毒鬼魅不能中伤；七者一切刀杖不能害；八者水不溺；九者火不能烧；十者终不横死。此外，还能再得四种功德胜利：一者临终时见诸佛；二者终不随诸恶趣；三者不因险厄而死；四者往生极乐世界。有的朋友会问："观音脑门上有一个拳头大的洞，是为什么呢？"据史志记载，在古时候它的破损处镶嵌一颗很大的夜明珠，每当清晨旭日东升、霞光照耀、五彩斑斓、蔚为壮观，给这座千年宝刹增添了无限神韵。据说，每年除夕有佛灯自盘山挂月峰，飘至独乐寺而熄止，这就是历史上著名的渔阳八景之首——独乐晨灯。

2.观音阁建筑特点

整个观音阁上下贯通，里面实为三层空井，中间是暗层。第一层上端为矩形空井；第二层上端增加了抹角和斜撑，变矩形为六角形空井；大阁顶部为斗八藻井。这些空井虽形式不同，但在艺术上错落有致，更重要的是能防御侧压力，加强观音阁的稳定性。

观音阁的构架由下而上排列，一三五为柱框层，具有刚性，二四六为斗拱层，具有柔性，整个建筑刚柔并济。另外，观音阁的木构件结合，全部采用榫卯勾连吻合，未用一个铁钉。榫卯虽然严实，但它们都是活动的，富有弹性。当地震来临时，就如同一个巨大的减震器，将震力吞噬掉，使大阁动而不损，摇而不坠。1976年唐山大地震，很多人亲眼看到大阁顶部来回摆动，幅度达2米，震后又回归了原位。

观音阁不愧为建筑史上的杰作，处处闪耀着中华民族智慧之光。它历经28次地震，仍巍然屹立，堪称建筑史上的奇迹。《蓟州志》记载："康熙十八年地大震，有声遍于空，地内声响如奔车，房屋倒塌无数……官廨民舍无一幸存，独阁不圮。"观音阁之所以展现出如此强大的抗震性能，主要是基于以下八点原因。

其一，坚实且均匀的基础，地基以黄土掺入灰沙等物夯打而成，不仅整体性强，还具有一定的弹性，能够吸纳一部分冲击波的破坏力。其二，梁架用材尺寸适宜，整个结构自身的自重恰当，上层梁架及屋顶重量不会过重，从而能够经受住风暴、地震等的冲击而免遭破坏。其三，柱网布置严谨且一体，外檐柱有18根，内檐柱有10根，构成了一个大圈套小圈的"金箱斗底槽"式双层柱网，在受到水平推力时，不至于出现重心偏离和倾倒的现象。其四，双层套框式梁柱构架，阁的三层梁柱均为双层圈柱，柱子在纵横两个方向上均通过梁枋斗拱等构件相互连接，形成内外两重框架。其五，柱子侧脚和升起起到稳定作用，使重心不易向外偏移，增加了稳定性。其六，不同形式井口的配置，向上看，第一层为长方形井口，第二层为六角形井口，上顶为八角形的斗八藻井，不仅起到稳定作用，而且在建筑物内部造型上也呈现出富于变化的艺术效果。其七，暗层内斜撑构件的增加，暗层既是一层的屋顶，又是第三层的基础，在暗层中使用了大量的斜撑、戗柱，起到纵向稳定作用。其八，榫卯结合紧密而不固定，观音阁的斗拱雄伟，所有斗、拱、昂、枋等构件均具有承载能力，它们与梁、柱、檩、椽等结合成为一个整体，结合的方式全部是榫卯相勾连吻合，这些榫卯虽然紧密，但它们都是活动的，当受到地震或其他剧烈震动时，这许许多多的活节点能够吞噬强大的震力，使全阁处于弹性状态，从而呈现出"动而不损、摇而不坠"的能力。所以，唐山大地震时蓟州房屋倒塌大半，城内白塔震裂，观音阁却安然无恙。

3. 壁画

观音阁一层四周墙壁上，是元代绘制、明代重描的壁画珍品，以十六罗汉和二明王为主题，间绘神话故事、世俗题材，您可远观主像，近看细节。壁画内容以宣传佛教因果报应，劝人施舍，修行正果为主。在传说的佛教故事中，杂糅了大量现实生活的素材，使画意清新简明。郭巨埋儿、农夫渔妇等故事，是儒家思想的融合；喝圣水、献经卷、摩顶等画面，是现实生活的剪影；即使以神的身份出现的十六罗汉，也都已从天上降落到人间，栩栩如生，一扫早期宗教画的神秘色彩，反映出我国宗教画的发展过程和变化。壁画手法上也具有鲜明的艺术特色，以铁线描为主，间用蓝叶描，勾勒填色，适当加晕染。高3米多的罗汉衣线一气呵成，表现作者的功力，是我国壁画艺术宝库中一份难得的珍贵资料。

（三）韦驮亭

观音阁后面这座八角亭，小巧别致，独成一体，它是明代建造的韦驮亭。韦驮原为古印度婆罗门教天部神，在佛涅槃时，捷疾鬼盗取佛牙一双，韦驮急追取回，后来便成为佛教中的护卫天神。亭内韦驮像，身着盔甲、表情肃穆、双手合十、怀抱金刚杵。据说，韦驮的不同姿势对于行脚僧而言有着不同的意义。只要看见寺内的韦驮像双手合掌，表示寺庙里欢迎和尚挂单，路过的和尚尽可大摇大摆地进去，白吃白住；要是握杵拄地，则表示寺庙不欢迎和尚挂单。

（四）报恩院

报恩院始建于明，清代乾隆年间重建，它位于独乐寺中轴线最北端，布局严谨，独立成局，又与寺院融为一体，为明、清两代僧人重要的礼佛场所，形成一道独特的"寺中寺"景观。

独乐寺重建之初，为密宗道场。元朝独崇密宗，排斥其他各宗，独乐寺观音阁四周的十六罗汉及二明王壁画即为此时遗迹。明代莲宗大行，云集至独乐寺的净土宗僧人在此建立净土道场。清咸丰八年（1858年），敕名"报恩院"，使独乐寺成为一所显、密二宗俱全的著名寺院。

报恩院前殿檐下悬一块咸丰皇帝御书的"报恩院"三字方匾。咸丰八年仲秋，咸丰皇帝驾临独乐寺，住寺内乾隆行宫，应本寺方丈之请，为四合院题写"报恩院"。书毕，一近臣见报恩院的"院"字中完字少书一横，便提醒咸丰皇帝，咸丰掷笔叹曰："吾佛以无缘之悲慈，救苍生于苦海，父母赐之躯身，耗尽乳血，天下众生，供之衣食，海宇苍苍，有我等容身之地，此等恩德，穷生可报完乎？"众臣闻之皆泣焉！"报恩"二字在此有两层含义：自乾隆十八年（1753年）后，独乐寺被辟为皇家禁地，本寺方丈皆为御封，报答皇恩，此为一义；二者是，佛弟子怀恩四海，"上报四重恩，下济三途苦"（四重恩为佛恩、父母恩、众生恩、国土恩，三途苦为地狱道之苦、饿鬼道之苦、畜生道之苦）。

报恩院前殿为弥勒殿，正中供奉一尊铜质弥勒菩萨像，两边为我国历史上有名的四大高僧塑像，分别是寒山、普化、风波和济公，这种布局在全国寺院中实属罕见。

报恩院的后殿是三世佛殿，里面供奉着"横三世佛"，即东方净琉璃世界的药师佛、娑婆世界的释迦牟尼佛、西方极乐世界的阿弥陀佛。

（五）乾隆行宫

蓟州是清代皇帝到河北遵化、沈阳祭祖谒陵的必经之路，境内共留下四座行宫和一处静寂山庄，现只有独乐寺院内的行宫保存完好，其余四处已毁。独乐寺行宫建于乾隆十八年（1753年），又称"乾隆行宫"。整个行宫面阔三间，进深两间，有回廊和垂花门环绕，主体建筑后面是一座小花园。各位请看，回廊墙壁上镶嵌的是乾隆皇帝的御笔碑刻，共28块，有诗文107篇，收存乾隆御笔石刻之多，在全国范围内亦属罕见。其中少数文章是乾隆所撰，多数是他临摹王羲之、颜真卿、苏轼、黄庭坚、米芾、文徵明、唐寅等人的书法写成，有行、草、楷三种字体。笔法或粗犷苍劲，或圆润秀丽，风格不同，各有特色；文辞华丽隽永，寓意悠远，内容丰富。这组壁碑，不仅是乾隆皇帝的书法真迹，而且也是古代著名书法家的书法汇集，具有很高的艺术价值。

（六）白塔

白塔是蓟州古城的另一座千年建筑，位于独乐寺以南300米，古时与独乐寺同为一个整体，又名独乐寺塔，兼蕴了中印佛教建筑风格，为塔中罕见。白塔重建于辽清宁四年（1058年），塔高30.6米，平面八角形，通体雪白，造型别致。由石基、亭阁式仿木结构的须弥座、塔身、覆钵、十三天相轮和塔刹组成，是印度佛教文化与中华民族文化融合的产物。

塔身有八句偈语，是佛教中的重要理论——缘起论。佛家称之为"法身舍利谒"，也称之为"佛法"。须弥座有24组伎乐俑砖雕，笛筝齐奏，翩翩起舞，形成庄严而隆重的礼佛场面；各角有硬朗汉雕像，姿态生动，似在极力支撑塔身；塔身下层八角各有小塔，更陪衬白塔的孤高，有众塔林立之感；塔身上下三层各角共有24只惊鸟铃，叮当作响，清脆悦耳。白塔上通饰砖雕，题材多样，造型生动，是辽代砖雕的上品。白塔历经千余年，饱经风霜，屡遭地震，仍巍然屹立。白塔在1983年维修时，曾出土文物100多件，其中完好无损的竟有73件，这些物品做工精细，是稀世珍宝。

白塔前的三座大殿里，塑有三组彩色佛像，分别是释迦牟尼和阿难、迦叶；观世音菩萨和龙女、善财童子；地藏菩萨及二胁侍道明和闵公（四周为十八罗汉像）。九尊塑像或庄严宝相，或谦恭有礼，或慈眉善目，恰到好处地表现了每个人物的身份特点。大殿东侧有天仙宫，塑有天仙圣母、碧霞元君、眼光娘娘、天花娘娘、送子娘娘等五位主司。每逢节日，院内香火旺盛，朝拜者络绎不绝。

第八节　市内经典游览线

天津，简称津，又被称为津沽、津门，是中华人民共和国的直辖市，也是国家中心城市、首批沿海开放城市。它是全国先进制造研发基地、北方国际航运核心区、金融创新运营示范区、改革开放先行区。

天津的历史源远流长，始于隋朝大运河的开通，在南运河和北运河的交汇处，史称"三会海口"。唐朝中叶以后，天津逐渐成为南方粮、绸北运的水陆码头。金代在直沽设"直沽寨"，元朝设"海津镇"，它既是军事重镇，也是漕粮转运中心。

明建文二年（1400年），朱棣率兵经直沽渡河南下夺取政权，1403年改元永乐。天津作为军事要地，于永乐二年（1404年）正式设卫，翌年设天津左卫，转年又增设天津右卫。清顺治九年（1652年）三卫合一，归并于天津卫。

1860年，天津开埠通商后，西方列强纷纷在天津设立租界，天津由此成为中国北方开放的前沿和近代中国洋务运动的基地。在军事近代化以及铁路、电报、电话、邮政、采矿、近代教育、司法等诸多方面，天津均开全国之先河，成为当时中国第二大工商业城市和北方最大的金融商贸中心。

1949年中华人民共和国成立后，天津作为直辖市，经济建设和社会事业全面发展，进一步巩固了其作为中国重要综合性工业基地和商贸中心的地位。1978年改革开放以来，天津充分发挥沿海港口城市的优势，对外交流日益广泛，各项事业蓬勃发展。

一、"天津之眼"摩天轮

2008年年底，永乐桥建设完成并正式亮相，与此同时，矗立在桥中间的一座巨型摩天轮也与市民见面，成为天津市的标志性景观之一，它便是令我们骄傲的"天津之眼"，由国际著名设计大师川口卫先生设计。

稳稳坐落在永乐桥之上的"天津之眼"，作为世界上唯一建在桥上的摩天轮，其设计之精巧、构思之奇妙，堪称当之无愧的"世界第一"。这座摩天轮直径达110米，拥有48个座舱，能够容纳300多位游客同时观光。它旋转一周需要30多分钟，游客到达最高处120米时，可将方圆40千米以内的景致尽收眼底。

二、三岔河口

天津的发源地"三岔河口"（史称三会海口），历史十分悠久。从金代的直沽寨，到元代的海津镇，再到明代的天津卫和清代的天津府，其衙署都曾位于此处。

三岔河口是南运河、北运河和海河三流交汇之地，原在今狮子林桥一带。清末民初，经过多次"裁弯取直"，三岔口位置向北推移至如今所见之处。

三岔河口的繁荣源于其漕运和海运枢纽的地位。隋朝修大运河连接海河，渤海湾又有天然海港，使物资在此转运。南粮北运主要通过大运河漕运和海运两条途径，而在三岔河口都需要转成小船再经北运河运往北京，因此这里逐渐繁荣起来。元代时，更是呈现出"晓日三岔口，连樯集万艘"的景象。

三岔河口地区是天津的发祥地和近代工商业发展的摇篮，具有丰富的历史积淀，与"天津"名称的由来紧密相关。朱元璋四子朱棣被封为燕王驻守北平，在与朱允炆争夺皇位时曾在三岔河口渡河，并取得胜利。1403年朱棣即位后，将"直沽"改名为"天津"，并在北大关渡口建牌坊。1404年傍河修筑了天津城，因此有"先有三岔口，后有天津卫"之说。

三岔河口也是天津最早的居民聚居点之一，在京杭大运河开通后，逐渐有了以捕鱼、晒盐为生的人家，北宋中叶形成了天津最早的居民聚居地。它还是南北漕运的中转枢纽，歌谣真实反映了其漕运的繁忙。同时，三岔河口也是天津最早的商品集散地，明、清以来随着漕运和制盐业的发展，这里成为航运中心，商贾云集，众多老字号也在此诞生。

三、古文化街

古文化街位于海河三岔河口西侧、南开区东北部，其前身即以天后宫为中心的宫南、宫北大街。

金元以来，以天后宫为中心的宫南、宫北大街，已经成为直沽的著名商业街区，后来发展成天津城市和文化的原点，至今已有700年以上的历史。1985年经全面整修，完全依照宫南、宫北大街原来自然形成的轮廓，两侧80余家商铺均为仿古建筑风格，在构造上富于变化，极少重复，各店堂下檐分别彩绘了汉、唐、宋、元、明、清六个朝代数百幅古典文学、神话传说的故事，形同展开五彩缤纷的巨幅画卷，改造成以"津门故里"和"沽上艺苑"为主题的人文景观游览区和以"中国味、天津味、文化味、古老味"为特色的商业经营区。1986年1月1日建成开业，命名为天津古文化街。1989年被评选为天津新十景之一的"故里寻踪"。2005年被评为中国特色商业街，2007年被批准为国家5A级旅游景区。

四、鼓楼

鼓楼位于天津老城中心，紧邻广东会馆，与著名的古文化街、天后宫、吕祖堂等景点相辉映，形成了浓郁的地方文化氛围。历史上的天津鼓楼曾是天津卫的"三宗宝"之一，民间谚语说："天津卫，三宗宝，鼓楼、炮台、铃铛阁。"

在历史的长河中，天津鼓楼历经了两次兴建与两次拆除的波折。明永乐二年（1404年），天津设卫筑城。直至明弘治年间（1488～1505年），山东兵备副使刘福用砖石加固原来的土城，并在城中心十字街处建造了鼓楼。

鼓楼高三层，以砖石为基，木构楼阁矗立其上。楼基为砖砌的方形城墩台，四面开有拱形穿心门洞，分别与东西南北四个城门遥相呼应。在鼓楼城台之上，建有木结构重层歇山顶楼阁，上层楼内悬挂着一口重达约两吨的铁铸大钟，其制式源自唐宋。这口大钟最初用于报时，掌管着晨昏时刻，开启和关闭城门，每日早晚共敲响108下。鼓楼北面，有清代天津诗人梅小树所撰写的一副抱柱联："高敞快登临，看七十二沽往来帆影；繁华谁唤醒，听一百八杵早晚钟声。"

新建的鼓楼坐落在天津老城厢中心。重建后的鼓楼尽显宏伟典雅之态，青砖砌就的墙面，白玉雕琢的栏杆，飞檐高高翘起，斗拱错落有致，碧瓦鲜艳如丹，楹柱精致典雅，再加上油漆彩绘的点缀、雕梁画栋的装饰，使其成为一道美不胜收的风景。鼓楼及其周边的商业街，不仅是城市中一道亮丽的风景线，更是一处新的旅游胜地。

重建后的鼓楼体量较之前有所增大,既传承了古代的韵味,又不拘泥于传统,雅俗共赏。其边长为27米,高也为27米,取"9"的倍数,因为"9"是阳数中的极致,蕴含着吉祥的寓意。鼓楼广场面积为9×9,共81平方米。

鼓楼主体采用钢混结构,外部为砖城,内部为木楼,基座为须弥座形式。木楼外形仿照明清木作大式风格,设有斗拱和飞檐,采用殿式旋子彩画装饰,屋顶为重檐歇山式。瓦面为大式灰色筒瓦,边缘饰以绿琉璃,还有汉白玉栏杆环绕,屋脊上点缀着飞檐走兽。砖城的四面设有穿心门洞,在四拱门上方恢复了汉白玉城门石,上面仍镌刻着"镇东、安西、定南、拱北"的字样。新钟的体量也有所增大,材料为响铜,重量达三吨。钟上的铭文由冯骥才、张仲先生撰写,字体采用繁体魏碑形式。

五、天津大学

天津经济的发展、社会的进步离不开教育文化事业的支持和保障。在中国近代发展历程中,天津就成为发展新式教育的中心城市。19世纪末,一批洋务学堂从天津起步,不同层次、不同类型的新式学校如雨后春笋般纷纷建立,国内著名学府天津大学是中国第一所现代大学,它的前身为北洋大学,始建于1895年10月2日,是清朝光绪皇帝御笔钦准的公立大学。

北洋大学创办不久,就生机盎然,中外硕学鸿儒云集,建校以来,学校秉承"兴学强国"的使命、"实事求是"的校训、"严谨治学"的校风、"爱国奉献"的传统和"矢志创新"的追求,为国家经济社会发展做出了卓越贡献,迄今为止为国家和社会培养了30多万名高层次人才。近代著名外交家顾维钧、革命先驱张太雷、经济学家马寅初、数学家秦汾、诗人徐志摩等无数先贤都曾在这里秉烛夜读,著名桥梁专家茅以升、化工专家侯德榜等知名学者也曾在此执鞭任教。

1951年,北洋大学与河北工学院合并,由国家定名为天津大学。1952年全国范围内的高校院系调整开始,天津大学调出十几个系组,充实和建立了一批新的大学,哺育了蹒跚起步的中国高等教育。1959年被中共中央指定为国家首批重点大学。改革开放后,天津大学是"211工程""985工程"首批重点建设的大学,入选国家"世界一流大学建设"A类高校。

该校也开创了我国教育史上的六个第一,我国近代创办的第一所高等学府；颁发了我国第一张大学毕业文凭；输送了我国第一批大学毕业生到海外留学；培养了我国第一批硕士研究生；创办了我国第一批高等教育学科；1951年院系调整之后定名为"天津大学"，成为国务院第一批确定的16所国家重点大学之一。

六、南开大学

南开大学是教育部直属重点综合性大学，是敬爱的周恩来总理的母校。学校成立于1919年，由近代著名爱国教育家严修、张伯苓秉承教育救国理念创办。1937年校园遭侵华日军炸毁，学校南迁，1938年与北京大学、清华大学在云南昆明共同组成西南联合大学，为中华民族振兴和国家富强做出了不可磨灭的重要贡献。当时三校同为北方著名大学，在大西南艰苦的办学条件下，仍英才辈出，人们为表示对西南联大的尊重，将三校誉为"学府北辰"。因此，"学府北辰"意喻三所学校在当时条件下，是学术上最璀璨的星星。

中华人民共和国成立以来，学校发展始终得到党和国家的亲切关怀。毛泽东主席题写校名、亲临视察；周恩来总理三回母校指导；邓小平同志会见数学大师陈省身，批示成立南开数学研究所；江泽民同志、胡锦涛同志先后视察南开。特别是党的十八大以来，习近平总书记多次对南开大学的发展给予肯定，并对相关工作回信和勉励，更在百年校庆之际亲临南开大学视察。

1952年，全国高等学校院系调整后，学校成为文理并重的全国重点大学。改革开放以来，经教育部与天津市共建支持，学校发展成为国家"211工程"和"985工程"重点建设的综合性研究型大学。2017年9月，学校入选国家"双一流"建设高校。

学校坚持"允公允能，日新月异"的校训，弘扬"爱国、敬业、创新、乐群"的传统和"文以治国、理以强国、商以富国"的理念，以"知中国，服务中国"为宗旨，以杰出校友周恩来为楷模，教育英才，繁荣学术，强国兴邦，传承文明，努力建设成为世界一流大学。

七、天塔

天津广播电视塔，简称"天塔"，于1991年建成，高度达415.2米。它矗立在面积为 0.22 平方千米的天塔湖中央,是世界上独一无二的水中塔,以"天塔旋云"之美名享誉四方。

天塔集多种功能于一身,不仅是旅游观光的胜地,还提供餐饮、娱乐以及广播电视等服务。其第三层是旋转餐厅,能同时容纳 200 多人。每隔 45 分钟,餐厅就会自转一周,人们可以一边享受美食,一边随着餐厅的转动欣赏周围的景色,妙趣横生。在瞭望厅内,借助各处的望远镜,能将方圆百里的美景一览无余。登上天塔极目远眺,津门的全景尽收眼底,中心广场宽敞美丽,国际商厦挺拔秀丽,近处能观赏到水上公园的全貌,远处则是高楼林立。特别是在傍晚时分登上天塔,沉浸在黄昏的暮色中,看着城市的灯火逐渐亮起,别有一番浪漫的情调。

八、天津文化中心

天津文化中心是天津市委、市政府为适应城市发展需求、完善文化功能、满足人民群众文化需求而规划建设的重要工程,提升了天津的综合实力和影响力。

它是天津市规模最大的公共文化设施,也是全国规模最大的文化休闲中心,集文化展示、交流、休闲、消费于一体。该中心于 2015 年 5 月 19 日投入使用,利用银河公园和天津乐园形成以绿化、水体为主的开放空间。在中心湖面南侧依次建设了天津博物馆、天津美术馆、天津图书馆,构成南侧文化博览区;同时,在大剧院北侧结合青少年儿童培训中心、科学技术馆建设了天津阳光乐园。

文化中心区域内注重单体建筑之间以及建筑与整体环境的有机联系和相互协调,南侧文化建筑庄重典雅,北侧青少年活动中心充满活力。文化中心以"文化、人本、生态"为主题,充分展现了天津的亮丽形象,是天津高雅艺术的展示中心、文化艺术的普及中心,也是城市客厅和市民乐园,对增强城市文化软实力、丰富群众精神文化生活、提升市民文化素养等具有重要作用。

九、五大道

五大道有深厚的文化积淀,是历史的记录和诗篇。五大道是中国历史文化名街，国家重点文物保护群，国家级文保单位，占地1.28平方千米，纵横马路23条，总长17千米，为便于统一管理，将这一地区依照沿东西向从南到北分布的马场道、睦南道、大理道、常德道、重庆道、成都道等，统称为"五大道"地区。

这里有风格各异的小洋楼2185栋，建筑风格多样，就五大道地区有代表性的237幢风貌建筑的设计风格来看，其中有英式建筑89所、意式建筑41所、法式建筑6所、德式建筑4所、西班牙式建筑3所、庭院式建筑46所、公寓式建筑40所、西式平房5所、中西合璧式建筑3所，各种风格的建筑汇集一处，堪称"万国建筑博览会"。

这里的小洋楼别具特色，构成了一幅异国风情建筑的亮丽画卷，特别是当您进一步了解这里曾经上演过中国近代史上一幕幕人生戏剧的时候，会更加为其中蕴藏着的人文历史折服。这里就是中国近代史的一个缩影，是百年社会历史变迁的一个写照。

十、利顺德大饭店

利顺德大饭店是中国历史上首屈一指的涉外饭店，历经130多年的风雨沧桑，仍保留着英国古典建筑风格和欧洲中世纪田园乡间建筑的特色，成为天津租界风貌的标志性建筑。在上海世博会中，天津馆的外观正是以利顺德饭店为原型的小洋楼造型。

1863年，由英国基督教牧师殷森德创建，其名巧妙地蕴含了孟子的治世格言"利顺以德"。这里曾接待过多位历史名人，如民主革命之父孙中山先生、少帅张学良、美国前总统胡佛、著名京剧表演艺术家梅兰芳、末代皇帝溥仪等。此外，这里还有最珍贵的"活着"的历史文物——美国奥的斯早期电梯，2005年中国电梯协会向利顺德颁发证书，认定该电梯为中国现存并仍在正常运行的最古老电梯。

百年利顺德是天津乃至中国近代历史的见证者，是世界酒店的瑰宝，是津门改革的窗口，更是全国酒店业唯一的国家级文物保护单位。在此次改造中，恢复了英式建筑风格，木质长廊、雕花拱窗、花园中庭等一一重现，展现出历史酒店的风采，将独特与奢华融入酒店的每一个细节和空间中，处处彰显着独具风范的文化底蕴。同时，还新建了全国首家酒店博物馆，馆内珍藏着饭店历史上最珍贵的文物史料，让客人在利顺德能享受到深度的历史文化体验。

利顺德大饭店还是影视剧取景拍摄的绝佳之地，《阮玲玉》《金粉世家》《夜深沉》《玉碎》等40多部影视剧都留下了利顺德大饭店的身影。

十一、解放北路金融街

解放北路，在租界时期被称为中街。为了纪念天津解放，于1949年1月25日将其更名为解放路，而徐州道以北则被称为解放北路，并一直沿用至今。近百年来，天津人民更习惯将其称为金融街，因为它始终都是天津的商业中心。

解放北路是天津最具财富象征的街道。在租界时期，这里是英、法、德领事馆及俱乐部的所在地，同时也是洋行和银行的集中之处，素有"东方华尔街"的美誉。早在清朝末期，凭借着临近老龙头火车站（天津站旧称）和海河码头，以及作为租借地的地理优势，这里成为外国金融家们觊觎的"风水宝地"。1882年，英国汇丰银行率先在此破土动工，随后法、德、意、日、俄等国也纷纷跟进，开设了华俄道胜银行、麦加利银行、正金银行、中法工商银行等，逐渐使其成为外国银行的聚集地。比如：中国银行天津分行（原日本横滨正金银行）、解放北路邮电局（原英国麦加利银行）、金融研究所（原俄国道胜银行）、市档案馆（原英国汇丰银行）、农业银行（原美国花旗银行）、建设银行（原比利时华北银行）、艺术博物馆（原法国东方汇理银行）等，一幢幢豪华的洋楼见证了外国金融资本在天津的扩张。这些银行资金雄厚、势力庞大，操控着天津乃至华北地区的金融业。

随着国家对金融业的统一管理，大部分银行、金店银号、证券交易所被取消，仅保留了中国人民银行天津分行、中国工商银行天津分行等少数几家。近年来，随着改革开放不断推进，天津市政府重建解放路金融一条街的计划得以实施。以天津证券交易中心为龙头，以中国人民银行天津分行为中心，众多银行都在此设立总部。与此同时，全国各地的证券机构、城市信用社也纷纷加入解放路金融一条街。如今的解放北路，近百家金融机构林立于此。承载着天津近代史的解放北路，犹如一条历史的长河，它宏伟、壮丽而又不失婉约，浓郁的经济、建筑文化使其始终保持着知性与美貌。

十二、世纪钟

坐落在天津站前广场的世纪钟于2000年落成，钟高40米，直径14.6米，基座面积74.4平方米，重170吨有余，通体金属，流光溢彩，与解放桥相辉映，印证百年变迁，凸显时代精神。钟摆上下，日月同辉。钟盘圆周，众星拱卫。中西交融，天人合一；古典与现代浑然一体，寓意时空延续，时不我待。

2024年7月，遵循修旧如旧的原则，对世纪钟的主体结构进行维修和提升，组织"非遗"传承人对铜面锻造进行纯手工打造，邀请当时的设计者，用电脑技术，进行颜色调配，十二星座构件全部重新制作、重新安装、重新焊接。

从9月16日零时正式运行，全年每天12时、18时准点报时，周末、"五一"、中秋、国庆，增加17时到22时整点报时，春节和元旦增加零点报时频次，报时是东方红序曲和敲钟。整个世纪钟在庄重中显示出飘逸隽永，钟表、长杆、齿轮、底座构成了一个完美的时空造型，标志着天津这座老工业城市在历史的进程中又前进了一大步。

十三、天津站

天津，是中国铁路运输的发源地。1881年建成的长达9.7千米的唐胥铁路，是中国最早修建的铁路，至今仍是京沈铁路线的一部分。1888年，唐胥铁路延展至天津，并在天津建成了中国首个综合性客站——天津站。

天津站最初的站址设于旺道庄。1891年，天津至山海关的津榆铁路动工，为了方便客货运输，旺道庄站被向西迁移，于1892年投入使用，这便是现在的天津站站址。由于移建后的站址靠近海河边一处名为"老龙头"的地方，所以也被称为"老龙头火车站"。

1900年，天津站在八国联军侵华战争中遭到毁坏，不久后便进行了重建。1903年，天津北站在河北新区建成（俗称新站），天津站则改名为天津东站（俗称老站）。中华人民共和国成立后，正式定名为天津站。

改革开放以来，天津城市交通发展迅速，原有的天津站已无法满足需求。1987年，天津站铁路枢纽改造工程动工，1988年竣工，恰逢天津站建成 100 周年。2006 年，为适应天津城市的迅猛发展以及配合京津城际轨道交通的建设，使天津站成为天津对外交通和市内交通的重要枢纽，天津站交通枢纽改造工程启动，涵盖了铁路客站、后广场、前广场、站后公交广场和站前公交广场五大功能区。

天津站交通枢纽工程总建筑面积达 45 万平方米，是一个集普速铁路、京津城际铁路、京山客运专线、京沪高速铁路、城市轨道交通、公交中心以及客运集散功能于一体，能够实现零距离换乘的大型综合项目，也是全国目前在建同类工程中规模最大的综合枢纽项目。值得一提的是，京津城际铁路的开通，使得京津之间往来仅用 30 分钟的时间，不仅缩短了两座特大城市之间的时空距离，更重要的是，加强了两个城市之间经济的紧密联系，特别有利于京津地区的经济发展。

十四、意大利风情区

意大利风情区坐落在天津市河北区原意大利租界，占地约 0.42 平方千米，是天津海河开发中都市消费娱乐区的重要节点。这里以马可·波罗广场为轴心，区内西洋风格建筑云集，历史人文内涵深刻，是目前亚洲最大、保存尚好的意大利风貌建筑群。原街区始建于 1902 年，占地 0.28 平方千米，总建筑面积约 40 万平方米。区内建有大量地中海风格住宅以及领事馆、兵营、学校、医院、教堂、花园、球场、菜市场、消防队等建筑。这些建筑极具意大利古典韵味，保留了古罗马建筑稳定、平展、简洁的特色，大量采用古罗马的高低拱券、穹顶、塔楼、石柱，使这些房屋独具魅力，刻画出鲜明的建筑符号，也创造出了一种异域文化与中国城市结合的独特意境。

意大利风情区以马可·波罗广场为中心，形成了纵横交错的道路网，街道呈棋盘状，区内的住宅多为意式花园别墅，且沿街建筑无一雷同，基本囊括了意大利各个时期的建筑风格，具有浓郁的地中海风情。有反映文艺复兴思潮的巴洛克式、洛可可式建筑，还有"新建筑"运动时期出现的欧美现代化建筑，而马可·波罗广场周围的房屋更具有典型的罗马风格。

马可·波罗广场占地 2200 平方米，位于原马可·波罗路和但丁路交会处，是随着 20 世纪初意大利租界规划开辟而形成的。广场周围建筑错落有致，雕饰精美，构成了风格典雅的建筑群，6 栋带角亭的小洋楼，每栋楼分别以《希腊神话》中的女神命名。

马可·波罗广场雕塑始建于1923年，由意大利著名雕塑家朱塞佩·博尼设计，建成后由意大利途经上海运至天津，可惜被毁于20世纪50年代末期。河北区有关部门本着"修旧如旧"的原则，根据意大利档案部门提供的珍贵历史资料和河北区收藏的文史资料，决定恢复广场原貌。恢复后的广场由和平女神雕塑和6座典型的意大利南部地中海风格别墅组成，主体雕塑包括喷泉水池、基座、罗马柱、和平女神像，高13.6米，全部采用花岗岩石材，其中基座上部装饰了4个欧式人物雕像，柱顶为展翅飞翔的和平女神铜像，手拿一根橄榄枝，象征着"友谊和平"这一永恒的主题。灯光建设以暖色调为主，明暗搭配，错落有致，给人一种含蓄、温馨、休闲、安静、舒适的感觉。意大利风情区马可·波罗广场是天津市第一个全部恢复原有风格的欧式广场。

梁启超故居位于天津河北区民族路44号。梁启超是中国近代维新派领导人之一，1912年，梁启超购买周国贤位于原意大利租界西马路的空地，请意大利设计师白罗尼欧设计住宅。寓所为意式二层砖木结构楼房，建于1914年。1924年，梁启超又在寓所右侧建造了一幢饮冰室书斋，造型独特、精致典雅。"饮冰"一词源于《庄子·人间世》。梁启超用"饮冰室"这个名称，是从1899年开始的。"饮冰室"书斋为浅灰色二层洋楼，首层为其书房，二楼作为卧室和会客室。在这里，梁启超撰写了许多重要著作，如《中国历史研究法》《清代学术概论》等，1928年9月，他因病住院，未等痊愈便急于出院，回饮冰室去完成《辛稼轩先生年谱》，翌年1月9日病逝，他在此前后居住了15年，其著作编为《饮冰室合集》。

第九节 海河游览线

天津，这座中国唯一有确切生日的城市，诞生于1404年12月23日。自那时起，600余年的岁月沧桑，如同一幅波澜壮阔的画卷。这座天子渡口，历经风云变幻，见证了东西文化的交会与融合。

时光流转、月升日落，天光为这条河流增添荣耀。九条水流自燕山、太行山奔涌而来，在这里汇聚成海河，自此所有水流不再留恋过往，共同奔流入海。这座城市，包容万象，在晨曦的照耀下，万物充满了生机与活力。

党的十八大以来，习近平总书记五次亲临天津视察，关怀备至，高瞻远瞩。一系列重大战略和重要指示，赋予天津重任，寄予厚望，为天津的发展指引方向。1400万海河儿女奋发图强，书写出多彩的答卷。

对天津人来说，大海并非障碍，而是时间的印记，是通向远方的通道。天津地处"九河下梢"，河渠密布纵横，水是这座城市的生命源泉，通达是这座城市与生俱来的特质，全长73千米的海河连通江海，早在19世纪末，它就成为北方最繁忙的黄金水道，天津与世界紧密相连，创造了令人惊叹的财富传奇。

海河，作为中国七大江河之一，犹如天津的一条重要命脉，蜿蜒穿梭于市中心区域，最终奔腾涌入渤海。海河是子牙、大清、南运、北运、永定河这五大水系的入海通道，是天津百姓的母亲河，更是天津的标志性象征。她承载着天津建城600多年来的历史，孕育了天津的现代文明。

海河始于三岔河口，止于大沽口入海，全长约73千米。海河经济综合开发被划分为三段实施：从三岔口至外环线为上游段，长度达19.8千米，跨越天津市内的六个行政区，着重发展金融、商贸、旅游等第三产业，是城市发展的核心轴线；外环线至二道闸为中游段，规划将其打造成为海河自然风景旅游区和高新技术研发区；二道闸至入海口则为下游段，计划在此发展现代物流、加工制造以及港口经济贸易。海河两岸汇聚了以古文化街、鼓楼步行街为代表的中国古建筑群，以原九国租界留存的"小洋楼"为主的欧式古典建筑群，以及现代建筑群，充分展现了中西文化的强烈反差与融合，是游览天津城市建筑风貌的绝佳窗口。

一、码头文化

如今的天津城以海河为轴线集中体现了天津的多种文化。身临其中可以感受到原汁原味的妈祖文化、可以领略到近代百年的洋楼文化，还有一种就是天津的码头文化。

天津就是一个因水而生、因水而荣的城市。码头最早的时候是船舶停靠的地方，也是码头工人们劳作的地方。早期的天津人也是靠着这一河水吃饭。海河两岸多仓储卸货之地，码头林立，人群密集，受燕赵之地慷慨之气的影响，天津人形成了做事不拘小节、豪爽的特殊地域性格。

　　码头文化的主体是没有土地的农民，他们以"闯码头"的形式进入天津，他们讲义气、抱团儿、淳朴。初到天津的人可能会惊讶于天津堂堂直辖市竟然没有夜生活，感慨天津的生活节奏比北上广慢了许多，这些与天津的码头文化有着千丝万缕的联系。

　　码头文化作为天津具有代表性的文化之一，不仅是历史在天津留下的痕迹，也是时代进步的证明。它影响着天津人，并在城市发展中加上了自己独特的烙印。

二、海河上的桥

　　历史为海河之桥积淀了文化内涵，时代为海河之桥平添了世界品位。旧桥得以改造，海河之桥日新月异，如一道道彩虹连通两岸，上游区域桥梁的平均间距从原来的近2千米缩短至如今的不足1千米。一桥一景，如欧陆风格的北安桥、大光明桥；时尚风格的进步桥、大沽桥、金阜桥、直沽桥、富民桥；中西合璧的狮子林桥；更有曾作为老天津标志的、如今修旧如旧的金汤桥、解放桥等，它们共同形成了颇具津沽特色的桥文化景观。

三、三岔河口

　　据《天津卫志》记载："三岔河在津城东北潞、卫二水汇流，潞水清、卫水浊，汇流东注于海。"潞河即北运河，卫河又名御河，即南运河。从金代的直沽寨、元代的海津镇、明代的天津卫，到清代的天津府，其衙署都在三岔河口。

　　三岔河口，乃南运河、北运河与海河三流交汇之处，原本位于今狮子林桥一带。清末民初（1902～1923年），政府先后实施了6次"裁弯取直"工程，其中1918年和1920年的两次裁弯取直工程，将三岔口向北推移至现今我们所看到的位置。

　　三岔河口一带的繁荣，源自唐代以后天津逐渐确立的漕运和海运枢纽地位：隋朝修建大运河，连接海河，贯通南北水系；渤海湾拥有天然海港。当时，北方农业生产不足，大量军需民食等物资需从南方调运。南粮北运主要有两条途径，一是通过大运河漕运北上（南运河为京杭大运河在天津的一段），二是海运北上至渤海湾再入海河，而无论走哪条路，都需要在三岔河口换乘小船，再经北运河运往北京。由此，三岔河口逐渐成为水运枢纽，日益繁荣。到了元代，此处更是呈现出"晓日三叉口，连樯集万艘"的繁荣盛景。可见，三岔河口的出现，表明天津建城虽仅 600 年历史，但其受到自然和历史的青睐却可追溯至千年前。

三岔河口地区是天津的发祥地，也是近代工商业发展的摇篮，曾是天津的政治、文化、教育和经济中心，具有深厚的历史底蕴。三岔河口也是天津最早的居民聚居点之一，隋炀帝开凿的京杭大运河成为贯通南北的水路交通大动脉后，三岔河口地区逐渐有了以捕鱼、晒盐为生的人家。至北宋中叶，这里形成了天津最早的居民聚居地。

三岔河口，曾是南北漕运的中转枢纽和商品集散地。"三岔口停船口，南北运河海河口，货船拉着盐粮来，货船拉着金银走，'九河下梢'天津卫，风水都在船上头。"这首仅有六行的歌谣，真实地反映出三岔河口漕运的繁忙景象。自明、清以来，随着天津漕运和制盐业的不断发展，南北运河与海河交汇处的三岔河口迅速发展成天津航运中心。众多船只频繁往来，热闹非凡。当时的侯家后单街子、北门外一带，商贾云集、热闹非凡。货栈、银号、店铺交易火爆，买卖兴旺。估衣街、瑞蚨祥、耳朵眼炸糕店等众多具有天津特色的老字号，也相继在此诞生。

四、永乐桥

永乐桥原名慈海桥，与摩天轮和商业设施融为一体，实现了独一无二的"轮桥合一"风格。摩天轮自 2008 年建成伊始，就成为天津的一个新地标，其最高点距离海河 120 米，约等于 35 层楼的高度。登上摩天轮，海河两岸的壮丽之美尽收眼底，中西合璧的建筑群，与蜿蜒的海河辉映，构成了一幅绝美的画卷。

说到"永乐"二字，它与天津的由来息息相关，天津最早得名是来源于屈原离骚中"朝发轫于天津兮"，其中的"天津"指的是天上的银河。而天津正式得名要追溯到明朝。明朝初年，朱元璋把皇位传给了孙子——建文帝。诸位皇子不服，燕王朱棣发动"靖难之役"，由北京发兵，经三岔河口渡河南下，夺取政权，于1403年登上皇位，改年号为"永乐"，他就是历史上的明成祖。

1404年12月23日，朱棣正式在天津设卫筑城，赐名"天津"，意为"天子津由之渡口"，而"卫"则是明朝的一种军事建制，所以天津又被称作"天津卫"。从1404年算起，天津建城至今已600多年，是国内罕见的有准确生日的城市。直至今天，人们经常习惯地称"天津"为"天津卫"。

五、三条石大街

在船行右侧，这一带就是天津著名的"三条石大街"，因三块条石而得名。这里也被称作"天津近代工业的发祥地"。

天津深入实施制造业立市发展战略，近些年，天津除了成为工业的领先城市，科技体系也发展迅速，智能为笔，描绘未来。天津在加快制造业发展中高举"人工智能"大旗，向着行业制高点迈进。世界智能大会连续多年在天津举办，结束后嘉宾还会乘坐游船沿河直下，通过游船来感受这座城市的历史文化底蕴，世界智能大会的连续举办，让"智能"成为天津新的城市名片。同时天津旅游集团海河游船积极响应天津的号召，建造新能源船舶，用电力作为游船输出动力，不仅环保，还能减少噪声，增加了游客的游船体验感及观赏性。电力船舶的投运也蕴含着绿色发展、健康持续的积极意义。

六、引滦入津工程纪念碑

右前方是"引滦入津工程纪念碑"。碑座上雕刻着一位妇女怀抱婴儿，左手伸掌托天，面向海河，注视水面，似乎在凝思着海河的今昔，记录着天津人民饮水思源的感恩情怀，天津人把她亲切地称作"送水妈妈"。1983年9月11日，天津只用了1年零4个月的时间就把清澈、甘甜的滦河水送到了千家万户，引滦入津工程引来的不仅是水，更是一种精神。

七、大悲禅院

船行至此，我们来到的是天津漕运文化、民俗文化、宗教文化交错互融、极具烟火气息的区域——大悲禅院商贸区。位于海河北岸天纬路附近的大悲禅院，因1945年至1956年供奉唐代高僧玄奘法师的灵骨而称著海内外。"大悲禅院"的名字是由观世音菩萨大慈大悲、救苦救难而得来。它始建于清朝顺治年间，1983年被列入《全国重点佛教寺院名录》。大悲禅院的历史遗迹和文物众多，包括数百件艺术价值、文物价值较高的魏晋至明清各代的佛像、佛经、钟、匾、石刻、千秋带、塔刹等，这里的一佛、一塔、一宝刹堪称"镇寺之宝"。

八、金钢桥

金钢桥是海河起始处的第一座桥，仿佛彩虹一般跨越海河，始建于1903年，俗称老桥，是海河最著名、最重要的桥梁之一。1901年，袁世凯任直隶总督兼北洋通商大臣后，将总督衙门移驻天津，并在河北新区修建了火车总站（北站），方便京津往来。1996年年底，改建成现在的双层拱桥，并将拆除的金钢桥按比例缩微，陈列在金钢公园内，供游人追寻往日帆樯林立、万商云集的景象和历史记忆。

桥下的两个桥墩，是1903年保留下来的老桥的桥墩，沿金钢桥向东延伸的这条路原名大经路，后因孙中山先生三次来津，都路过这里，更名为中山路，沿用至今。

九、狮子林桥

狮子林桥始建于1974年。为确保海河通航要求，经过多方论证，在我国首次进行了桥梁抬升。设计师运用美国的顶升技术，用32个千斤顶把这座7400吨的桥抬升了1.27米，这是海河上第一座抬升改造的桥，也是国内首创。抬升后的狮子林桥采用中西合璧的设计风格，风格各异的狮子雕塑遍布整个桥梁区域。眼前这座桥是2003年整修后的"狮子林桥"。

狮子林桥的名字源自地名"狮子林"，在景观设计上充分挖掘了"狮子林"的文化内涵，使其形象且直观地反映在桥体的各个部位。桥上狮子形态各异，包括两对巨大的汉白玉狮子"镇桥"，以及桥栏、桥身、桥墩上的各种狮子造型，有的仰天长啸、有的低头沉思、有的闭目养神、有的欢腾雀跃，绝无重样，桥中"狮子林"可谓中国一绝。

十、望海楼教堂

望海楼教堂旧称圣母得胜堂，是天主教传入天津后建造的第一座教堂。其始建于1869年年底，由法国天主教会主持修建。1870年因"天津教案"被烧毁，清光绪二十三年（1897年）在废墟原址重建，增建了角楼。1900年，望海楼教堂在义和团运动中再次被焚毁。现存的望海楼教堂为光绪三十年（1904年）用"庚子赔款"按原形制重建。1976年，重建的望海楼教堂在唐山大地震中损坏严重，于1983年得到修缮。

望海楼教堂是目前天津唯一保留下来的哥特式建筑，建筑平面呈长方形，长55米、宽16米，建筑面积812平方米，占地3000平方米。正立面筑有平顶塔楼3座，呈"山"字形，中间的塔楼最高，高12米。在两侧塔楼的顶部还各镶有8个兽头，用于下雨时排水。教堂内部并列两排立柱，为三通廊式，无隔间与隔层。中廊稍高、侧廊次之，属巴西利卡形式。中塔楼正厅东西侧各有八根圆柱，支撑拱形大顶。

望海楼教堂在1985年被列为天津市级重点文物保护单位，1989年被国务院列为全国重点文物保护单位。作为天津重要的宗教建筑和历史建筑，它是天津多元文化的体现，对研究天津的历史文化、宗教文化以及建筑艺术等方面都具有重要意义。

十一、金汤桥

作为海河桥梁中的最年长者，金汤桥记录了岁月的变迁。1730年，当时在此地修盐关浮桥，又称东浮桥。1905年津海关道与奥匈帝国租界、意大利租界、比利时电车公司合资，将原东浮桥改建为永久性钢桥，为显"固若金汤"之意，将此桥取名为金汤桥。金汤桥落成时曾闻名全国，其桥梁分三孔，全长76.4米，其中较大孔径为固定跨，两孔为平转式开启跨，可以用电力启动。当大型船只通过时，桥体跨行90°旋转，平行于河道方向，保证船只的顺利通过。

1949年1月14日，人民解放军从东、西、南三个方向向国民党守军发起总攻击，打响了解放天津的战役。当时天津地形复杂、易守难攻，国民党守军在护城河旁的城楼上设电网，每隔20～30米就有一处碉堡，城池内外有大小碉堡1000余座。人民解放军按照"东西对进，拦腰斩断，先南后北，先分割后围歼"的作战方针，英勇作战。东西两路突击队伍一步步向金汤桥挺进，战斗十分激烈。1949年1月15日5时左右，经过激战后，东西对进的人民解放军在金汤桥胜利会师，切断了国民党守军的南北联系，打乱了其作战部署，彻底动摇了国民党守军的信心，这成为全歼守敌、解放天津的关键。

1970年，天津市对金汤桥实施整修，桥身全面顶升1.2米，并废除桥身开启设备，同时对桥梁锈蚀部分进行修补加固。1984年，为了纪念人民解放军在天津战役中的丰功伟绩，在金汤桥海河东路一侧设立了解放天津会师纪念碑。1994年，金汤桥成为天津市爱国主义教育基地。2003年在海河开发改造过程中对金汤桥在恢复设计原貌的基础上进行加固整修，恢复了原有的桥身开启功能，并提高了通航标准。如今，金汤桥成为集观光旅游和纪念天津解放于一体的步行桥，是海河上的一道亮丽的风景线。

十二、进步桥

进步桥西起南开区通南路，东接河北区进步道，桥体颜色为白色，外观设计独特，整体呈现出流线型。远远望去，既像一条跃出水面的飞鱼，又像一列飞驰而过的子弹头列车，形态优美，栩栩如生。为双向4车道，极大地缓解了周边地区的交通压力，在车行道两侧规划了人行桥，满足行人过河及观光的需求，人们可以在桥上欣赏海河两岸的风景。周边有袁世凯故居、冯国璋旧居、奥匈帝国领事馆旧址等历史建筑。

十三、奥式风情区

船行左侧的这一片小洋楼建筑就是奥式风情区。这座红色建筑是冯国璋故居，由一排端庄素雅的奥地利风格小楼组成。曾在1917年担任过代理大总统的冯国璋，卸任后便在此居住。如今，它已成为河北区的重点文物保护单位。在其旁边，有一座造型优美且参差错落的红顶小楼，这所楼房是一座德国尼德兰风格的欧洲古典建筑，也是天津近代小洋楼建筑的经典之作，这一独具特色的建筑被称为"袁氏宅邸"，现在也是市级文物保护单位，幽默的天津人戏称这里"左右逢源"。

十四、北安桥

北安桥始建于1939年，当时是为日本租界通往意大利租界、奥匈帝国租界提供方便而建，为全木结构便桥。20世纪70年代初，拆除了木桥，重建了水泥拱桥。2004年，随着海河的改造，对北安桥进行了加宽抬高改造。北安桥仿照巴黎塞纳河畔亚历山大三世桥的特点，桥头雕塑采用西洋古典表现形式，吸取了中国传统元素，青龙、白虎、朱雀、玄武四神兽寓意着东、南、西、北四方平安，更寓意盛世太平、国家繁荣。桥的两端、两侧各有一个巨大的石柱。石柱上，镀铜骑士雕像，飞马振翼欲扬散发着浓浓的西洋古典气息。

十五、意式风情区

船行右侧就是"海河意式风情区"，也是原意大利租界地。1902年6月，天津海关道唐绍仪与新任意大利驻华公使嗄里纳签订了《天津意国租界章程合同》，划定天津意租界的范围。总占地约51.4万平方米，区内现有风貌建筑133栋，红楼林立。其中有原领事馆、兵营、回力球场，还有中国近代史上有着巨大影响力的伟大爱国者梁启超的纪念馆，包括梁启超故居和饮冰室两部分，再现了梁启超生前学习、生活、工作的环境。同时，这里人文荟萃，走出被誉为"中国莎士比亚"的大作家曹禺，《雷雨》过后是《日出》；梁启超笔锋纵论家国情，饮冰书斋著万言……他的声音穿越时空，振聋发聩："故今日之责任，不在他人，而全在我少年。"他的家风故事涵养了几代人的初心使命。

以马可·波罗广场为中心形成了纵横交错的道路网。漫步在意风区可以看到，这里的小洋楼已恢复了历史原貌，高低拱券、穹顶、塔楼、柱石——每个建筑元素都彰显了浓郁的意大利风情。马可·波罗广场和平女神雕塑13.6米，建于1923年。由意大利雕塑家朱塞佩·博尼设计。原雕塑20世纪50年代拆除，意大利风情街改造时被复建。其独特的建筑风格和人文历史景观使这里具有宝贵的历史文化与经济价值。

十六、天津市规划展览馆

天津市规划展览馆位于著名的意大利风情保护区内，建筑面积15000平方米，建筑具有明快的现代格调、浓郁的异国风情，恢宏大气，是展示天津城市历史变迁、发展现状和远景规划的重要窗口。

作为天津市爱国主义教育基地和科普教育基地，市规划展览馆在采用展板、模型等传统展示手段基础上，大量采用了高科技手段，对市民和游客进行爱国和爱市教育，加深了人们对城市规划的认识和理解。共分四层：一层设有历史展区、总体规划展区、交通规划展区、中心城区规划模型展区、公示区和临展区。历史展区风格古朴典雅、色调沉稳，能让人亲身感受昔日三岔河口的沧桑与辉煌，领悟城乡规划的理念及发展历程。二层有滨海新区规划展区、海河规划展区、名城保护规划展区、旅游规划展区和海河之旅4D影厅。滨海新区展区极具时代特征，可让观众全方位感知滨海新区的规划远景和未来发展蓝图；海河规划展区主要展示海河的历史、规划、综合开发改造工程建筑成果等；名城保护规划展区展示了天津市历史文化名城保护规划、历史文化街区模型等。三层设住房建设规划、公共设施规划展区、生态规划展区、环境整治展区、重点地区规划展区、区县规划展区、城市映像影厅、公众互动参与区。这里通过多种展示手段全面展示了天津的过去、现在和未来。四层为办公区及多功能厅。

十七、大沽桥

沿海河逶迤，穿城邂逅大沽桥。大沽桥日月双辉巨型双拱设计，迄今为止在世界上也是独一无二。此桥由世界著名桥梁设计大师邓文中院士设计。桥上有两个不对称的拱圈，大拱圈面向东方象征初升的太阳，小拱圈面向西方象征月亮，老百姓也把它叫作"日月桥"。这座桥梁除了寓意美好，建造的力学难度也相当高，大拱高39米向外倾斜18°，小拱高19米，向外倾斜22°，在并不对称的情况下，上面有88根斜拉索撑起整座桥梁重量，穿行而过看不到一座桥墩。这座桥梁在2006年获得了全球每年只评选一座桥梁的"尤金菲戈"奖。

十八、津门津塔

在经济快速发展的进程中，建筑已经成为天津这座城市中不可或缺的部分。一座座新式楼宇拔地而起，见证了城市的历史与时代精神。"津塔"高

336.9 米，为全钢结构的超高层建筑，外形呈风帆造型，塔基略小，中部稍大，上部逐层收缩。外部的玻璃幕墙运用纵向多折面的折纸造型，既借鉴了中国传统折纸艺术形式，又使形体庞大的整体外观显得格外轻盈而秀美。"津门"高 72.5 米，中间设计的是 71 米高的"门"形超五星级酒店，整个建筑群也好似一面以中心酒店为"门轴"的"友好之门"。津门的设计理念源于法国著名建筑拉德芳斯门，两座顶部相连的高楼构成巨大的"门"字形，象征着天津建设北方经济中心和世界港口大都市的包容与开放。

十九、解放桥

解放桥坐落在天津市中心的繁华区域，其南面与素有"金融街"之称的解放北路相连，北面则与天津站广场相接，是天津一直以来的地标式桥梁。在这附近，原本有一座浮桥，名为老龙头浮桥。1895 年，清政府在现今的河东区建造了老龙头火车站（现今的东站）。为了便于车站与对岸紫竹林租界地之间的交通往来，临时修建了这座老龙头浮桥。1902 年，该浮桥被改建为铁桥，即老龙头铁桥。铁桥建成后不久，桥上逐渐变得拥挤不堪，更关键的是，桥下的净空较小，对船只的通过造成了限制。民国时期，法国租界工部局主持修建新桥，这座新桥位于旧桥的上游，于 1923 年动工，1926 年竣工，耗费白银 190 万两，是海河众多桥梁中造价最高的开启桥，被称为"法国桥"；由于其周边被租界环绕，所以也被称为"万国桥"。1945 年抗战胜利后，万国桥更名为"中正桥"，1949 年为纪念天津解放改为"解放桥"。

解放桥是一座双叶立转式开启桥，桁架下弦近引桥部分背贴一固定轨道，备有汽油发电机，可自行发电启闭，合则走车行人、开则过船运货。"万国桥下过大船"，曾是当年海河上万人空巷的场景。

日照海河水，霞映彩虹桥，海河上的每一座桥都镌刻着这座城市的风骨。一座又一座跨海河大桥，都上演着独属于天津的别样浪漫。我国著名桥梁专家茅以升曾说，天津的开启桥是中国桥梁界的"土特产"。因为全国可以开启的桥几乎都集中在天津，而那个商贾云集、租界林立的旧天津在解放桥的一开一合里，在各色货轮的巨大轰鸣声中渐行渐远，如今一座座的桥梁，衔接着海河两岸，见证着天津百年历史变迁，展现了蓬勃朝气、勇立潮头的新气象，桥上的天津，正乘风破浪，披荆斩棘。

二十、天津站、世纪钟

交通兴，百业兴；交通畅，百业旺。位于海河东岸的就是天津站，这里是一座极具现代化的大型交通枢纽，实现了城际铁路与轨道交通及其他交通方式的无缝换乘，对于形成京津冀城市群和环渤海地区之间的便捷通道，扩大对外经济联络、推动滨海新区的开发开放和环渤海区域经济的发展具有重大意义。

截至2023年年底，京津冀区域内高铁总里程已达到2624千米，流动的"京津冀"充满着勃勃生机。飞驰的列车不断改变着人们的出行方式和生活方式，也让城市乘着高铁"贴地飞行"的东风，奋力谱写京津冀协同发展新篇章。

天津站，始建于1886年，1888年正式落成，距今已经有130多年的历史。1880年10月，中国第一条由国人修建的铁路——唐山矿井到胥各庄的铁路正式开工，全长9.67千米，1881年11月8日通车，命名为"唐胥铁路"。1888年决定将唐胥铁路扩展到天津。天津火车站便应运而生，火车站因地处海河西岸的"老龙头"地区故俗称"老龙头"火车站；火车站的建立奠定了天津作为重要铁路枢纽的地位。后来成了京山与津浦两大铁路干线的交会点。

世纪钟矗立于海河之畔，与解放桥相辉映，印证百年变迁，凸显时代精神。为了迎接新世纪，2000年1月1日零时，悦耳的钟声在天津站前广场的解放桥前响起，敲响迎接21世纪的钟声。世纪钟采用日月这一元素。大钟通体为金属建造，高近40米、重约170吨，分为钟盘、摆架和基座三部分。钟盘上用12星座的浮雕造型代表12个刻度。钟摆上顶太阳，下挂月亮，取材于太极分割线形状，寓意阴阳交替、互为始终。基座上的大小齿轮、链条等与古老的解放桥互相映衬，象征着中国近代工业从这里开始。

二十一、津湾广场

船行右侧是天津城市封面——津湾广场。这里是一座融现代、欧式建筑于一体的高端商务商业聚集区。特别是它恰到好处地利用海河自然湾，将水拥于楼边，将楼投入水之中，从而产生了水中有楼、楼中映水的奇妙视觉效果。2024年2月1日，习近平总书记在天津考察时指出："以文化人、以文惠民、以文润城、以文兴业，展现城市文化特色和精神气质，是传承发展城市文化、培育滋养城市文明的目的所在。天津要深入发掘历史文化资源，加强历史文化遗产和红色文化资源保护，打造具有鲜明特色和深刻内涵的文化品牌。"

津湾广场作为"城市封面"，积极肩负起新的文化使命，充分利用传统文化内涵，根据个性需要而提供更加丰富的文化内容，推动中华优秀传统文化创造性转化和创新性发展，唤起更多年轻人的文化共情，让传统文化绽放出迷人的光彩。

二十二、利顺德大饭店

利顺德大饭店始建于1863年，当时是英国传教士殷森德在海河边上（英租界内）建设的一座西式平房，用作旅馆。"利顺德"三字源于孟子"利顺以德"的教谕，也与饭店创始人、英国传教士中文名字"殷森德"谐音。整体建筑源于英国古典浪漫主义风格，造型古朴优雅。其中，角楼的设计是利顺德外景最经典的一面，具有浓厚的欧式风情。

利顺德大饭店是许多中外政要、名流的下榻之处。曾有孙中山、徐世昌、黎元洪、曹锟、溥仪、袁世凯、梅兰芳、史迪威、黄兴、康有为、周恩来等众多历史名人入住。历史名人下榻的房间均被完整保留，如孙中山套房、胡佛套房等。这里还有中国现存最古老的电梯——美国OTIS（奥的斯）电梯。1996年，利顺德饭店被国务院列为全国重点文物保护单位。

饭店内设有一个占地面积超过700平方米的博物馆。这里馆藏展品近3000件，展示了饭店的悠久历史文化和其天津发展进程中的重要事件。中国第一代电报，以及首个电话、电灯、电梯、数字机、自来水和消防设备均由利顺德引进。

二十三、大光明桥

大光明桥的得名主要是因为和平区一侧桥头的大光明影院。在没建桥以前，这里有个渡口，渡口始建于清光绪末年，1949年正式更名为"大光明渡口"，1983年建起现代化的钢筋混凝土桥梁后，老渡口消失。2007年开始重建，重建后的大光明桥，宏伟壮丽、气度不凡，显得特别"洋气"，具有浓郁的浪漫写实主义风格。桥头雕塑整体为红铜色，雕刻着怒放的花朵，中央是金灿灿的"大光明桥"四个字，整个雕塑大气、稳重。桥中央两侧也安装了同样风格的四座主题雕塑——"日、月、星、辰"，代表一天"昼、夜、暮、晨"四个时段，为的是突出桥梁的"光明"主题。使用矫健的男性、婀娜的女性和奔腾的骏马等形象装饰桥梁，表现出天津市的蓬勃发展和经济腾飞。

第十节　滨海经典游览线

滨海新区成立于1994年，位于天津东部的临海地区，地处环渤海经济带和京津冀城市群的交会点，是亚欧大陆桥最近的东部起点，规划面积2270平方千米，拥有自然海岸线153千米，辖天津经济技术开发区、天津港保税区、天津滨海高新技术产业开发区、天津东疆综合保税区、中新天津生态城5个国家级开发区，21个街镇，是全国综合配套改革试验区、国家自主创新示范区、北方首个自由贸易试验区，荣获"全国文明城区"和"国家卫生区"荣誉称号。

2009年11月9日，撤销原18个区县中沿海的塘沽、汉沽、大港三区，从此这三个区域组成滨海新区的行政区。天津滨海新区包括先进制造业产业区、临空产业区、滨海高新技术产业开发区、临港工业区、南港工业区、海港物流区、滨海旅游区、中新天津生态城、中心商务区九大产业功能区和全国最大的人工港口——天津港。

"亲海、近海、出海、品海"的特色旅游资源、高品质的公共文化设施、丰富多彩的文化遗产，处处彰显爱国、创新、工业、海洋的滨城文化特质，8家国家A级旅游景区、1个国家级工业旅游示范基地、9个天津市级工业旅游示范基地等，为滨城高质量发展助力赋能。

一、国家会展中心（天津）

国家会展中心（天津）地处津滨双城生态屏障核心区，海河中游南岸，总建筑面积约134万平方米，其中室内外展览总面积55万平方米，展馆综合配套区包括两座酒店、两座办公楼和商业三个业态，拟通过打造"会展产业聚集带"，促进会展业快速发展。

国家会展中心（天津）是商务部和天津市政府合作共建的重点项目，是承载北京非首都功能疏解、打造全球会展新高地的中国北方展览旗舰平台，将为京津冀城市群提供大型的国际会展场所，使环渤海区域与粤港澳大湾区、长三角地区遥相呼应，成为中国会展经济创新发展的新引擎。

会展是经济社会发展水平的晴雨表和推进器，大型场馆是会展经济发展的基础设施。会展平台是联系政府与企业，连接产业与市场的理想平台。国家会展中心（天津）的正式启用，有效填补了中国北方缺乏超大型展馆的空白，补齐了北方会展业发展的短板，成为中国北方展览规模最大、配套设施齐全、使用体验一流、绿色智慧全球领先的创新型会展综合体。

二、天津海昌极地海洋公园

天津海昌极地海洋公园是以极地海洋文化为主题的大型开放式旅游景区，占地面积49000平方米，上下三层结构，其中一层、二层为主展区，其外形采用国际先进的双曲造型设计，酷似畅游中的鲸鱼，主场馆高度约为43米，最高点"鱼鳍"高度约为67米，场馆内最高高度为23米，馆内建有目前全国体量最大的海底隧道，长35米，呈"L"形路线。

天津海昌极地海洋公园分为南极企鹅岛、神秘北极村、海底隧道、远古海洋、鲨鱼港湾、珊瑚海、白鲸湾、柳穿鱼巷、海草堂、奇趣鱼馆（含虾兵蟹将府）、未来水母馆十一大展区，展区相辅相成各具特色，将南北两极的企鹅、北极熊、海狮、海象、海豹等极地精灵汇聚于此，可以使游客身临其境地感受极地的原始风貌。拥有欢乐剧场——海洋七萌团、鲸彩剧场——白鲸之恋、海底剧场——人鱼童话三大表演剧场，可以近距离地欣赏动物的表演还有机会来一次零距离的亲密接触。

三、大沽口炮台遗址博物馆

大沽口炮台遗址博物馆位于滨海新区塘沽东南海河入海口两岸，建筑面积3900平方米，主展厅面积1700平方米，由京畿海门、沽口御侮、国门沧陷三部分组成。采用博物馆与纪念馆相结合的陈列艺术形式、传统与现代手段相结合的陈列方法，客观而生动地展现大沽口炮台历经外敌入侵、几经兴废的悲壮历史和中国人民不畏列强、顽强抗争的史迹，凸显大沽口炮台在中国近代史上的重要地位和丰厚的历史积淀。

博物馆的主体建筑外形呈不规则的放射状，犹如炮弹爆炸的形状，取义为"东西方文化的碰撞，民族精神的迸发"。建筑造型设计新颖独特，极富震撼力与感染力。

大沽口炮台遗址在中国近代史上占有重要地位，它是中华民族抗击外来侵略的历史见证。1988年，大沽口炮台遗址被国务院列为第三批全国重点文物保护单位，2005年被中宣部命名为"全国爱国主义教育示范基地"。2009年被国家国防教育办公室评为首批国家国防教育示范基地，2012年被国家旅游局评定为国家4A级旅游景区。2014年初，"海上国门"展陈获"第十一届全国十大精品展览"优胜奖。2016年12月，被国家发展改革委、中共中央宣传部、财政局、国家文物局、国家旅游局等十四个中央部委命名为"红色旅游经典景区"。2020年，被中国关心下一代工作委员会授予"全国关心下一代党史国史教育基地"称号、获得中央精神文明建设指导委员会颁发的"全国文明单位"称号、被中国博物馆协会核定为国家二级博物馆。

大沽口炮台是"外接深洋，内系海口"的"海门古塞"。大沽口是京津门户，海河要隘，更是入京咽喉，津门之屏障。这里自古即为海防重镇，素有"南有虎门，北有大沽"之说。在中国近代史中，大沽口炮台更是成为我国重要的海防屏障。明朝嘉靖年间，为了抵御倭寇，加强大沽口海防战备，开始构筑堡垒，正式驻军设防。清嘉庆二十一年（1816年），清政府在大沽口南北两岸各建一座圆形炮台。炮台内用木料，外用青砖砌成，白灰灌浆非常坚固。高度约为5米，宽3米，进深2米。这是大沽口最早的炮台。第一次鸦片战争后对炮台进行增修加固。至道光二十一年（1841年）已建成大炮台5座、土炮台12座、土垒13座，组成了大沽炮台群，形成较为完整的军事防御体系。清咸丰八年（1858年），僧格林沁作为钦差大臣镇守大沽口，对炮台进行全面整修，共建炮台6座，其中3座在南岸，2座在北岸，分别以"威""震""海""门""高"五字命名，寓意炮台威风凛凛镇守在大海门户的高处。大沽口炮台是第二次鸦片战争及八国联军入侵中国的重要战场，作为中华民族抗击外来侵略的历史见证,是近代历史不可或缺的组成部分,具有较高的文物价值和社会价值,它是我国明清北方海防重要的军事防御设施之一,在中国近代史上具有举足轻重的地位。

四、海河大桥

海河大桥全长2650米,主跨310米为钢箱梁结构;边跨190米为砼箱梁结构,主塔高168米;桥面按四车道标准设计,宽23米,通航净空为37.5米。这座桥的建设曾经创下了我国北方建桥史上"五个之最":6000立方米的钢筋混凝土结构的承台体积最大;主跨跨径最大;主梁单位块件施工时间最短,6.8米长的一块工期仅为7天;整个工期最短,仅为30个月;技术含量最高,采用了一系列新技术、新材料、新工艺。

海河大桥是滨海新区沟通南北货运的主要通道,也是保证南疆港区物流中心正常运作的重要通道。由于靠近滨海新区的临港工业区和天津港散货物流中心,从建成开始,海河大桥就成为滨海新区海滨大道的"咽喉"工程,成为沟通天津滨海新区几大功能区的要塞。

五、滨海文化中心

滨海文化中心地处天津滨海新区核心区,占地面积12万平方米,总建筑面积31.2万平方米,由滨海图书馆、滨海科技馆、滨海美术馆、滨海演艺中心、市民活动中心以及文化长廊等"三馆、两中心、一廊"组成。2017年建成开放,已成为天津的文化新地标。

滨海新区图书馆,建筑面积33700平方米,使用面积22000平方米,东侧毗邻紫云公园,美景与好书相辅相成,西侧与文化中心内的其他场馆和金色长廊构成五馆一廊,多重文化相互融合。主体结构共分为6层,其中地上五层为主要阅览区,地下一层为基本藏书库、古籍书库、密集书库等。整体建筑设计由荷兰MVRDV建筑事务所联合天津城市规划设计研究院及多个专项设计团队共同完成。滨海新区图书馆中心馆区重体验、重品质,用创新的理念引领广大读者发现和探索。中庭作为备受关注的亮点区域,以其独特的造型设计和内涵寓意吸引来自世界的目光。一个外径为21米的环球厅占据了中庭的中央位置,如同"天眼"凝视外界。环视四周,围绕环球厅逐级上升的 34 层白色阶梯与高挑的空间创造出丰富的层次感，带来如同海浪起伏般的景观效果，给予读者极大的阅读、交流及想象的空间，"滨海之眼"和"书山"的建筑造型营造出"书山有路勤为径"的意境和强烈的未来感，被誉为"世界上最酷的图书馆"。

滨海科技馆建筑面积约 2.6 万平方米，布展面积约 1.7 万平方米，其建筑造型以鲜明的后工业风格，体现了对天津滨海近代工业辉煌历史的纪念。围绕"智能"和"生命"特色主题，内设常设展区 16 个，各类展项 350 余件。旨在激发科学兴趣、普及科学知识、传播科学思维、弘扬科学精神，打造优质的全域科普阵地。

滨海美术馆占地面积约为 6600 平方米，建筑面积约为 26900 平方米，共 5 层，设有 8 个展厅及多个功能区，以近现代及当代艺术品展览展示、艺术收藏、活动推广等为重点，致力于艺术教育、人才培养与国内外文化交流。滨海美术馆以"立足本土、海纳百川"为办馆宗旨，旨在以前沿的文化理念与深层的社会关怀，结合现代性视野、国际化平台、规范化运作，力求探索出一条彰显时代诉求、地域人文、城市精神的现代美术馆创新发展之路。滨海版画艺术馆位于美术馆第四层，集中展示了滨海新区多位国家级、省级、市级版画家的代表作，是新区版画艺术家及爱好者们学术交流的平台。

六、中新生态城

2007 年 11 月，中国、新加坡两国共同签署协议，在天津滨海新区规划建设中新天津生态城，是继苏州工业园之后两国合作的新亮点。生态城市的建设显示了两国政府应对全球气候变化、加强环境保护、节约资源和能源的决心，为资源节约型、环境友好型社会的建设提供了积极的探讨和典型示范。生态城规划面积 30 平方千米，将全力构筑生态型产业体系，重点发展高端、高质、高新的现代服务业。它注重节约资源和保护环境，非传统水资源所占的比例要达到 50%，绿色出行比例达到 90%，可再生能源使用率达到 20%，所有建筑都要符合绿色建筑标准，垃圾回收利用率达到 60%。风能、太阳能的利用和水循环系统的建立将是中新生态城的特色。中新生态城将借鉴新加坡花园城市建设的经验，采用世界顶级的环保理念，全力打造一个易于人类居住的生态城市。生态城确定八大产业发展方向，包括节能环保、科技研发、教育培训、文化创意、服务外包、会展旅游、金融服务以及绿色房地产等低消耗、高附加值产业。

国家动漫产业园总建筑面积约77万平方米，一期面积33万平方米。产业园位于中新天津生态城内，毗邻生态城管委会，东侧即生态城起步区，地理位置优越。园内核心场馆之一——动漫体验馆，是一个集娱乐、展览于一体的互动平台，参观者不但可以动手参与动漫制作过程，还可以不戴3D眼镜直接欣赏3D电影。目前，入驻产业园的首批"公民"中，既有中国传媒大学国际动画学院、读者集团、盛大文学、优扬传媒等多家动漫、影视和科研单位，又有北方电影集团、美星（天津）影视、引力传媒等国内知名出版影视公司，园区内企业总数已经达到40余家。园区内还设有研发孵化区，总建筑面积13万平方米，可为入驻企业提供涵盖从创业到经营的系统化服务。该产业园投入使用后，将成为国内首屈一指的动漫公共技术服务平台，并成为中小动漫企业成长的孵化基地。

七、天津港文化旅游区

天津港是国家重要的战略资源，地处渤海湾西端，海河下游及其入海口处，位于中国天津市滨海新区，背靠雄安新区，辐射东北、华北、西北等内陆腹地，连接东北亚与中西亚，是京津冀及"三北"地区的海上门户，是中蒙俄经济走廊东部起点、新亚欧大陆桥重要节点、21世纪海上丝绸之路战略支点和服务全面对外开放的国际枢纽港，连续多年跻身于世界港口前十强。

天津港是我国重要的现代化综合性港口、世界人工深水大港，港口岸线总长32.7千米，水域面积336平方千米，陆域面积131平方千米，码头等级达30万吨级，22米的航道水深拥有各类泊位213个，万吨级以上泊位133个，主要由北疆、东疆、南疆、大沽口、高沙岭、大港、北塘、海河八个港区组成。天津港主营业务包括：港口装卸、港口物流、其他相关港口服务（金融服务、理货服务、代理服务、劳务服务、后勤服务、物资供应）。

天津港对外对内服务辐射能力强，拥有集装箱航线140条，每月航班550余班，同世界上180多个国家和地区的500多个港口保持贸易往来；辐射京津冀及中西部地区的14个省、自治区、直辖市，腹地面积近500万平方千米，占全国总面积的52%；70%左右的货物吞吐量和50%以上的口岸进出口货值来自天津以外的各省、自治区、直辖市。作为天津港的经营主体，天津港集团目前资产总额超过1400亿元，在香港联交所和上海证券交易所拥有两家上市公司。

中国将打造新亚欧大陆桥和实施"一带一路"倡议作为深化对外开放的重点，而天津港正处于亚欧大陆桥桥头堡的地位，同时又是"一带一路"沿线的重要战略城市；随着东北振兴、中部崛起、西部大开发战略的实施，天津港所辐射的腹地经济不断发展，"北京经济圈""京津冀城市群""天津自贸区"等相关概念的提出，使得天津港处于带动北方，乃至带动中国发展的重要战略地位。

2019年1月17日，习近平总书记视察天津港。在天津港太平洋国际集装箱码头，习近平总书记强调，经济要发展，国家要强大，交通特别是海运首先要强起来。要志在万里，努力打造世界一流的智慧港口、绿色港口，更好地服务京津冀协同发展和共建"一带一路"，并留下了"把天津港建设好"的殷切嘱托。

2021年以来，天津港集团先后13次打破全球港口及各货类作业纪录，3次打破集装箱外贸干线全球纪录，马士基、中远海运等主要船公司欧洲线、美西等航线效率始终保持全球首位。天津港通过新开通3条覆盖欧洲、东南亚、日韩的外贸航线，贯通升级南北海上的大通道，促进内贸大循环向纵深发展，深化津冀港口干支联动等措施，助力国内国际双循环不断加速。

八、天津国际邮轮母港

2008年3月开工建设的天津国际邮轮母港，位于天津港东疆港区南端，毗邻天津东疆保税港区，规划面积160万平方米，岸线长度2000米，拥有6个大型国际邮轮泊位，可停靠目前世界上最大的邮轮，设计年旅客通过能力50万人次。

天津国际邮轮母港于2010年6月26日正式开港，随着意大利"歌诗达浪漫"号、美国皇家加勒比"海洋神话"号以天津作为母港首航，诸多国际豪华邮轮为天津国际邮轮母港带来了巨大的商机，滨海新区邮轮经济正式起航。

天津国际邮轮母港的建成并投入使用，标志着我国形成了以东、南、北三个邮轮母港为中心的邮轮市场新格局，进一步拓展了天津港功能，掀开了天津邮轮产业发展的新篇章。

九、东疆亲海公园

东疆亲海公园位于天津市滨海新区东疆综合保税区，是一个集休闲、娱乐、观光和科普于一体的综合性主题公园。

公园总面积约20万平方米，包含3个服务中心和756组户外配套设施，为游客提供全方位的服务和便利。东疆亲海公园拥有生态环境：作为渤海综合治理攻坚战的重要成果之一，东疆亲海公园展现了水清岸绿的生态环境，让游客在亲近自然的同时，也能感受到生态环境的改善。

公园内设有海贝广场、沙韵广场和云帆广场三个主题广场，每个广场都有其独特的设计和功能，满足不同游客的需求。

海贝广场是亲海公园内一个极具特色的区域，位于东疆亲海公园内，是公园的重要组成部分。海贝广场原名北侧入口广场，其设计灵感来源于贝壳，服务中心按照"大贝壳"的形状进行建设。贝壳洁白光滑的表面极具雕塑美感，不仅为游客提供了独特的视觉体验，还将成为未来的海岸标志。这个"贝壳"向海打开，让游客可以在其中体验观海听澜的效果。无论是日出日落的壮丽景象，还是波光粼粼的海面，都能在这里得到最佳的观赏体验。作为东疆亲海公园的一部分，海贝广场还承载着购物、展览、餐饮、文娱、教育等多种功能。游客可以在这里享受"一站式"的休闲体验，满足游客不同的需求和兴趣。

沙韵广场是亲海公园内一个充满自然韵味与休闲氛围的区域，沙韵广场围绕"沙丘"元素进行设计，其高低起伏的造型变化巧妙地贴合了沙堆的形象，给人一种置身于自然沙滩之中的感觉。此外，广场还采用了仿木配色，使服务中心与门口的"城市沙滩"融为一体，营造出一种和谐而欢乐的氛围。

云帆广场是亲海公园内一个极具特色且功能丰富的区域，是亲海公园开放区域的核心空间。云帆广场服务中心的设计灵感来源于"纸飞机"，象征着儿时对"自由飞翔"的最初认识，承载着期望与梦想，也寄托着对东疆美好未来的期望。

十、天津国家海洋博物馆

天津国家海洋博物馆是我国唯一国家级综合性海洋博物馆,总占地面积 15 公顷,建筑面积 8 万平方米,展览展示面积 2.3 万平方米。国家海洋博物馆建筑主体 3 层局部 4 层,陈列展览内容围绕"海洋与人类"主题展开,分为"海洋人文""海洋自然""海洋生态"三大板块,共设六大展区 15 个展厅。

一层的"远古海洋"展厅以地质年代为轴,通过展览叠层石、三叶虫、鹦鹉螺、菊石、鱼龙等 1158 件化石标本,讲述了 46 亿年以来地球、海洋和生命的演化故事;"从风帆到行轮"展厅以帆船、轮船的发展简史为背景,以馆藏的船舶设备、器具为核心,带领游客了解、感知船舶历史的基本轮廓和发展路径,从而以更大的视域宣传人类海洋文化;"海洋灾害体验"展厅通过互动体验的方式,向游客介绍海洋灾害的成因和规避措施,直面强大而又不可抗的自然力量,呼吁对自然的敬畏之心,寻求与自然相处的和谐之道。

二层的"龙的时代"展厅通过展览鱼龙、翼龙化石及霸王龙化石模型揭示海洋是生命的摇篮这一主题;"中华海洋文明"展厅通过三个篇章从旧石器时代海洋文明的发展历程、近代中华海洋意识的觉醒到中华人民共和国成立后我国坚持陆海统筹,推进海洋强国建设的历程。

三层的"今日海洋"展厅展示了本底海洋、生命海洋、海洋环境与可持续发展三大部分知识,展厅共陈设展品 6000 余件,展线长约 500 米,使游客以更加科学的眼光认识海洋、了解海洋;"发现之旅"展厅展现了随着大航海时代的兴起,世界从分散走向整体的过程;"海洋与天文"展厅展示了天文与海洋现象的密切关系,它们影响着海洋的同时也影响着人们日常的生活,人类对宇宙的探索进而衍生出了卫星导航系统,应用于航海和日常出行中。

十一、泰达航母主题公园

泰达航母主题公园坐落于天津市滨海新区中新生态城,成立于 2006 年 4 月,是以"基辅"号航空母舰为核心,驱逐舰、潜艇、护卫艇共同组成的国家国防教育示范基地,是集航母编队参观、军事国防教育、主题实景演出、文化展示、拓展训练、会展会务、娱乐休闲等功能于一体的军事主题公园。相继获得国家国防教育示范基地、国家文化产业示范基地、全国研学旅游示范基地、全国科普基地等荣誉。

"基辅"号航母是苏联"基辅"级航母的首制舰，建造于1970年，1975年建成服役，1994年退役，曾经是令世界瞩目的海上"巨无霸"，西方世界畏之如虎的"海上杀手"，服役期间曾出访印度、朝鲜和阿尔及利亚等国，被喻为"水晶理想""国家名片"，一度是苏联北方舰队的旗舰，更是苏联海军的象征。2000年5月，"基辅"号航母告别了俄罗斯的维佳耶夫军港起程，由上海救捞局"德意"号拖轮拖离，途经大西洋，绕好望角，穿马六甲海峡进入中国的南海、东海、黄海后驶入渤海湾，于2000年8月29日顺利抵达天津南疆码头，历时102天，航程16850海里，完成了航运史上的一次壮举。航母全长273.1米、宽52.8米、高61米，标准排水量32000吨，满载排水量40500吨，续航力13000海里，最大航速32节，舰载官兵1400名，舰载飞机33架，其中Ka-27/Ka-25反潜直升机19架，Yak-38短距离垂直起降战斗机12架，另有一架教练机和预警机。船体以甲板为界，舰岛上8层、甲板以下9层，全舰共17层，舰载官兵1400人。

泰达航母主题公园积极发挥资源优势，充分发掘科普教育基地的潜能，对核心资源"基辅"号航母的舱室、武备进行保护性改造与恢复，目前舰上对外开放面积8万余平方米，最大限度地展现了原舰的原貌。

另外，园区还为参观者展示我军退役的装甲车、清障车、坦克等20余辆，歼击机-6等10余架退役飞机及40余门高炮，使参观者在欣赏"航母"雄姿、感受军事魅力的同时增长见识、学习众多军事科技知识。舰下航母野战营、水陆两用车、4D航母海战影片等项目更是通过切身体验效果，更好地达到传承军事文化、树立国防观念、增强民族忧患意识的目的。

第十一节 红色记忆旅游资源

天津，这座古老而充满魅力的城市，在近现代史上谱写了极为重要的红色篇章。它见证了无数革命志士为了国家独立、民族解放而舍生忘死、英勇奋战的悲壮历程。

在早期革命活动中,天津是"五四运动"的重要阵地之一。1919年,"五四运动"爆发后,天津的青年学生们迅速响应,他们高举爱国主义旗帜,以满腔的热情和无畏的勇气,投身到这场伟大的反帝爱国运动中。在这场运动中,涌现出了许多杰出的青年领袖,如于方舟。于方舟积极组织学生救国团,领导学生罢课斗争,他还成立了"新生社",出版《新生》杂志,与周恩来领导的"觉悟社"一起,为传播革命真理、唤醒民众意识而不懈努力。1920年,天津学生因抵制日货等活动与当局发生冲突,于方舟与周恩来等作为请愿代表被捕入狱。在狱中,他们遭受了残酷的折磨,但始终坚守着自己的信仰,表现出坚定的革命意志。

在中国共产党的早期发展中,天津同样扮演着重要的角色。在李大钊等革命先驱的影响和指导下,天津的党组织不断发展壮大。1924年春,中共天津地方执行委员会正式建立,这为天津的革命斗争提供了坚强的组织保障。此后,党在天津积极开展工人运动、学生运动和群众运动,不断扩大革命影响力。在这个过程中,党组织培养了一批又一批坚定的革命者,他们为了革命事业,不惜抛头颅、洒热血。

抗日战争时期,天津人民面临着日军的残酷统治和蹂躏,但他们并没有被吓倒。相反,他们以顽强的意志和不屈的精神,与侵略者进行着殊死的斗争。七七事变后,天津虽迅速沦陷,但中国军队在天津进行了激烈的抵抗,如袭击日军机场、攻打日军兵营等战斗,给日军造成了一定的打击。在沦陷期间,天津的抗日力量从未停止活动,地下党组织积极开展抗日宣传、情报收集和抗日锄奸等工作。抗日杀奸团等抗日组织在地下秘密活动,他们以各种方式打击日本侵略者和汉奸,为抗日斗争做出了重要贡献。

在这一时期,天津还涌现出了许多可歌可泣的英雄事迹。冀东抗日暴动的爆发,更是彰显了天津人民的英勇无畏。在这场暴动中,无数的抗日志士为了保卫祖国、保卫家乡,毅然投身到战斗中,他们用自己的生命和热血,谱写了一曲曲壮丽的英雄赞歌。

解放战争时期,平津战役成为天津历史上的重要转折点。人民解放军以卓越的战略和英勇的战斗,解放了这座城市。天津的解放不仅对整个战役的胜利具有关键意义,也为全国其他地区的解放树立了榜样。在这场战役中,天津的人民群众积极支持人民解放军，为部队提供物资、情报等支持，为天津的解放做出了重要贡献。市内中共地下党员、工人、学生和市民也积极参与迎接解放的行动，生动诠释了对革命事业的坚定支持和无私奉献。

在天津的红色历史中，还涌现出了许多革命英烈，他们用生命诠释了对国家和人民的忠诚。康景星、杨大章、包森等英烈的事迹，激励着后人不断前行。

如今，天津的红色遗迹和纪念场所成为人们缅怀先烈、传承革命精神的重要载体。平津战役纪念馆、周恩来邓颖超纪念馆、大沽口炮台遗址博物馆、中共中央北方局旧址纪念馆、盘山烈士陵园等，见证了那段波澜壮阔的历史，让人们铭记先辈们的奋斗与牺牲。

一、平津战役纪念馆

平津战役是在中共中央、中央军委、毛泽东主席和他的战友们的正确指挥下，由人民解放军东北野战军、华北军区部队百万余人，于1948年11月29日至1949年1月31日，在东起唐山、西至张家口长达500千米的战线上，对国民党华北"剿总"傅作义集团进行的一场战略大决战。经过军事打击和政治争取，共歼灭、俘虏、改编国民党军52.1万余人，基本解放了华北全境。

平津战役的胜利是毛泽东战略决战思想的胜利；是广大指战员英勇作战，东北、华北两区人民全力支援，中共平津地下组织积极配合，以及其他战场人民解放军密切协同的结果。平津战役连同辽沈、淮海等战役的胜利，确立了解放战争在全国胜利的局面。

平津战役中产生的"天津方式""北平方式""绥远方式"对之后解决国民党残存部队，加速解放战争进程，具有重要战略意义。

平津战役纪念馆是全面展现平津战役取得伟大胜利的专题纪念馆，1997年7月23日建成开馆，总占地面积4.7万平方米，建筑面积1.4万平方米，由胜利广场、主展馆、多维演示馆和军威园四部分组成。纪念馆主题思想鲜明，陈列内容翔实，环境艺术高雅，展示手段先进，是缅怀革命先烈、开展爱国主义和革命传统教育的重要场所。

平津战役纪念馆先后被授予全国爱国主义教育示范基地、全国国防教育示范基地、全国青少年教育基地、全国廉政文化教育基地、国家4A级旅游景区、国家一级博物馆、全国文明单位等60多个荣誉称号。

纪念广场总体环境艺术以胜利为主旋律。两根高大花岗岩圆柱构成胜利门，柱顶分别矗立着人民解放军东北野战军和华北军区部队战士雕像。两面反映军民团结奋战、欢庆胜利的花岗岩浮雕墙分列胜利门两旁。广场中央竖立着高60多米的胜利纪念碑，不锈钢三棱刺刀直插云霄。广场东西两侧的大型锻铜群雕，烘托出人民战争胜利的磅礴气势。

纪念馆主体建筑雄伟挺拔、气势磅礴，既蕴含中国传统韵味，又富有现代审美风格。前区是暖灰色花岗岩饰面斗拱造型的三层展馆，古朴庄重；后区是金属材料构成的巨大银灰色球体建筑，恢宏壮观。聂荣臻元帅亲笔题写的"平津战役纪念馆"七个金色大字，镶嵌在展馆的巨大牌楼式眉额上，为纪念馆增添了光彩和神韵。

主展馆包括序厅、战役决策厅、战役实施厅、人民支前厅、英烈业绩厅、伟大胜利厅六个部分。

序厅中央矗立的是中共中央五位书记：毛泽东、刘少奇、朱德、周恩来、任弼时，他们阔步向前的大型铸铜塑像。四周墙屏的巨幅壁画名为《胜利交响诗》，运用超时空、虚实结合的手法，再现了东北野战军、华北军区部队，在中共中央、中央军委、毛泽东主席的英明指挥下，在广大人民群众全力支援和中共地下党组织的密切配合下，团结携手、并肩作战，夺取平津战役伟大胜利的恢宏画卷。墙屏上镶嵌的是毛泽东主席关于平津战役作战方针的铸铜手稿，熠熠生辉，整个序厅主要表现的是以毛泽东主席为首的中共中央、中央军委率领百万军民从胜利走向更大的胜利的情景。

战役决策厅是平津战役基本陈列的第一展厅，该展厅通过百余件珍贵革命文物、一个声光电"三大战役作战要图"艺术沙盘，以及一处"毛泽东西柏坡办公室场景"复原，真实再现了毛泽东主席在中国革命最后一个农村指挥所——西柏坡，领导和指挥了震惊世界的三大战役。

战役实施厅通过大量历史照片、文献、文物、口述史等史实材料与图表、绘画等辅助展品有机结合，全面、客观、立体、生动地展现了平津战役从发起到胜利结束的光辉历程。人民解放军根据中共中央、中央军委、毛泽东主席制定的"抑留傅作义集团于华北地区，时机成熟就地歼灭"平津战役作战方针，首先从西线开刀，切断平张线，抓住傅系，拖住蒋系，实行"围而不打""隔而不围",切断国民党华北"剿总"傅作义集团"一字长蛇阵",将国民党军傅作义集团分割包围在张家口、新保安、北平、天津、塘沽5个据点上,切断其西退南撤的道路;随后,集中优势、各个歼灭,消灭新保安、张家口、天津被围之敌,陷北平国民党守军于孤立;最后,以打促谈,迫使傅作义集团接受人民解放军改编,北平和平解放。通过平津战役多媒体沙盘、新保安围歼战景观、张家口大境门步入式景观、天津城防碉堡景观、金汤桥胜利会师景观、北平和平谈判景观等展示手段,生动、形象地再现了平津战役的战场氛围,使观众置身于平津战役波澜壮阔的历史之中。

人民支前厅运用大量史料,翔实地展现了平津战役期间,东北、华北两大区各级党委、政府、军区及支前后勤指挥机关,组织动员了大量的人力、物力、财力,筹集转运粮食15万吨,以及无数弹药、军鞋、药品等物资,有力地保证了平津战役前线作战需要,深刻揭示了"兵民是胜利之本"这一革命战争规律。展厅通过背景雕塑、造型艺术、景观式文物展台等不同展陈形式向观众展示了平津战役时东北、华北人民群众在"一切为了前线,一切为了胜利"口号的感召下,踊跃参军参战、积极支援前线的支前文物。通过主题突出、视觉震撼、层次分明、虚实结合的展示形式,体现了154万支前民工冒着枪林弹雨、顶着风雪严寒,夜以继日地奋战在支援前线,彰显了人民战争"万众一心、众志成城、无坚不摧"的伟大力量。

英烈业绩厅介绍了平津战役中牺牲的33位团以上干部和著名烈士、26位战斗英雄和109个英模群体的事迹;设置了英模群体的锦旗展柜;展出了大批奖章、证书和英烈所用物品。英烈名录墙上镌刻着战役中牺牲的烈士的姓名,寄托着对烈士的深切怀念和敬仰。

伟大胜利厅陈列了平津战役取得的辉煌战绩和北平、天津以及全国各地欢庆胜利的场面等内容,并设置了缴获武器陈列柜。同时,对平津战役胜利后、中华人民共和国成立前发生的一些重大历史事件作了概要介绍。反映了平津战役连同辽沈、淮海等重大战役的伟大胜利,在中国革命历史演进中所起的重要作用。

二、周恩来邓颖超纪念馆

周恩来邓颖超纪念馆毗邻风光旖旎、景色宜人的天津水上公园风景区,占地 7 万平方米，建筑面积 13411 平方米，于 1998 年 2 月 28 日周恩来诞辰 100 周年纪念日前夕建成开放，是全国爱国主义教育示范基地、全国廉政教育基地、全国民族团结进步教育基地、国家一级博物馆和国家 4A 级旅游景区。

周恩来、邓颖超是伟大的无产阶级革命家，坚定的马克思主义者，党和国家卓越的领导人。他们为中国人民的解放和中华人民共和国的成立、为我国的社会主义建设、为伟大的共产主义事业无私地献出了自己的毕生精力，深受全党、全军和全国各族人民的爱戴。

周恩来、邓颖超同志的青少年时代是在天津度过的。在这里他们相识、相知、相爱，并共同走上革命道路，传播革命思想，探索救国救民的真理。中华人民共和国成立后两位伟人一直关心天津的工作、关注天津的发展，多次亲临天津视察指导，对天津人民无比关心。他们把天津作为第二故乡，生前分别留下遗嘱，先后将骨灰撒在天津，体现了他们对天津人民的特殊感情。

馆内基本陈列分为四大展区，即主展馆、仿建的北京中南海西花厅展区、周恩来总理专机展区和"新海门"号船舶展区。

主展馆分为瞻仰厅、周恩来生平展厅、邓颖超专题展厅。瞻仰厅正面耸立着周恩来邓颖超的汉白玉雕像《情满江山》，大型壁毯《海阔云舒》作为背景，两侧浮雕墙镌刻出"五四运动"、南昌起义、红军长征、西安事变和开国大典、祖国建设等历史性画面；周恩来生平展厅按照时间顺序，分为"为追求真理不懈探索""为民族解放建立功勋""为人民幸福鞠躬尽瘁"三个部分，将习近平总书记的重要讲话精神贯穿始终，展现了周恩来为中国人民谋幸福、为中华民族谋复兴、为人类进步事业而奋斗的光辉一生；邓颖超生平展厅以时间为序，分为"探索妇女解放之路""投身民族解放运动""引领妇女参加建设""肩负国家重要使命"四个部分，全面展示邓颖超的卓越贡献和高尚的人格风范。

纪念馆建馆以来，入藏文物、文献及照片资料万余件，其中有大量周恩来、邓颖超的工作和生活用品以及藏书，这些藏品难以在生平陈列中充分展示。仿建周总理和邓大姐生活和工作的西花厅，以实景实物这种更直观的展示方式，展示周恩来、邓颖超的生活和工作环境，让人们进一步领略他们勤政爱民、克己奉公、鞠躬尽瘁的崇高品格和精神风范,不仅进一步增强了纪念馆的教育功能,而且为天津市增添了一处重要的人文景观。西花厅位于北京中南海的西北角,中华人民共和国成立后,成为周恩来和邓颖超一生办公和居住的处所。此处"西花厅"整体依照20世纪60年代中南海西花厅的布局和风格1∶1仿建而成。西花厅占地1万余平方米,建筑面积3379平方米,南北长约160米,东西宽约60米,由两个院落组成,前院用于周恩来和邓颖超接见重要国内外宾客,后院是周恩来与邓颖超的工作、生活区域,室内陈设皆为原貌。

伊尔14型—678号客机是1957年8月,苏联政府赠送给周恩来总理的专机,是共和国第一任总理乘坐的第一架专机。飞机长21.3米、翼展31.7米、高7.8米,重12300千克,升限6500米,最大航程3200千米。自1957年至20世纪60年代中期周总理一直乘坐该机,到访过许多国内城市,还去过越南、朝鲜等周边国家。出于保密工作的需要,这架飞机有678和600两个机号交替使用。1958年周总理乘坐这架飞机从哈尔滨回北京时,中途曾降落天津。今天它又回来了,来到了伟人青年时代学习、战斗过的第二故乡天津,永久陈列于周恩来邓颖超纪念馆,伴随伟人的英灵。

"新海门"号船舶陈列,展示了承担邓颖超骨灰撒放任务的"新海门"号船舶,充分发挥文物的社会教育作用,广泛宣传邓颖超的伟大精神内涵,弘扬中华民族的文化自信,并与周恩来总理专机陈列相呼应,完善伟人夫妻纪念馆的展览内涵。

纪念馆整体陈列展览主题突出,生动再现了周恩来、邓颖超两位伟人光辉灿烂的一生,以及他们为祖国、为人民鞠躬尽瘁的优秀品质和崇高精神。

三、大沽口炮台遗址博物馆

中国近代海防素有"南有虎门,北有大沽"一说。大沽口炮台是中国北方重要的海防屏障,是抗击第二次鸦片战争和八国联军侵华的主战场,首都北京的海上门户,在中国近代史上占有举足轻重的地位。作为中华民族英勇抗击外来侵略的历史见证,大沽口炮台是非常珍贵的革命文物和教育资源,也是国内具有较高文物价值和社会价值的近代海防遗址之一。

大沽口炮台遗址在1997年7月1日正式对外开放。2011年4月,博物馆新馆落成，占地面积54000平方米，建筑面积3900平方米，是由中国建筑设计研究院崔凯主持设计，建筑造型从空中俯瞰呈现出不规则的放射状，就像炮弹爆炸的形状，取意东西方文化的碰撞和民族精神的迸发。建筑整体采用高强度耐候钢板覆盖，用天然的锈色来体现历史的厚重与沧桑，结合周围的自然环境，与炮台相得益彰，可以说，博物馆本身就是一件艺术品。

主题展览"海上国门"分为"京畿海门""沽口御侮""国门沦陷"等部分，采用博物馆与纪念馆相结合的陈列艺术形式、传统与现代手段相结合的陈列方法，客观而生动地展现大沽口炮台历经外敌入侵和中国人民不畏列强、顽强抗争的史迹，凸显大沽口炮台在中国近代史上的重要地位和丰厚的历史积淀。

"京畿海门"讲述了大沽口炮台成为海防重地的历史背景。该展馆内，最大亮点是一幅给人以动感并展示大沽口位置重要性的宋代黄河改道海河入海示意图，通过借助现代电子技术，让人看到蔚蓝色不停闪烁的河流及渤海湾，如同真实"流动"一般。

"沽口御侮"是展厅的核心，演绎1858～1860年的三次大沽之战，重点展示了铁炮、英法联军火炮、中国红夷大炮等，炮台沙盘、人物雕塑以及模拟海战场景等使该部分成为展馆的最大看点。博物馆利用了立体、光、声、像等高新技术，让游客更生动感受当年的硝烟烽火。例如，第三次大沽口之战的主战役石头缝炮台之战，被设计制作成充满舞台感的海战模拟场景，几乎占据整面墙的大海景象图与火炮模型对峙，逼真的对攻形势在声、光、电的配合下，枪炮声、喊杀声此起彼伏。

"国门沦陷"展示了八国联军入侵时，大沽口炮台在抵御列强的斗争中的特殊地位，随后《辛丑条约》中西方列强执意加入拆除炮台的条款。展览馆内展品还包括著名的《辛丑条约》文本，此外还有清军使用的武器、大沽口南岸炮台出土的铁锹残缺部分和被毁的铁炮残块实物以及相关历史照片的复制品等。

展厅结尾部分预示"战争与和平"的大沽铁钟是为了纪念抗击英法联军壮烈殉国的直隶提督乐善而铸，曾被悬挂在石头缝炮台，1900年，被英国士兵作为战利品掠走，存放在朴次茅斯，于2005年7月20日在流失海外105年后，重归故里。

博物馆外部是大沽口炮台遗址纪念碑和"威"字炮台遗址，遗址在1997年7月1日香港回归之日正式对外开放。历史上大沽口炮台共建大炮台6座，除一门石头缝炮台外，其余5座分别以"威、镇、海、门、高"五字命名。"威"字炮台始建于1841年，在第二次鸦片战争中曾发挥重大威力。1900年"庚子国变"后，根据《辛丑条约》被迫拆毁。

炮台中央的这门铁炮是1998年仿制的英国阿姆斯特朗前装线膛炮。在"威"字炮台正北方向约500米的地方有一片小树林，是"镇"字炮台遗存，它是当时的主炮台。再往前约500米的大桥下方，有一个方形的土台，是"海"字炮台遗迹。"威""镇""海"是南岸的三座炮台，在海河入海口的北岸还有"门""高"两座炮台，目前已初步探明"高"字炮台遗址，而"门"字炮台随着建设已经不存在了。

四、中共中央北方局旧址纪念馆

中共中央北方局旧址纪念馆位于和平区黑龙江路隆泰里19号，占地面积121平方米，建筑面积202平方米，始建于民国四年（1915年）。馆内陈列共分为两大部分：旧居的复原陈列和照片、文献、复原物的辅助陈列。展馆通过丰富的史实资料，向人们生动再现了中共中央北方局从1924年12月宣布成立到1945年8月撤销，21年时间里，领导北方人民不畏艰难困苦、坚持开展革命斗争的光辉历程。

中共中央北方局是中国共产党最早设立的一批地方局，其历史可追溯到20世纪20年代的大革命时期。当时中共中央北方局的管辖范围包括了今天的北京、天津、河北、山西、内蒙古、陕西、山东、黑龙江、吉林、辽宁等北方大部分省、自治区、直辖市，在党中央的直接领导下，以天津、北京为中心，带领北方革命组织不屈不挠、浴血奋战，进行了艰苦卓绝的革命斗争。先后掀起了北方大革命的高潮，壮大了北方党组织力量，推动了华北抗日民族统一战线的形成，开创了全国第一块敌后抗日根据地，在中国革命史上谱写了一曲壮丽凯歌。

从1924年12月中共中央北方局首次建立，至1945年8月正式撤销，21年风雨征程，中共中央北方局历经四次建立、四次撤销，历尽起伏跌宕、曲折艰难，但为了中国人民的解放事业，北方地区广大党员、干部没有被挫折和敌人的屠杀吓倒，一批同志倒下去，另一批同志站出来；一届组织遭破坏，新一届组织建起来，始终高举党的战斗旗帜，前赴后继，英勇奋战，为我们留下了可歌可泣的革命精神和弥足珍贵的红色遗产。因此，传承红色基因，牢记初心使命，坚定理想信念，是我们当代共产党员的重大政治责任和时代担当。

五、盘山烈士陵园

盘山烈士陵园始建于1956年，1957年建成，并且正式定名为盘山烈士陵园。1989年8月20日，盘山烈士陵园经国务院批准为全国重点烈士纪念建筑物保护单位。1995年1月1日，经民政部公布为全国爱国主义教育基地。1996年被天津市教委命名为天津市国防教育基地。2005年，盘山烈士陵园被正式批准列入国家红色旅游经典景区。2015年7月，盘山烈士陵园被国家国防教育办公室命名为国防教育基地。2017年被中共天津市委党校和公安消防总队等多家单位确定为党性教育基地。

盘山烈士陵园总占地面积21万平方米，是冀东地区最大的烈士陵园，也是天津市唯一抗日战争遗址烈士陵园，主体建筑物有烈士纪念碑、烈士墓区、烈士骨灰堂以及2005年新建的纪念碑廊和盘山革命纪念馆。

盘山革命纪念馆位于整个陵园的中心位置，为纪念抗日战争胜利60周年，在初建园时原有的烈士纪念堂的基础上改扩建和重新布展。纪念馆属于仿清式建筑，馆名由抗战时期冀东军分区的政治部主任李中权将军亲笔题写，建筑面积为1159平方米，分为上下两层，整体陈列采用了以地方革命史为主线，以抗日英烈事迹为重点，人史结合的布局，充分运用了馆内的革命文物、历史照片以及景观、雕塑、影像、油画等辅助陈列手段，展现了由包森、田野、李子光、王少奇、莲花峰七勇士等众多盘山革命先烈组成的英雄群体，热情讴歌了盘山根据地抗日军民忠于理想、热爱祖国的崇高精神和前赴后继、百折不挠的革命斗志。

盘山烈士陵园作为以"褒扬先烈、教育后人"为根本目的的爱国主义和革命传统教育基地，充分利用盘山根据地宝贵的教育资源和著名景区盘山独特的旅游资源，把爱国主义与国防教育相结合、红色旅游与绿色旅游相结合，缅怀革命烈士事迹，弘扬烈士奉献精神，激发公民爱国情怀，提升了中华民族凝聚力。

天津的红色历史是一部不朽的史诗，它承载着革命先辈们的理想与信念，是我们宝贵的精神财富。我们应当铭记这段历史，传承红色基因，让革命精神在新时代继续发扬光大，为实现中华民族伟大复兴而不懈奋斗。

第十二节 现代工业旅游资源

天津，作为中国近代工业的发祥地之一，有着深厚的历史底蕴。工业的发展为天津近代历史注入了独特的风骨与记忆，见证了这座城市的沧桑巨变与荣耀辉煌，也在天津城市发展中留下了不可磨灭的印记。

天津的工业历史源远流长，早在元明时期，随着海运和内河航运的发展，煮盐、车船零件制造等便已兴起。

19世纪60年代，清政府兴起的洋务运动，由于李鸿章等洋务派的长期经营，天津开创了中国北方工业化的先河，历经官办、官商合办、官督商办、商办的发展历程。到20世纪30年代，天津拥有1200多家工厂，20万产业工人，形成了纺织、化工、冶金、机械、印刷、食品等众多工业门类，工厂总数和投资规模仅次于上海，位居全国第二，逐渐成为北方实力雄厚的工业基地和最大的工商业城市、华北的经济中心、北方的重要贸易口岸。

清政府中的洋务派深知天津作为畿辅屏障的重要地位，极力将其打造为北方洋务运动的中心，先后创建了天津机器局、大沽船坞、轮船招商局等一系列军事工业和民用企业。到1900年，天津共有近代工矿企业36家，这一时期被称为天津近代工业的"萌芽期"。

进入20世纪初，天津又成为清政府推行新政的试验地。袁世凯、周学熙等人大力推行"大兴工艺"，创办了直隶工艺总局、北洋银圆局、造币总厂、劝业铁工厂等，积极推动工业发展。民间商绅受此鼓舞，纷纷投资建厂，掀起了以天津为中心兴办工厂的热潮。据统计，当时天津约有139家工业企业，其中纺织业位居首位，化工业次之，食品业排名第三，支柱产业结构初步形成，这一时期被称为天津近代工业的"发展期"。

从民国初年到抗日战争全面爆发前夕，中华民族工业迅速发展，这也成为天津近代工业发展的"黄金期"。在此阶段，天津涌现出裕元、华新、恒源、裕大、宝成、北洋六大纱厂，东亚、仁立两大毛纺厂和久大精盐公司、永利碱厂，以及一些面粉厂、油漆厂等。据1929年统计，在天津城区（不包括租界区），共有中国人开办的工厂2191家，资本总额3300余万元，其中制盐、碱、棉纺、面粉和火柴等17家大型工厂资本额合计为2900余万元，占资本总额的87.9%。这一时期工业的发展，奠定了天津以轻工业为主的格局。

近代天津的轻工业一直处于全国领先地位。纺织企业更是近代中国纺织行业的翘楚，代表着当时最先进的纺织工艺水平。1933年，天津共有纺织企业687家，其中最著名的当数东亚毛呢股份有限公司，东亚公司最初生产的毛线被命名为"东亚"牌，后来为了与洋货竞争，公司将商标改为"抵羊"牌，寓意"抵制洋货"。经过技术改造、质量管理和原料改用澳大利亚毛条，大大提高了毛线质量，个别型号在品质上还超过了市场上的英国产品。

近代百年间，天津是全国最重要的化学工业基地和海洋化工的摇篮。1874年，李鸿章就将徐寿之子徐建寅调到天津机器局，从事硫黄制造。1887年，吴调卿、杨宗廉等人集资创办天津自来火公司，开始生产火柴。1914年，由范旭东创办的全国第一家大型精盐制造企业——久大精盐公司在塘沽成立，结束了中国人几千年来吃粗盐的历史。随着久大精盐公司、永利碱厂、黄海化学工业研究社等在天津相继创办，天津的化工业在全国声名显赫，取得了卓越成就。1926年8月，在美国费城举办的世界博览会上，天津永利公司的"红三角"牌纯碱获得金质奖章，被誉为"中国近代工业进步的象征"。1929年，陈调甫在天津河北区创办永明油漆厂，到1936年，永明油漆厂先后研制出"永明漆""万能漆"和国内首创的汽车喷涂等，其中"永明漆"的质量超过美国产品。1948年，工厂又研制出能刷、能烤、能喷的"三宝漆"，性能达到国际先进水平，成为我国涂料工业发展史上的一个里程碑。

天津的机器制造、修理业和铸造业也日臻成熟完善。19世纪60年代，清政府创办的天津机器局是当时中国第二大军工企业，以生产枪炮、弹药为主，也兼制军用船只等。1906年筹建的北洋劝业铁工厂是天津规模较大的机械制造工厂，该厂为天津及附近地区工业发展提供了必要的机械和设备。从清末到民国时期，天津三条石一带成为民族机器工业的聚集地。比较著名的企业有郭天成机器厂、郭天祥机器厂等，到了1937年，三条石地区从事铸铁和机器制造的工厂达到300余家。

随着外国资本的不断涌入，天津成为外国企业在华投资的热点地区之一。许多外资企业在此设立工厂和分支机构，带来了先进的生产技术和管理经验，促进了天津经济的发展。

一、海鸥表博物馆

海鸥表博物馆2010年在天津空港经济区海鸥工业园内落成并面向公众开放，这里保存着属于海鸥也同样属于中国计时的珍宝，记载着60余年的辉煌成就，讲述着关于中国时间的故事。

作为工业游研学游项目，海鸥表博物馆不仅给予了人们近距离了解手表制作过程的崭新体验，也让更多的人了解到中国工业发展历史的壮丽篇章。博物馆主体场馆占地面积1000平方米，此外还延伸出2个共享空间，2条车间生产线、国家认定企业技术中心与DIY活动室，共组成海鸥表博物馆完整的参观线路。

海鸥表博物馆记载了海鸥手表的发展历史。1955年3月，一块印有"中国制"三个字的手表正式问世，这只被命名为"五星"牌的手表结束了我国只能修表不能造表的历史，也开创了我国自主研发制造手表的先河；1957年手表易名为"五一"牌。1958年国庆节前夕，国家投资在天津成立了天津手表厂，随后，"五一"牌手表形成批量生产规模，是天津手表厂第一代产品化生产的机械手表产品，也为中国手表工业的发展奠定了基础。1961年4月，当时的一轻部下达任务，由天津手表厂进行立项试制专供中国空军使用的航空表（计时码表），该项目属于国家秘密项目，任务代号为"304"；1966年，中国第一只自行设计制造的新型机械手表被研发出来，命名为"东风"牌。1973年，经当时的国务院副总理李先念批准，"东风"表以"海鸥"商标进入国际市场，成为中国第一只出口手表，"海鸥"表从此声名鹊起。

海鸥手表博物馆分为四大展区，分别为：计时中国陈列区、国表摇篮、计时之宝和创新之路。计时中国陈列区将海鸥手表厂的老厂名和老面貌完整保留了下来，通过大量的图片资料，为我们还原了天津手表厂当时的风貌。国标摇篮展区展出的照片中有四位技师，均是中国第一只手表研发团队成员，在他们的共同努力下，1955年3月24日在天津诞生了中国第一只手表——五星牌手表。计时之宝展区展示了海鸥完全自主研发生产的镇店之宝——陀飞轮、万年历和三问表等一些表款。其中，陀飞轮结构复杂、工艺精湛，代表了机械表制造工艺中的极高水平。

2022年，海鸥表博物馆入选首批教育部办公厅、工业和信息化部联合设立的工业文化专题"大思政课"实践教学基地，成为传播中国制表工业文化的全新引擎。2023年海鸥表成功通过"天津市制造业单项冠军"复评、"国家级高新技术企业"复评，获评中国钟表行业"工业企业十强"、天津市科普基地以及中华老字号。

二、空客A320

2006年6月8日，空客公司A320系列总装线落地天津港保税区，总装线配套工程占地面积2.4平方千米，引进A320系列飞机的零部件、发动机零部件、机载设备等配套厂商和二次配套承包商，积极跟进承接空客后续机型，利用产业的聚集优势吸引其他零部件生产商、机载设备、机场空管设备等生产商，形成空客系列机体、部件、发动机的系列维修能力和货机改装能力，成为亚洲第一的总装制造和维修基地。首架飞机于2008年9月28日投产，2009年6月23日交付。自正式投入运营以来，它不仅成为空客公司全球制造网络的重要组成部分，同时也见证了中国航空制造业的成长与发展。

目前，总装厂正在进行第二条总装线的建设，新的生产线预计将于2026年12月交付投产，届时天津将拥有两条单通道飞机生产线和一条双通道飞机生产线，进一步增强空客公司在中国乃至全球市场的竞争力。

天津总装厂不仅是一个世界级的制造基地，还是一个推动当地经济发展的重要引擎，创造了大量的就业机会，也带动了周边供应链的发展，促进整个地区的产业升级。

三、天津直升机有限责任公司

2012年，在美丽的渤海之滨，天津直升机有限责任公司落户空港经济区。当区位优势与产业实力相结合，一座规划占地面积130.27万平方米、资产总额近8亿元人民币的现代化航空企业拔地而起。

公司拥有现代化的装配厂房、喷漆厂房、飞行指挥楼、机场跑道和试飞机库等综合配套的基础设施。秉承"航空报国、航空强国"使命，聚焦航空工业"一心、两融、三力、五化"新战略，打造成为集研发、制造、销售、客户支援、培训、加改装为一体的民用直升机生产制造基地。

目前，天津直升机有限责任公司与中国国际旅行社总社有限公司共同合作研发的以直升机科普与体验为核心的系列研学课程，真正让飞行进入百姓的生活，让少年们的航空梦想得以绽放。

四、海河乳品

位于空港经济区的海河乳品践行"健康生活"的理念，不断创新升级。进入海河乳品，可以与海河宝宝拥抱，参观海河品牌历史，认识绿色奶源，在海河智能牧场畅游，在牛奶世界、海河时光巴士打卡，在学习牛奶知识的同时，品尝海河的各类新产品。

1956年2月，天津市公私合营牧场奶品总店成立。1957年，天津奶品总店在南市成立，这正是海河牌牛奶的前身；1965年，乳品厂奶粉车间竣工投产，生产海河牌全脂甜奶粉和炼乳；20世纪70年代，海河可可奶研发上市，20世纪80年代，海河推出了巴氏鲜牛奶；历经60余年，"海河"品牌确立了天津奶制品市场的主导地位；2022年，海河乳品新厂在天津港保税区竣工投产，在生产加工设备上引进了国际顶尖及国内先进乳品加工、灌装全自动生产线等国际先进工艺流程，液态奶年产量可达18万吨。

海河牛奶陪伴着天津老百姓走过了60多年的历程，也守护着天津三代人的健康，这是海河品牌作为天津乳制品工业成长的缩影，也是海河牛奶作为以天津为发源地的城市型乳企的基础和命脉。通过参观自动化、柔性化、智能化、绿色环保的国际顶尖设备及智慧工厂，利用数字化展示、多媒体传输等方式，追溯海河乳品从牧场到餐桌的全过程。

五、利民调料

天津市利民调料有限公司于2006年投资2.2亿元，入驻天津空港物流加工区，建立了现代化调味品生产基地，占地5.85万平方米，主要生产"利民"牌蒜蓉辣酱、甜面酱、火锅调料、番茄酱、酱油、醋六大类调味品，

100 多个产品品种。

作为国内调味品行业的领军企业之一，天津市利民调料酿造集团凭借其悠久的历史和卓越的技术，自成立以来就一直保持领先地位。承担了国家"十一五"重点项目——传统发酵食品质量安全控制研究与产业化示范，还获得了甜面酱行业标准及辣椒酱国家标准的制标权，使"利民"调料成为国内调味品生产的典范企业。

六、桂发祥十八街麻花

诞生于1927年的桂发祥十八街麻花，是天津市的百年老字号麻花店，与天津狗不理包子、耳朵眼炸糕并称为"天津三绝"。桂发祥十八街麻花在全国首届名小吃认定会上被认定为"中华名小吃"，1996年被中国国内贸易部命名为"中华老字号"，曾荣获原商业部金鼎奖、亚太地区博览会金奖，并被认定为中国驰名商标、天津市名牌产品及天津市著名商标。

桂发祥传承近百年的手工技艺，搓、揉、捏、拧，瞬间将面条变成精致的麻花坯。时至今日，桂发祥十八街麻花制作技艺的精华部分——搓制成型工艺，依旧坚持手工操作。桂发祥十八街麻花制作技艺成为企业发展的重要生命线，并于2014年11月11日正式入选《国家级非物质文化遗产代表性项目名录》。

桂发祥十八街麻花文化馆坐落于河西区洞庭路32号，是一座总面积近4200平方米的文化馆。这是全国首座以麻花为主题的文化馆，也是触碰百年桂发祥十八街麻花历史的最佳场所。

文化馆展览展示区分为源起、传承、跨越、印象和辉煌五个部分，通过图文并茂的方式展示了麻花的历史渊源、制作工艺以及桂发祥作为"中华老字号"的发展历程。

在示范生产车间，可以亲眼见证一根十八街麻花的诞生过程。从老肥发面到热油烫酥，再到和面、压条、搓制成型、炸制等20多道工序，每一步都充满了匠心独运。

桂发祥十八街麻花不仅是一种美食，更承载着天津深厚的文化底蕴和城市记忆。作为首批"中华老字号"之一，桂发祥不仅代表着麻花这一津门特色小吃，更体现了中华传统文化的传承与创新。

七、长芦汉沽盐场

长芦汉沽盐场位于天津市滨海新区北部，占地面积 96 平方千米，距今已有 1100 年的历史，是国内重要的海盐生产企业，拥有全国结晶公亩单产最大的结晶池，是国家 001 号食用盐定点生产企业，是中国盐业生产企业中唯一的"中华老字号"，也是北方最早的海盐原生态产地保护地。曾入选文化和旅游部公布的 2022 年国家工业旅游示范基地，成为天津市首家国家工业旅游示范基地。

汉沽盐场拥有悠久的历史，可以追溯到五代后唐同光三年（925 年）。当时，幽州节度使赵德钧为了解决军费困竭的难题，在这片芦苇茂盛的地方设立盐场，场名沿用当地地名，称为"芦台场"。"芦花"海盐形状犹如玉砂，味道鲜美咸香，在明清两代被列为贡盐，至今仍因其独特的品质而备受赞誉。

在清朝康熙年间，长芦盐业的管理机构相继迁至天津，从此，天津成为长芦盐务的核心区域，众多盐商聚居于此。长芦盐产丰富，滋养了天津的味道，也开启了工业的发展。时间来到 20 世纪三四十年代，日本在侵华期间，对长芦盐场进行了疯狂的掠夺。档案显示，仅日本的兴中公司天津盐业事务所，在 1936～1945 年，就从芦台场低价掠夺走原盐 229 万余吨。

1948 年 12 月，汉沽解放，盐场重新回归人民手中。1958 年，盐场正式更名为"长芦汉沽盐场"。在党的领导下，盐业工人迸发出无穷的力量，他们与天灾抗争，开拓新的盐田，盐产量最高突破了百万吨，为社会主义建设提供了必要的盐资源。从 1955 年开始，汉沽盐场生产精制食用盐，采用化盐法进行生产，是国内较早生产精制食用盐的企业之一。经过多年的探索和改进，到 20 世纪 80 年代，其技术逐渐成熟，食用盐的品质在全国同行业中处于领先地位，获得了多项国家级和省部级殊荣。2006 年，汉沽盐场建成了国内第一套以滩晒饱和卤水为原料生产真空精制食用盐的装置，彻底改变了沿袭多年的融化原盐生产方式，开辟了海盐食用精制盐生产的新途径。2020 年，汉沽盐场建成了年产能 30 万吨食用盐的生产加工中心，全面实现了生产线的自动化和数字化，还首次采用了立体仓储系统，其系统吞吐量位居国内盐行业之首。

近年来，汉沽盐场依托千年海盐文化底蕴和工业文明，加快了多业态联动发展，推出了"文化＋旅游＋研学"项目，打造出京津冀地区首家盐业风情游览区。

长芦汉沽盐场的古法制盐工艺作为滨海新区非物质文化遗产项目之一，不仅保留了传统的制盐技艺，还成为文化旅游的一个亮点。从一滴海水到"百味之王"，制盐过程要历经纳潮、制卤、结晶、采收等约300天的漫长历程，最终进入市场、摆上餐桌。在盐场，游客不仅可以亲眼看见这一过程，还能参与体验互动项目，近距离观察盐田，体验古法制盐的部分环节。

长芦汉沽盐场先后建成了以长芦盐为背景的"长芦汉沽盐业展览馆"和天津首家"盐业风情游览区"，利用公司众多盐业历史遗迹、盐业生产场景、沿用数百年的"海水自然滩晒工艺"、设施实物、盐业人文故事等，形成展馆与实景配合展示与体验的有机结合，成为天津独具特色的海洋（盐）工业游场所。

天津长芦汉沽盐业文化展览馆以汉沽盐场悠久历史为背景，共分为六个展区：包括千年芦盐——汉代至明代、玉沙璀璨——清代至民国、革新图强——中华人民共和国成立至改革前、砥砺奋进——改革开放至今、筑梦未来——产业规划与展望、盐歌海韵——企业文化。以汉沽盐场千年历史发展为主线，展馆对外公布长芦盐珍贵照片、珍贵的盐业生产实物，游客可通过文字、图片、音像、视频、实物和雕塑等多种形式，体会海盐生产工艺的沿革、变迁、改进和盐业文化的丰厚底蕴，了解盐业对天津和国家发展的贡献。

在盐业风情游览区，游客可领略浩如烟海的万顷盐池，欣赏巍峨如山的集盐坨。在观景台上可以看到结晶池、汉沽盐场古滩、七彩盐田等景观，参观机械采盐、扒盐、输盐、洗盐和双臂机堆盐等现代化工艺流程。

第三章
途中导游词案例

第一节 天津机场接站沿途导游

尊敬的各位游客朋友们，大家好！

非常欢迎大家来到我美丽的家乡——天津！

我是您本次旅行的导游，大家可以叫我××。

首先，请允许我代表××旅行社对大家的到来表示热烈的欢迎和衷心的感谢。从这一刻开始，我们将一起度过一段难忘的旅程。

在这几天的时间里，我将和大家一起探索天津的每一个角落，感受这里的城市风光，了解这里的历史文化。我会尽我所能为大家提供最好的服务，确保大家在旅行过程中能够拥有舒适和愉快的体验。

在接下来的旅程中，如果您有任何疑问或需求，请随时告诉我。无论是关于行程安排的问题，还是个人的特殊要求，我都将尽力为您解决。我们是一个团队，只有大家齐心协力，才能让这次旅行圆满完成。

同时，为了让大家有一个愉快的旅程，请大家注意以下几点：第一，注意安全，请大家遵守景区规定，注意个人安全；第二，团队合作，请大家按时集合，不要随意脱离队伍；第三，遵守《文明旅游公约》。希望在接下来的几天里，我们能够共同创造出美好的回忆。我相信，这次旅行不仅会是一次视觉上的享受，更会是一次心灵上的洗涤。让我们携手共进，开启一段精彩的旅程吧！

各位游客，您刚刚抵达的是天津滨海国际机场。它位于天津市东丽区，距市中心13千米，为4E级民用国际机场，是中国国际航空物流中心、国际定期航班机场、对外开放的国家一类航空口岸和中国主要的航空货运中心之一。1950年8月1日，中华人民共和国第一条民用航线在这里开通，天津机场同时担负起中华人民共和国专业飞行和技术人才培养的任务，被誉为"中华人民共和国民航的摇篮"。

天津滨海国际机场前身为天津张贵庄机场，始建于1939年11月。当时，日本侵略者为巩固其在华统治及发动太平洋战争的需要，选中了当时河北省天津县张贵庄东北、朱家庄以南的大洼修建军用机场，强行征地980万平方米，招募农民修建。1942年机场修建完工，当时设备极为简陋，最初为日本军用机场。时至今日，天津滨海国际机场历经了1951年、1959年、1977年、1989年、2011年五次扩建。现在的天津机场有T1、T2两个航站楼。T1航站楼位于跑道东侧，站坪总面积72万平方米，可满足年旅客吞吐量1000万人次的需求。T2航站楼位于T1航站楼的东侧，于2014年8月正式启用，总建筑面积24.8万平方米，年旅客吞吐能力为1500万人次。

天津滨海国际机场以"经津乐道"为服务品牌热情欢迎海内外游客。"经津乐道"的"经"，有经过、途经之意，体现出将天津机场建设成为"中国北方国际航空物流中心和大型门户枢纽机场"的美好愿景。"津"，既代表天津机场、更加代表天津这座城市所承载的深厚底蕴和人文内涵。"乐"，不仅折射出天津人幽默诙谐的特质、天津机场人乐己达人的情怀，更是天津机场热忱服务的不懈追求。"道"，承接了首都机场集团"天地之道，大国之门"的文化主旨。

未来天津滨海国际机场将牢牢抓住京津联动发展、京津冀协同发展带来的机遇，继续肩负起为首都机场分流、分忧，助力京津冀协同发展的重大责任。天津机场将进一步促进天津空铁联运、空陆联运向京冀地区的拓展延伸，提升天津空港交通枢纽功能和地位，为服务京津冀、完善大交通、实现大发展奠定了坚实的基础。

在天津滨海国际机场的东北侧是天津空港经济区。空港经济区规划面积42平方千米，是滨海新区距离市区最近的经济功能区。经过多年发展，在航空、电信、装备制造、软件服务外包、总部经济五大产业业已初步形成的基础上，正在着力打造"三区九组团"，包括高新产业区，内有航空产业、先进制造业、空港物流三个组团；研发转化区，内有电信、生物、光电三个组团；商贸服务区，内有商务、商业和生活配套三个组团。空港经济区内还设有保税区、综合保税区等国家级特殊经济区，区位和政策功能优势突出。完成固定资产投资450多亿元，200多个项目竣工投产，聚集了欧洲空客、美国卡特彼勒、加拿大铝业、麦格纳、法国阿尔斯通、泰雷兹、中国直升机、中兴通讯、大唐电信等世界500强和知名公司投资的项目，成为滨海新区重要经济功能区和重要的发展引擎。随着区域规划的实施，一个产业聚集、功能复合、生态宜居、充满活力的综合经济功能区和一座现代化新城将迅速崛起。

随着大巴车驶出机场，我向大家介绍一下我们现在所在的天津市东丽区。东丽区是天津市环城四区之一，地处津滨发展主轴，东接滨海新区核心区，西连中心城区，全区总面积477.34平方千米。这里区位交通优势明显，拥有航空、水路、铁路、城市轨道、公路，五维立体交通网。华北地区第二大国际航空港——天津滨海国际机场就坐落在东丽区中心地带；从这里出发仅30分钟即可到达中国最大的人工深水港、北方最大的港口——天津港；京津城际和京山、津秦、北环等多条铁路东西横穿东丽区全区，30分钟连接京津两地；轻轨9号线、地铁2号线、地铁6号线等七条城市轨道交通全面覆盖东丽辖域，实现轨道交通无缝衔接；公路方面津滨高速、京津塘高速、宁静高速、京津高速、津宁高速、津蓟高速等十余条公路干线贯穿全区，实现1小时通达京津冀。

介绍过东丽区的区位优势，我们再来说说东丽区的历史。早在春秋战国时期，现今东丽区境内已有人聚居生息，当时为燕国辖地；在张贵庄地区曾出土战国古墓。秦汉时，属于渔阳郡泉州县，建有漂榆邑城。北魏时，属于雍奴县。唐天宝元年（742年）改雍奴县为武清县。北宋时属辽，为析津府武清县。南宋时属金，由大兴府武清县管辖，境内属于辽国。元延祐三年（1316年），属海津镇。明永乐二年（1404年），属顺天府天津卫管辖。清雍正九年（1731年），军粮城、李庄、赤土村一带，属宁河县管辖，其余由天津县管辖。解放初期，归属宁河县管辖。1949年9月，分属天津县和宁河县管辖。1953年5月，划归天津市管辖，建立津东郊区。1955年5月，更名为东郊区。1958年10月，改称新立村人民公社并入河东区，由河东区管辖。1962年2月，由河东区划出，恢复东郊区建制。1992年3月，东郊区更名为东丽区。

在东丽区还坐落有占地总面积20万平方米，拥有30余项游乐设施和500余个主题景观的天津欢乐谷主题公园，以及天津观湖城堡温泉等旅游景区。

我们的车子现在行驶在卫国道上，这是一条连接天津中心城区、天津滨海国际机场和空港经济区的重要通道。在车窗的右手边是东丽区的华明街道。2016年起，华明街道引进了机器人自动化、智能安防、3D打印、轨道交通、先进能源、激光工程、无人驾驶汽车、芯片工程等科技领域的10余家国家级科研机构及工程中心；建有清华大学天津电子信息研究院创新研发中心、清华大学高端装备研究院能源研究中心、天津智能网联汽车产业研究院、北科大智能装备产业技术研究院、哈工大机器人集团天津机器人产业基地、南开大学国家新材料研究院产业中心、华中科技大学工业级3D打印中心等机构，成为东丽区发展高科技产业的重要组成部分。

现在说起天津这座城市，往往会提到大运河，提到明清时代漕运带给这座城市的发展动力。然而，天津绝不仅仅是一座"运河载来的城市"。即使"繁华热闹胜两江"，即使"路通七省舟车"，仅仅依靠朝廷规定的商品交易量，绝无可能让天津大码头由过去的漕粮转运地实现向现代商埠的演变，更绝无可能造就今天南北兼容、华洋杂处的天津。

长距离运输所跨越的不只是不同的地区、不同的族群和社会，乃至不同的历史时期。天津这个地方从登上历史舞台那一天起，就始终与更先进的运输方式、更广阔的贸易网络有关。在近代轮船、铁路兴起之前，这个距离北京最近的河海交汇之地，一直是南方到北方的漕粮转运枢纽，是南方到北方的海运终点，但这样的优势依然不足以让天津成为今日之天津。

那么，天津这座城市的历史拐点在哪里？

1860年10月24日，清政府与英、法两国分别签订了《北京条约》，天津被迫辟为通商口岸。从此天津成为外国列强在中国倾销商品、掠夺原料、输出资本的重要基地，自此天津以它独特的方式登上了国际舞台。

从天津开埠开始，这个城市始终充满了两种力量的冲突与交融。天津是一座独立的城市，这里也是北京与世界之间的一个纽带，就像历史上的界河一样，这里的港口、河道、租界、码头以及火车两端的城市，成了中国与西方世界之间的海岸、码头与桥梁。在这个混杂的世界里，同样穿插着不同的异质世界：在老城，这里表面依然保持着几百年的样子；在租界，传统的洼地正在成为海天富艳的地方；而在距离老城和租界更远的地方，无论是李鸿章在东局子的超级军工厂，还是袁世凯在小站的练兵园，甚至后来袁世凯在总督府附近开创的河北新区，这些地方都在以急迫、焦虑的心态开始疯狂追赶。

现在大家的右手边看到的是中国人民解放军陆军军事交通学院，学院所在的位置就是洋务运动时期天津机器制造局东局和北洋水师学堂旧址。

天津机器制造局是三口通商大臣崇厚于1867年在天津创办的，是由清政府直接控制的兵工厂。天津机器局包括东西两局，东局在天津城东贾家沽，就是大家刚刚看到的交通学院的位置，主要生产火药、子弹，兼造步枪和水雷；西局在天津城南海光寺，制造开花弹、炮车和军用器具。同时，还建有司艺厂、电机学堂、水雷学堂和电报学堂等，培养各种新式人才的教育机构。天津机器局是洋务运动最早兴办的四大近代军用工业之一，它的建立对天津近代化进程的影响极大。首先，天津机器制造局是天津第一家使用机器生产的近代工业。天津第一家外国资本近代企业是1874年兴办的大沽驳船公司，第一家民族资本近代企业是1878年兴办的天津贻来牟机器磨坊，都比它晚。因此，天津机器局首先从西方引进机器设备，聘用外国技术人员，把近代先进科学技术带进了天津，这就打破了中国几千年封建社会闭关自守的保守状态，为天津近代化开了风气之先。其次，天津机器局生产规模相当庞大，门类齐全，技术水平较高，因而在生产过程中培养和训练了一批本国技术员工，成为北方第一代近代产业工人的骨干，对天津近代工业的发展，具有深远的影响。最后，天津机器局规模宏大，建成之后，如同在天津传统城市之外，又出现了一座新城。《天津机器局》描绘当年东局盛况时说："巨栋层楼，广场列厅，迤丽相属，参错相望。东则帆樯沓来，水栅启闭；西则轮车转运，铁辙纵横，城堞炮台之制，井渠屋舍之观，与天津郡城遥相对峙，隐然海疆一重镇焉。"这就大大扩展了天津城市的疆界和规模。

在天津机器东局旁边是中国北方第一所海军学校——北洋水师学堂。北洋水师学堂是1880年8月19日经直隶总督兼北洋大臣李鸿章奏请朝廷，于1881年8月正式落成的。在此毕业的学生很多成为北洋海军的骨干，不少人在甲午海战中为国捐躯，有的成为后世名人，如近现代作家冰心之父谢葆璋、民国总统黎元洪，以及人们熟知的著名爱国教育家、南开大学创始人张伯苓先生，当年都曾就读于北洋水师学堂。

天津机器局和北洋水师学堂都毁于1900年中国军民抗击八国联军的天津保卫战中。而今在这两处旧址上建立起来的军事交通学院，在让我们在追忆那段救亡图存的历史同时见证了祖国的强大，任人欺凌宰割的日子一去不复返。

随着大巴车的行驶，我们已经进入了天津市内六区之一的河北区，它因地处海河之北而得名。其实大家都不知道，天津的河北区是中国历史上的第一个"新区"。

1901年后，天津城市空间结构发生了巨大重组。都统衙门拆除天津城墙之后，开辟为东、西、南、北四条马路，旧城的中心地位开始瓦解，海河东岸，奥匈帝国租界、意大利租界、俄国租界、比利时租界先后开辟；海河西岸，原有的英、法、日、德四国租界迅速扩张。在这个急剧动荡的历史时期，天津城市却因战后重建进入了一个异乎寻常的快速上升时期，并一跃成为直隶省的新行政中心及首都的副中心城市，在洋务、警察、海军、自治、实业、新学等多方面在全国起到了示范性的作用。

鉴于当时天津旧城及海河两岸均无足够城市发展空间，袁世凯选中了河北窑洼一带，决定开辟一个既不同于"上边"传统老城、又不同于"下边"各国租界的河北新区。位于三岔河口北岸的河北一带，扼河道、陆路北上南下和海运的要冲，加之此前李鸿章已在河北打下一定基础，这里成为上京下卫、控制河海的最佳选择。

河北新区开创了中国式造城的"北洋模式"，仿照各国租界工部局成立工程总局，负责道路河流、桥梁码头、房屋土地、电灯路灯、街道树木等建设事项。为了促进新市区的繁荣，袁世凯下令在街道两侧建造商店和房屋，并将许多政府机关迁至新市区，鼓励在新区广设学校与工厂。

短短数年时间，昔日的东西窑洼完全变了模样。很多新政机构，如直求学务公所、劝业公所、谘议局、审判庭、造币厂、劝工陈列所以及博物馆、植物园、公园等近代文化设施都在短期内建成，河北新区一下子成为天津及直隶的政治、经济和教育中心，被誉为"天津新世界"。河北新区的开辟，也使得天津城市空间形成旧城区、租界区及河北新区三大板块，成为近代天津第三个城市历史空间。

这是一个既不同于列强租界，又不同于传统中国城市的城市体系。河北新区的规划建设，并不是简单地效仿租界和日本，而是基于国情及河北的历史地理环境进行的造城尝试，对此后南通、广州、苏州等中国近代城市的发展产生了深远影响。

现在的河北区不仅包括以前的河北新区，同时还包括了以前的意大利租界、奥匈帝国租界和俄国租界。

1900年八国联军侵华之际，意大利军队占领了海河东岸近47万平方米的盐坨地。经过交涉，在1902年6月7日，意大利政府与清政府签订了《天津意国租界章程合同》，由意大利海军陆战队中尉费洛悌负责整个意大利租界的开发。

意大利把租界作为"现代化的实验室"，其标志性的事件就是1914年在意大利租界铺设了天津第一条沥青马路。意大利租界当局与美孚石油公司签订协议，在大马路一带进行沥青实验。在此之后，各国租界才开始推广沥青路面，取代开埠初期铺设的碎石子路面。意大利租界的社区功能非常齐全，租界内以花园洋房为主，兼有领事馆、兵营、学校、医院、教堂和球场等公共设施，具有鲜明的意大利风格。

从诞生之日起，意大利租界就是一个住宅区，而且是高档住宅区，曾经被誉为"贵族租界"。意大利租界面积只有不到47万平方米，但紧邻海河、背靠火车站，交通条件比较优越，加上规划合理、环境清幽，所以意大利租界是与世无争的避世天堂。

2000年起，市政府对原天津意大利租界进行了保护性开发，名字叫作"天津意式风情区"。现今意式风情区保存下来的原汁原味有百年历史的欧洲建筑将近200余栋，这里有梁启超、曹禺、张廷谔、曹锟、曾国藩家族等多处中国的名人故居，更留下了民族英雄蔡锷将军的足迹；蔡锷将军与梁启超先生曾在这里商讨讨伐袁世凯的护国大计，许多大家耳熟能详的影视剧，如《建国大业》《风声》《辛亥革命1911》《梅兰芳》等都是在天津河北区的意式风情区拍摄。意式风情区的整体业态主要包括餐饮娱乐、商务办公、特色酒店、文化旅游、精品零售五大板块，现在这里已经成为全国各地游客来天津必到的夜间文化和旅游消费集聚区。

在天津意式风情区的北边还坐落着曾经的天津奥匈帝国租界，这是奥匈帝国在中国唯一的租界。

1900年八国联军占领天津时，德国军队占领了天津城东海河东浮桥对岸的一片市区，当这支部队调防北京时，改由奥国帝国军队驻守。当沙皇俄国、意大利、比利时陆续在天津开辟租界后，奥匈帝国也要求援例设立专管租界。1902年12月27日，奥匈帝国驻天津署理领事贝瑙尔与天津海关道唐绍仪订立了《天津奥国租界章程合同》，天津奥匈帝国租界正式开辟，面积68.67万平方米，是天津九国租界中最北面的一个。

奥匈帝国租界地处海河岸边，闲时可以欣赏海河的旖旎风光，别有一番情趣，颇具寓公风雅。且又与繁华的和平、南开商业区隔河相望，自然成为一部分军阀政客的首选之地。在清末民初的动荡时期，不少失意下野的中国政界人物选择入居濒临海河、邻近繁华商业区的奥匈帝国租界，以求安全。最早在奥匈帝国租界添置房产的是曾任民国大总统的冯国璋。他1913年任直隶总督时，就将工部局工程师布吕纳建造的三所楼房纳入名下。1917年7月30日，冯国璋的眷属和男女仆夫百余人为躲避张勋复辟所带来的动荡住进奥匈帝国租界。其后，吉林督军鲍贵卿、湖北督军王占元、国务总理王士珍、财政总长龚心湛、大总统曹锟等人，卸职后都曾在奥匈帝国租界建房居住。这些寓公进入租界带来了大量财富，推动了租界的建设和发展。

与奥匈帝国租界和意大利租界同处海河东岸的俄国租界内坐落着咱们全国较早的火车站——天津的老龙头火车站。

清光绪年间，在当时轰轰烈烈的"洋务运动"中，清政府在唐山市大城山南侧的乔屯镇开办了开平矿务局。为了把煤炭运往最近的北塘海口装船运出，解决煤炭运销问题，开平矿务局于1881年6月9日，动工修建了胥各庄至唐山之间的一小段铁路——唐胥铁路。这段全长仅9.67千米、但它采用了国际通用标准轨距，成为中国铁路建筑史的开端。唐胥铁路建成伊始，清政府以机车行驶震及皇帝陵园为由，只准许以骡、马曳引车辆，次年（1882

年）改用机车牵引。这条铁路有利于当时开平煤矿的煤运输。1887年唐胥铁路延修至芦台，1888年展筑至天津，全长130千米，命名为"津唐铁路"。

1886年，随着原唐胥铁路延展至天津，天津站始建。1888年，车站正式通车运营，初站址建于"旺道庄"。1892年，车站移至海河畔"老龙头"处，故随地名称为"老龙头火车站"。中华人民共和国成立后，老龙头火车站更名为"天津站"。

随着车子的前行，我们来到了天津市的和平区，现在我们所处的区域在天津人的口中叫作"小白楼"。

1860年天津开埠后，帝国主义国家争先来天津强辟租界。最初英、法、美在天津设立租界时，小白楼一带曾为美国租界，总面积约8.7万平方米，近百年来不断发展，逐渐繁荣，成为人们所熟悉的小白楼地区。小白楼地名的由来，是因为原来在这里有一个外墙涂为白色的二层酒吧，当时这一地区尚无正式地名，当地居民便以这一独特白色小楼为标志，约定俗成地称这一地区为小白楼。

1902年美、英私相授受，将美租界并入英租界，但原英租界当局实际上并未真正管理起来，因此发展较慢，行政管理上也不像原英租界那样严格。1901年，英商先农房产公司成立，开始在小白楼一带建房，首先建设了整个先农里，第一次世界大战后又购置了徐州道南面10所同样的小楼房；20世纪20年代初买下了太古洋行买办郑翼之兴建的小营市场，并将先农里东面今大沽路上及今开封道南面的一片平房翻盖为钢筋水泥的铺面和三四层楼房。发展到20世纪20年代中期，在今开封道西口建起五座比较豪华的公寓楼，只供外国人居住。先农房产公司在小白楼一带不断建房，而且面积大，地处冲要，并把面向马路的房屋翻盖成新款式的商店门面，这种格局在客观上为这一地区的繁荣提供了条件。随着英、法租界的发展，加之小白楼地区东傍海河，有太古、怡和等洋行和招商局的航运码头，又毗邻金融、贸易中心的英租界中街，久而久之这一地区自然形成了以外国人及官僚、买办、下野政客军阀为服务对象的销金窟。这里饭店、酒吧、舞厅林立，更有理发、美容、西服裁剪等行业，还有专门经营进口化妆品、服装、鞋帽及洋酒罐头、西点、糖果的商店，均以其高档、时髦而著称。小白楼正是在这样一种背景下，逐步发展繁荣起来。

在小白楼地区最有名气的当数天津的起士林西餐厅。起士林是天津乃至中国最早的西餐厅，它与上海雅克红房子西餐厅、北京马克西姆餐厅、哈尔滨华梅西餐厅并称为"中国四大西餐厅"。

1900年，八国联军攻占天津，随后，各国士兵分头驻扎在天津各处，在都统衙门和各国司令官的指挥下，承担起天津的防务。在德国兵营的伙房中，心灵手巧的二等兵阿尔伯特·起士林做出的饭菜美味可口，深得官兵喜爱，兵营上上下下都知道他的能耐和来历：参军前，阿尔伯特·起士林是德皇威廉二世的御用厨师，据说1896年李鸿章访问德国时，起士林亲手为他做过西餐。不过，起士林的名字为天津人所知还与袁世凯有很大关系。

袁世凯督直后，为了与各国驻津外交官搞好关系，经常在天津举行酒会。中餐吃过几轮后，袁世凯想到了请洋人吃西餐，于是阿尔伯特·起士林应袁世凯的邀请出山。这次阿尔伯特·起士林可是动了一番脑筋。他在各国菜系中精选了法、德、俄等国的几个拿手菜，冷菜、热菜互相补充口味，又精心调配了开胃的红菜汤，把袁世凯和各位政要吃得那叫一个"美"。兴致上来，袁世凯想见一见为他做菜的洋厨师，一来表示对他菜品的满意，二来让在座的洋人看一看袁总督待人接物的礼数。

阿尔伯特·起士林不愧为御用厨师，不但菜品做得好，而且礼仪掌握得很有分寸，再加上他在中国这几年学得比较流利的汉语，让袁世凯非常高兴，于是袁世凯让人拿出100两银子赏给他。受宠若惊的阿尔伯特没有顾上自己还穿着厨师的衣服，双脚一碰，抬手向袁世凯行了一个军礼表示感谢，标准的军姿和不和谐的服装形成了十分滑稽的反差，逗得在场人捧腹大笑。转天，这件事就在天津城流传开，一时间，对于起士林做饭的技术越传越神，许多天津有钱人都恨不得也亲口尝尝西餐是个什么滋味。

1901年9月17日，法租界中街也就是今天津解放北路与哈尔滨道交口附近，一间约有100平方米的西式餐厅正式开张纳客。一阵鞭炮声过后，许多绅士在老板的陪同下，走进了门口贴有"开业大吉"的这间餐厅，"起士林西餐馆"几个大字牌匾，在繁华的法租界中街格外显眼。经营这间餐馆的老板不是别人，正是前面提到的阿尔伯特·起士林，也正是从这一天起，西餐走进了天津的餐饮世界。

起士林不是在兵营中当兵吗？什么时候退伍开餐馆了呢？原来，自从得到100两的赏钱后，起士林就动了在中国开餐馆的想法，而且这个念头一直没断。后来，阿尔伯特·起士林请袁克定说情从军队退伍，来到袁克定家担任私人厨师。几个月后，阿尔伯特·起士林的妻子菲蒂从德国来天津探亲，让他又一次萌发了开餐馆的想法。后来，在德国人汉那根和天津买办高星桥两人的出资帮助下，阿尔伯特在当时的法租界经营起了天津历史上第一家西餐厅。

"起士林"开业后，除了供应德式、法式大菜，还自制精美的糖果和面包。阿尔伯特掌灶，妻子做招待，并且雇了一位德国人罗里斯当助手，前期的起士林西餐馆主要靠这三个人经营。

"起士林"的出现为住在天津的外国人增添了一个好去处，地道的手艺加上"顾客至上"的经营理念，很快就在天津享有了很高的知名度。每天的就餐时刻，小餐厅里往往连一个空座位都找不到，起士林更将自己的拿手菜——黄油焖乳鸽、德式牛扒、罐焖牛肉、红菜汤……——奉献给各位食客。此外，起士林制作面包和蛋糕的技术更得到了发挥，经过高星桥的介绍，起士林承包了津浦铁路线的面包供应。随着铁路线的延伸，起士林的名声也传遍了中国各地。

起士林餐厅最早不是在法租界吗？那为什么现在却出现在了小白楼呢？这还得从天津的另一家西餐厅维克多利咖啡厅讲起。

维克多利原名义顺和糖果糕点店，1931年在天津开业，主营俄式大菜兼营糖果西点。天津的犹太社区就在小白楼地区，义顺和的老板也是犹太人，名叫普列西。普列西看中了小白楼这么一个非常有商业繁荣前景的地区，他落户在这里。1937～1938年日本人占领了天津以后，很多有钱人不愿意为了到起士林吃一顿西餐还要被日本人搜身，所以大家就把就餐地点换成了犹太老板普列西的餐厅，所以维克多利西餐厅的生意就变得红火起来了。

义顺和买卖兴隆，急于发展业务、扩建店面。普列西便与合伙人商议，决定在小白楼建造一幢七层大厦。1938年大楼动土开工，当地基建到1米左右时一场洪灾打乱了普列西的计划。1939年天津经历了一场持续了70天的洪水，洪灾过后普列西请工程人员鉴定被迫停工的大楼。经过科学的计算，普列西被告知，根据现有的情况，大楼只能建四层，如果想要建到七层就必须加深加固地基，这样一来普列西就会增加更多的投入，所以他就决定改为四层。

1940年6月7日，小白楼克森士道街角一幢四层高，呈英文字母V形的建筑拔地而起竣工开业。大楼顶层正面的外墙上用霓虹灯打出一个硕大的英文单词"Victoria"。在与起士林的竞争中发展起来的义顺和将新大楼命名为"维克多利"，意为胜利。竣工以后这座大厦可以说在天津的西餐业就是顶流的存在了。它的一层是舞厅，采用通透式设计，冷饮、冷食、面包、糕点都有，上面是俄式大餐，三四层是酒店式公寓。它的公寓开得非常及时，恰逢大批的欧洲犹太难民涌入天津小白楼地区，有钱的特别是刚到天津的犹太人就会在酒店式公寓里租住。普列西特别精明，公寓里不设厨房，房客用餐只能到楼下的餐厅。他的经营思路非常适应当时市场的需求，所以它很快就发展起来了。

　　近代以来，天津城市的多元与包容使起士林与维克多利在竞争中各展所长，引领着天津西餐文化潮流，也潜移默化地开启了东西方舌尖上美味的交流与融合。西餐将咖啡的香气，蛋糕糖果的甜蜜带入天津人的生活。1954年，维格多利与起士林合并，店名沿用起士林字号，餐厅位置选在了原来的维克多利大楼，并一直营业至今，成为天津饮食文化的一张名片。

　　与小白楼这个民国时期天津繁华的商业中心毗邻的是天津租界的代表——五大道。天津五大道历史建筑群，2013年5月成为第七批全国重点文物保护单位，随着2014年在中央电视台记录频道播出的《五大道》纪录片，更是让天津五大道闻名中外，一时间游客云集，让我们真正见识了近代天津的厚重历史和五大道所具有的丰富内涵。那么，五大道究竟包括哪些区域？有着怎样的前世今生？它所具有的西洋风又是一种怎样迷人的景象呢？

　　天津作为晚近发展起来的城市，自近代开埠以后，先后出现了九国租界，其中又以英法美租界开设最早。这些租界划定于1860年第二次鸦片战争之后。此时，英租界只有海河边到大沽路这一狭长地带。1897年英租界将其界址扩展到墙子河北岸，1902年又将并未实际开发的美租界并入。庚子国变后，俄、意、比、奥相继开设租界，英、法、德、日租界也进行了再次扩张。英租界于1903年越过墙子河向南扩展，将墙子河以南的大片地区全都纳入英租界，被称为"英租界墙外推广界"。按照现在的区域划分，这一带即为南京路、马场道、西康路、营口道合围的区域，今五大道即在其范围之内。

英租界最初是按照英租界殖民地城市的模式进行建设和管理的，其《天津土地章程和通行章程》是不允许华人在租界内租地、盖房或居住的。但是后来随着"推广界"的划定，租界规模大为增加，开始允许上层华人在这一地区投资建房并居住。但是，英租界当局相继制定了很多租界规划和管理的法规，要求租界内的建筑必须达到一定的美观标准，不得有损邻居的既得利益或妨碍邻居的舒适和安逸。

这样的规划方案，实际上是要将推广界建设成为一个现代高级住宅区。租界当局又配以完善的公共设施建设，这里不但有学校、医院、花园，还有体育场、游泳池、墓地。绿化植被都非常好，道路林荫，环境优雅，街区道路也是20～40米的宽度。室内一般都配有抽水马桶、暖气锅炉、浴缸电气、垃圾处理和消防设施，形成了非常适合人居住和生活的空间与环境。

优雅的人文环境、先进的配套设施，吸引着租界内外的上层人士前来。居住在租界旧街区的社会上层人士纷纷迁入此地居住，上层华人如清朝遗老遗少、北洋军政界要人、洋行买办、实业家等更是趋之若鹜，他们一方面为躲避战乱，另一方面为了享受现代化的社会生活，纷纷来此投资建房。由此，一幢幢不同风格的高级住宅及其公园拔地而起，一个现代化的高级住宅区逐渐形成。至今，五大道地区还留存有300多处名人居住过的房屋，现存历史建筑超过1000幢，向人们讲述这里曾经的风云变幻与沧桑历史。

五大道地区严格的规划章程和要求，使这里的建筑不但充满异国风情，风格也是多样。负责设计建设的设计师也紧跟当时世界的建筑潮流，将各类建筑风格和模式在五大道地区进行试验和展览。因此，也有人将五大道的建筑称为"现代风格建筑的实验田"。在这里，你可以看到英国乡村风格、西班牙风格、法国风格的建筑，也能看到折中主义风格的建筑，甚至还有很多中西结合、风格杂糅的建筑。既有独栋别墅，也有联排式、双拼式的别墅类型，譬如民园西里、先农大院、安乐村等。公寓式大楼在当时也是一种时尚，如民园大楼、香港大楼、茂根大楼等都是这类建筑的代表。意大利建筑师鲍乃弟使用一种特有的烧成瘤状的过火砖作为墙面的装饰，设计了疙瘩楼，代表建筑有河北路上著名京剧表演艺术家马连良的旧居。

五大道，所拥有的不只是充满异域风情的建筑，更多的是代表着一种西方文明所带来的社会生活模式。近代文明和西式生活清末民初渐入津门。我们之所以说五大道充满浓浓的西洋风，不仅是侨民自身的社会生活，租界内居住的很多中国人，也开始亲近近代文明，享受西式生活所带来的便利，并由此带动整个天津社会风尚的变化。

可以说，五大道不只是租界地，还是西风东来的中转站。西洋之风在这里生根发芽，并逐渐扩散开来，进而扩散到整个天津，成为引领时代潮流之地。转瞬间，五大道也将要走过百年历史。百年沧桑，很多人和事都发生了天翻地覆的变化，但是五大道却依然屹立在我们眼前，诉说着它的前尘往事与沧桑历史。在这里，我们既可以欣赏建筑之美、艺术之美，也可以感受一段充满屈辱与沧桑的近代史。

随着大巴车右转，我们便进入被誉为"东方华尔街"的解放路金融一条街了。这是一条不算宽阔的马路，沿路的法国梧桐树枝叶茂密，绿荫遮盖着路面。两旁一幢幢建筑物造型独特，哥特式、罗马式、罗曼式、日耳曼式、俄罗斯古典式等中古时期的西洋建筑，让您领略到异国的风采与情趣。走在其中，各种名目的银行、信用社、信贷社、证券交易所、信托公司、投资公司、保险公司、金银首饰店等鳞次栉比，让您眼花缭乱、目不暇接。您不得不相信，解放北路是东方的"华尔街"，是最富有的街道。

不知不觉，我们就到达了您即将下榻的酒店——天津利顺德大饭店。

1863年春天，在天津传教近两年的英国牧师约翰·殷森德在天津英租界内靠近海河的位置买了4000平方米地，建造了瓦楞铁顶的英式平房作为货栈、旅馆和饭店之用，人们俗称"泥屋"，这就是利顺德大饭店最初的模样。"利顺德"三个字出自《孟子》的"利顺以德"。

1886年，殷森德集资将饭店改建成为主建筑三层、转角为五层的塔楼，原有的建筑面积扩到6200平方米，成为当时天津市最高的建筑物。建筑风格体现着强烈的英国气息，尤其转角处的方形塔楼最有代表性，灵感来源于中世纪的英国城堡。

从1863年至19世纪末，天津利顺德大饭店一直是天津所有外交活动的场所，英国领事馆的大多数会议都在这里举行，而美国则是第一个把领事馆设在利顺德的国家，许多政要名流都曾寓居于此或在此下榻，孙中山、李鸿章、梁启超、周恩来等这些在中国历史上举足轻重的人物都在这里留下为人津津乐道的故事。

  1860年英法联军在中国发动了第二次鸦片战争，打开了天津这个通向北京的门户，清政府被迫把天津开辟为对外通商口岸，此后天津又相继出现了九国租界。1870年后的20多年间，李鸿章作为直隶总督兼北洋大臣稳坐天津，因此天津成为当时中国最重要的政治、经济、外交和文化中心。

  利顺德地处英租界，因为租界地享受着治外法权，所以在相当一个时期那些下野失意的政客军阀以及前清的遗老遗少，落魄之后到天津当起了寓公，天津也就出现了一个寓公阶层，这些人也就成为利顺德的常客。正是在各种原因之下，利顺德成为中外宾客云集之地。

  160多年的历史，横跨了3个世纪，如今帝王的故事已成过往，只留下一座英伦之风的建筑带着人们在时光里来回穿越。而您可以走进孙中山曾居住的总统套房，凭窗远眺，遥想当年海河两岸的风云变幻；或者走进美国第三十一届总统胡佛曾居住长达五年的房间，品读当年那位外国年轻人的梦想与追求；或者走进酒店的博物馆，这一切让这个建筑更显深沉厚重，也更丰满动人。

  我们很快就要到达停车场，请各位贵宾带好贵重物品和行李，待我们的大巴车停稳后再有秩序地依次下车，跟随入住利顺德大饭店。谢谢！

第二节　天津西站接站沿途导游

  尊敬的各位游客朋友们，大家好！

  我是你们此行的导游，非常荣幸能在这里与大家相遇。我代表我们旅行社以及美丽的天津，对各位的到来表示最热烈的欢迎！

  天津，这座拥有悠久历史的城市，不仅是中国北方的重要港口城市，也是近代中国历史上的重要舞台之一。这里既有充满历史韵味的老街区，也有现代化的都市景观；既有令人垂涎的美食，也有独特的民俗文化。在接下来的日子里，我们将一起探索这座城市的故事、品尝地道的天津小吃、游览天津著名的景点。希望在这短暂的相聚时光里，我们能够共同创造出美好的回忆。如果在旅途中遇到任何问题或有任何需求，请随时告诉我，我会尽我所能帮助大家解决问题。

最后，预祝我们此次天津之旅愉快顺利，希望大家都能满载而归。让我们一起享受这次旅程吧！谢谢大家！

您刚刚抵达的是天津西站，它是京沪高铁五大始发站之一，而且是唯一一个不在京沪高铁正线上的始发站。您刚才看到的车站站房是天津西站的新站房，它是在2011年改扩建完成后投入使用的。虽然新西站仅仅使用了十几年，但是天津西站的历史却是非常悠久的。

1908年，一条从天津通往江苏浦口的铁路，也就是津浦铁路在清政府的推动下动工。这条铁路的修建见证了鸦片战争后西方势力对中国铁路修筑权和管理权的掠夺。

津浦铁路的前身是津镇铁路，也就是天津到镇江的铁路。这条铁路的修建缘起于津卢铁路也就是天津到卢沟桥铁路的修建。津卢铁路通车以后给沿途的百姓和商人带来了非常大的便利，于是清政府决定在19世纪末沿着运河再修建一条津镇铁路。

铁路筹建之初，英德两国照会清政府，要求共同承建津镇铁路，而铁路沿线所经直、鲁、苏三省绅商纷纷要求自行筹款修铁路。英德迫于压力不得不在合同上做出些许让步。此时，由上海至南京的沪宁铁路通车在即，为了与沪宁铁路连接，津镇铁路改为津浦铁路，终点站选在南京对岸的浦口。

1908年1月，中、英、德三方签订借款合同，清政府向英德两国借款500万英镑，工程分南北两段进行，德国负责修建包括山东、河北、天津在内的北段部分。

虽然我们是贷款，也签订合同有利息，但是中方是成立自己的督办机构，设铁路督办大臣，然后聘请外方的技术人员。中方做主，中方获得收益，用收益还贷款，从而保证了中方的主权和路权不受外国控制。

1909年8月，津浦铁路天津总站终于开工建设。站房由德国建筑师设计，建筑材料由海外运送而来。这个建筑具有非常典型的德国乡村建筑风格，这种风格主要体现在屋顶的部分，从建筑学上来讲叫复折式屋面，也就是它折了两次。屋顶的瓦片是用陶质的红色牛舌瓦。接近檐口的部分它有一点点凹曲线的效果，这种处理也是为了加快排水排雪。主站楼的后面有一个弧形的区域，这个区域是当年的候车室，当时的乘客坐火车从站房的正面上了弧形楼梯进站之后就可以走出候车室登车，就不需要再下坡了。

津浦铁路1910年与京奉铁路接轨。1912年全线通车。把北京、天津、济南、徐州、南京等城市联系起来，沟通了海河、黄河、淮河、长江流域，是继京汉铁路之后又一条南北交通干线。

2009年9月，因京沪高铁新天津西站的建设需要，这座老站房以"滑动摩擦平移"的方式自原位向南迁移135米又向东迁移了40米。

这个平移工作在天津还是第一次。它有一个技术难点就是建筑内有一个两层高，非常空旷的大候车室，在候车室的旁边是比较密集的办公室，加之建筑是砖木结构，所以在移动的时候一个空旷的房子和一个非常密实的房子它们的加速度是不一样的，那么很有可能在平移一启动的时候造成房屋的变形开裂损坏。为了解决这个问题我们预先做了一个处理就是在候车室里加了很多钢质脚手架，将整个候车室撑满，使建筑的整体性得到了保障不至于变形，这是在普通平移基础上额外的难度。

平移后的西站老站房作为文物保护单位永久保留。2011年改造后的天津西站正式投入使用，它依然是中国南北干线的交通枢纽。一新一老两座车站遥相呼应，共同成为天津新的城市地标。

我们现在所处的区域是天津市的红桥区，它位于天津中心城区的西北部，因界内子牙河上的大红桥而得名，唯一兼具南运河、北运河城区运河典型段落的遗产核心区，历史文化名区，天津城市发祥地、天津近代商业发祥地、华北机械铸造工业发祥地、近代教育的发祥地。

现在车行的左手边是华北机械铸造工业发祥地天津的三条石地区。三条石地区指的是由南、北运河以及河北大街构成的三角地带，占地面积近49万平方米，因其水、陆交通便利，成为天津乃至华北地区机器工业的重要基地。

1860年，当时秦记铁铺在这里创立，成为该地区第一家铸铁作坊，拉开了三条石地区民族铸铁业兴起的序幕。随着时间推移，越来越多的铁匠铺和手工作坊在这里聚集，形成了初步的工业基础。到了19世纪末20世纪初，三条石地区的铸铁业开始蓬勃发展，吸引了来自河北交河、献县等地的手艺农民，他们在农闲时带上工具来到这里，为船家修理船具，生产铁器，推动了当地工业的发展。

20世纪初，三条石地区不仅有了铸铁作坊，还出现了机器厂，标志着该地区从手工业向近代机器工业的转变。1904年，永茂公铸铁厂和郭天成机器厂等著名工厂在这里设立，使三条石成为华北地区机器铸铁业的中心。到了20世纪20~30年代，三条石地区进入了兴盛阶段，这里密布了80多家工厂，生产榨油机、印刷机、打包机等多种机械产品，成为天津机械工业中极重要的部分。

中华人民共和国成立后，三条石地区的工业得到了进一步的发展。1959年，三条石历史博物馆在这里建立，成为全国第一家以工业为题材的专业性博物馆，周恩来总理亲自题写了馆名，展示了三条石地区铸铁机器制造业的形成和发展历程。博物馆内有两个主要陈列：三条石机器铸铁业变迁史陈列和福聚兴机器厂旧址复原陈列，通过珍贵的文献和实物，生动形象地介绍了三条石地区铁工业的兴起、发展和变迁。

如今的三条石地区不仅是天津工业历史的见证地，也是重要的旅游景点。三条石历史博物馆通过丰富的展品和生动的展示，让人们了解这段历史，感受工业之美。此外，三条石街道作为天津市红桥区下辖的一个街道，依然保留着部分历史遗迹和工业遗产，成为解天津近代工业发展的重要窗口。

沿着三条石大街向东大家看到是天津的地标建筑"天津之眼"摩天轮。不同于其他摩天轮建造在地面上，天津之眼独树一帜地设计在永乐桥之上，成为世界上唯一建于桥上的摩天轮。它的存在不仅是一种技术上的创新，更是城市规划与艺术美感的完美结合。当人们乘坐在这缓缓转动的车厢内，随着高度的逐渐升高，可以将整个天津的繁华景象尽收眼底——东侧是现代化的高楼大厦，西侧则是历史悠久的老城区，南边是繁忙的商业街，北面则是宁静的居民区。

夜晚的"天津之眼"更是别有一番风味。灯光秀为这座城市的夜晚增添了几分神秘色彩。每一个座舱都像是一个小小的观景台，让游客们能够在空中漫步的同时，感受到天津这座城市的历史与现代交织的独特韵味。从高空俯视下去，海河像一条银色的丝带，穿梭在灯火辉煌的城市之中，而两岸的建筑群则像是守护者一般，静静守候着这片土地。

"天津之眼"不仅是一个观光点，它更像是这座城市的眼睛，见证着天津的成长与发展，也记录下了每一位游客在这里留下的美好记忆。无论是白

- 197 -

天还是黑夜，这里都是探索天津魅力的最佳起点。

随着我们看过天津之眼，我们很快就会到达天津市的老城区。下面我就向大家正式介绍一下我美丽的家乡——天津。

天津简称津，也称津沽、津门，是中华人民共和国直辖市、国家中心城市、首批沿海开放城市、全国先进制造研发基地、北方国际航运核心区、金融创新运营示范区、改革开放先行区。

天津所在地域原为海洋，4000多年前，在黄河泥沙作用下慢慢露出海底，形成冲积平原。古黄河曾三次改道，在天津附近入海，3000年前在宁河区附近入海，西汉时期在黄骅县附近入海，北宋时在天津南郊入海。金代时黄河南移，夺淮入海，天津海岸线由此固定下来。由于冲积平原地势低洼平坦，所以每次海水涨潮都会浸没大片土地使得天津的土地盐碱含量很高，不适宜农作物的生长，所以天津地区虽然在商周时期就有人类居住，但是作为城市形成较晚。到了隋朝伴随着京杭大运河的开通，南运河和北运河在今天的三岔河口一带（史称三会海口）交汇，天津的地位才日渐重要。而三岔河口也成为天津最早的发祥地。唐朝中叶以后，天津逐渐成为南方粮、绸北运的水陆码头。金代在南北运河与海河交汇的三岔河口一带设直沽寨，这便是天津最早的建置。元延祐三年（1316年）改直沽为海津镇，是军事重镇和漕粮转运中心。

讲到这里大家会问了，你们天津到底是何时建城的呢？为什么叫作天津呢？天津卫这个名称又是从何讲起呢？接下来，我就给大家详细地讲讲天津城市和名字的由来。

故事的主人公就是那个建紫禁城、修《永乐大典》、派郑和下西洋的明成祖朱棣。在明洪武三年（1370年），朱棣被册封为燕王，洪武十三年（1380年）就藩北平。就任后的朱棣很快就扫除了明朝北方边境的大部分隐患，深得朱元璋的倚重。虽说朱棣深得明太祖的信任，但他并不是朱元璋心中的继位人选。朱元璋死后，皇太孙朱允炆遵太祖遗诏继承大统，史称建文帝。朱允炆登基后对这些大权在握的皇叔们颇为忌惮，为了巩固政权，他与朝臣们秘密谋划，准备实行削藩。在五位亲王被废之后，实力最强的燕王已然成为众藩王之首，而朱允炆与朱棣之间的博弈也逐渐激化。终于在建文元年（1399年）七月，朱棣起兵反抗，随后挥师南下。朱棣起兵南下到达了天津的三岔河口，从这里渡河乘舟，走水路抵达沧州，一路南下打进南京城，夺取了皇位，遂即改年号为永乐。永乐二年十一月二十一日（1404年12月23日）将海津镇改名为"天津"，为天子经过的渡口之意。这就是天津名字的由来。名字是有了，那城市又是怎么建起来的呢？

其实在朱棣发动靖难之役路过天津的时候，他就发现了天津重要的战略地位。于是在赐名天津的同年他就下令在天津设卫筑城，也就是明永乐二年（1404年）设天津卫，翌年设天津左卫，转年又设天津右卫。这也使得天津成为我国古代唯一有确切建城时间记录的城市，这在皇家档案里可是有记载的。

简单介绍一下卫所制度。"卫所制度"是明朝最主要的军事制度，由明太祖朱元璋所创立。一卫有军士5600人，一卫下辖五个千户所，一个千户所下辖十个百户所，这就是"天津卫"这一名称的由来。

虽然京杭大运河给天津带来了大量南来北往的商品，但由于天津设卫筑城的主要作用在于拱卫京畿，所以从天津建卫之初到清康熙年间天津始终是天子脚下的一个军事重镇，并非县一级的行政单位，自然也就没有行政权力了。

这种状况到了清康熙年间有了较大的变化。康熙七年（1668年）和康熙十六年（1677年），长芦巡盐御史署和长芦盐运司分别从北京、沧州移驻到了天津，此前还将河道总督由济宁迁往天津，这样一来，漕、盐管理机构均已改置天津。如果说康熙朝将京杭大运河上的七大钞关之一的河西务移至天津城外的北大关，让天津有了稳定的税收来源；那么，雍正朝天津行政级别的"连升三级"则是让天津的政治地位大幅提升。这"连升三级"就是雍正三年（1725年）天津改卫为州，雍正九年（1731年）天津由州升府。从1404年天津设卫到1725年天津改卫为州有了行政建制，天津经过了300多年。而由天津州升级为天津府仅仅用了6年，这说明天津正在逐渐成为中国北方的商业贸易中心。

在此之后，真正让天津大发展的，还是乾隆年间实行的"开放"国策。乾隆四年（1739年），清廷发布上谕称："嗣后，奉天海洋运米赴天津等处之商船，听其流通，不必禁止。"同年，来自华南的潮州红头船来津贸易，并建立了闽粤会馆。从此，天津出现了万商辐辏、百货云集的繁盛局面，南北物资、洋广杂货、四方特产，或从海上，或经运河，源源不断地运往津门，天津因此成为北方重要的贸易港口与商业中心城市。

讲过了天津历史，我们来说一说天津的老城。关于天津城的最初建立，有着很多的传说故事。据说，前人用太极八卦选址定天津，鼓楼曾是老城厢外围自然河道形成的三个太极图的轴线与切线的交点，而四堵夯土筑成的城墙分别与城外两端河道平行，既有河水依托，又被三个太极圈环抱其中，因此，作为城中心的鼓楼是全城最完美的一点。天津的四方和四隅同样寓意分明，符合八卦义理。

天津卫城的平面是东西宽，南北窄，呈矩形。因为它形状好似一个算盘，因此也叫算盘城。至于为什么要用算盘来做这个比喻，背后还有一段传说。谭汝为先生研究天津方言、民俗多年，提到"算盘城"，他讲了一个故事。天津城被称作算盘城，这里有一个传说，明朝开国的军师叫刘基，字伯温。这个刘伯温本事太大了，上通天文下晓地理，阴阳八卦袖里乾坤，无所不知无不精通，据说他前知五百年，后知五百年。永乐二年（1404年）皇帝朱棣派刘伯温来修天津城，他想修一个什么城呢？思索中，他突然看见了一个天神降临，这个天神在一片空地上脸朝北一坐，两个胳膊向中西两侧平伸，西边的手心向上，手上托着一个金鼓，东边的手心向下手里拿着一个算盘。一眨眼天神不见了，刘伯温明白了：这是天神的显灵来点化他，他以天神坐着的地方为中心，修了一个算盘城，在城中心的地方修了一个鼓楼。当然这些都是民间的传说了。刘伯温建天津城是老百姓编的，因为刘伯温这个历史人物在1375年就已经死了，而1404年天津城才建城，才设卫筑城。

神奇的故事并不等于真正的历史。那么，既然刘伯温建天津城是传说，到底谁才是天津城真正的建造者呢？那便是天津设卫后，奉命而来的明朝工部尚书黄福、平江伯陈瑄、都指挥佥事凌云、指挥同知黄纲，他们筑城浚池，修建了天津城。当时的城墙是个土城，周边是长九里十三步，高两丈五，四面有四道门，上面建了四座城楼，四个城角各建一个角楼。天津城建造的外形来看的确是东西方向宽，南北方向窄，而天津又是商贾云集的商业都市，对算盘的崇拜是天津人重要的民俗心理之一，因此这样的老城很容易就让人联想到了算盘的形状，于是算盘城由此得名。

古代中国的国土上，耸立着一座座城郭："筑城以卫君，造郭以守民。"

城墙，最基本的功能是保护城内居民，防御外敌侵略。天津的城墙最早修建于 1404 年，当时只是夯土造墙，几十年后土城墙风雨飘摇，到 1491 年，官方将土城增高培厚，用砖包砌，四门上重建城楼，分别命名为镇东、定南、安西、拱北。从此，这种格局延续了 500 年。

天津的老城厢，城墙以内是天津的政治中心和居住区，而对大部分人来说，他们的生意和生活，都要走出城门才能完成。那么，天津的城墙究竟是用来做什么的呢？天津设卫建城的这 600 年来，有准确记录的水灾就多达 70 多次，明清时期天津水灾严重，高大坚固的城墙成了一道屏障，将大水阻于城墙之外。也许，这是天津城墙 500 年间最大的功绩。

然而，城墙挡住了大水，却挡不住八国联军的炮火。1900 年 7 月 14 日，八国联军攻占天津，迅速成立了殖民军政府，对天津进行市政和行政管理。天津从此进入长达两年的"都统衙门"时期。或许是因为攻打天津时城墙的确碍了洋人的事儿，都统衙门不但下令拆除天津城墙，并且下令今后永不再修建。从此，有着 496 年历史的天津城垣不复存在，取而代之的是东南西北四条马路。

如今的老城区作为天津的摇篮，在市政府的整修和开发之后，蕴藏着浓郁的民俗民风和文化艺术精华，堪称天津城活化石。在这块活化石上最明显的印记就是天津鼓楼。

明弘治年间，山东兵备副使刘福将原来的土城固以砖石，在天津卫城中心十字街处建鼓楼。楼高三层，砖城木楼，楼基是砖砌的方形城墩台，四面设拱形穿心门洞，分别与东西南北四个城门相对应。鼓楼城台建有木结构重层歇山顶楼阁，上层楼内悬大钟一口，约两吨，铁铸，为唐宋制式。大钟初用以报时，以司晨昏，启毕城门，早晚共敲钟 108 响。鼓楼北面有清代天津诗人梅小树撰写的一副抱柱联："高敞快登临，看七十二沽往来帆影；繁华谁唤醒，听一百八杵早晚钟声。"

1900 年，八国联军侵津，第二年天津城墙被迫拆除。由于遭兵燹之灾，鼓楼日渐颓圮。1921 年，有拆建鼓楼之议，并于年内完成。重建的鼓楼，用旧城四门楼之名，由天津书法家华世奎重书，镌于鼓楼四门，曰镇东、安西、定南、拱北。

1952 年 11 月 7 日，因贯通道路，鼓楼拆除。改革开放，中华振兴，津沽文脉，得以传承。1994 年天津开始了危陋房屋大片改造工程，作为危改重点的老城厢地区也因此使鼓楼有了重建的机会。鼓楼重建工程于 2000 年 11 月 25 日开工，2001 年 9 月 28 日竣工。

  重建后的鼓楼体量增大，弥古而不拘古，雅俗共赏。为 27 米见方，高 27 米的体量。取"9"的倍数，因为"9"为阳数至极，有吉祥内涵。鼓楼广场 9 米 ×9 米共 81 平方米。鼓楼主体为钢混结构，砖城木楼，须弥基座，木楼外形按明清木作大式，设斗拱和飞檐，做殿式旋子彩画，重檐歇山屋顶。瓦作大式灰色筒瓦屋面，绿琉璃券边，汉白玉栏杆，脊上飞檐走兽。砖城四面做明式七券七伏锅底券拱门，穿心门洞，四拱门上方恢复汉白玉城门石，仍镌刻镇东、安西、定南、拱北字样。新钟的体量增大，高 2000 毫米，寓意为 2000 年制作。钟的材料为响铜，重及三吨。钟上铭文由冯骥才、张仲先生撰写，字体为繁体魏碑。

  2024 年的元旦之际，在天津鼓楼敲响了元旦钟声，鼓楼也在用它自己独特的方式讲述着天津这座城市的历史与文化。

  鼓楼曾经位于天津城的中心，在鼓楼的南侧坐落着天津市目前保存最为完整，且规模最大的清代会馆建筑——天津广东会馆。

  晓日三岔口，连樯集万艘。普天均雨露，大海静波涛。这首诗描写了天津海河的商贸景象。在当时众多商人中粤商人数较为庞大，为了联络乡情，共图发展，在时任天津海关道的广东人唐绍仪和天津英商怡和洋行买办梁炎卿的倡议下，粤商积极响应，慷慨解囊，购买了天津城内鼓楼南大街原盐运使署的土地，共同筹建广帮会馆也就是如今的天津广东会馆。

  广东会馆气势恢宏，设计精良，无论结构设计还是内部装饰，都极具岭南风格。整个会馆建筑施工极为考究，外以青砖墙封护，内为木质结构，所用砖瓦木料多从广东购买。

  在会馆正门外雄踞狮子一对，门楣上方镌刻有"广东会馆"四个泥金大字，据传是清代同治和光绪两代帝师翁同龢的手迹。

  会馆整体由门厅、正房、配房、回廊及戏楼组成，在会馆东南面还修建了景色清新幽雅的南园。南部为四合院，北部为戏楼，东西两侧为贯通南北的箭道。在正房和东、西厢房的外檐都增加了廊厦。廊厦是南方的建筑特色，因南方多雨，它可以起到遮风避雨的作用。

会馆的建筑结构则采用了岭南典型的月梁做法，并覆有精美的深浮雕纹样。同时，用桁架式预制弯曲木条与顶部两根小梁相结合，二者与月梁一同支撑着顶部的荷载。

现今，作为天津戏剧博物馆的广东会馆，收藏与展示着中国戏曲源远流长的历史印记。其中，最知名的就是反映了中国戏剧发展与演变过程的四幅壁画。汉代百戏、元代杂剧、明传奇、清乱弹，均是 1985 年创建戏剧博物馆时按照各历史时期不同壁画和图卷复制的，展示了中国戏剧的四个代表性时期。

广东会馆的正房，被开辟为全国首座梨园拜师堂，2000 年 10 月对外开放，为梨园界提供一个中国戏曲艺术薪火相传的场所。拜师堂迎面木雕为颜体"师"字，左边部首缺少一撇，隐喻着严师出高徒的寓意，因为民间流传着"教会徒弟饿死师傅"的俗语，所以作为师傅不可能将自己的全部技艺毫不保留地传承给徒弟，或多或少地都会留一手，也许这正是中国戏曲艺术的独特魅力。

会馆的主体建筑是戏楼，它坐南朝北，占广东会馆建筑面积的 2/3，是一座可容纳 300 余人的木结构室内剧场。细节之处，无一不凝聚着匠人的巧思与智慧。

戏楼是会馆的主体建筑，它以梁架跨度大、音质优美、木雕工艺细腻、造型独特而著称。南北向用两根 21 米长的平行枋，东西向用一根 19 米长的额枋围合成一个闭合的空间。这三根主梁承托起的罩棚顶式结构，让戏楼内部没有殿堂金柱阻挡观众视线，整体观感也格外宽敞明亮。这样恢宏的空间跨度，在我国古代建筑历史上极为罕见。整体伸出式舞台的设计，台口不设立柱支撑的特点更是全国唯一一座。

舞台采用的是伸出式，即台在前、幕在后，设计得非常巧妙。戏楼顶部是外方内圆、玲珑剔透、金碧辉煌的藻井，它由数以千计的异型斗拱堆叠接榫而成，具有拢音、扩音和美化声音的作用。演员在台上演唱，声音充分吸入穹形顶内，再经异型斗拱的折射作用，滤去噪声，将演员演唱的声音传送到戏楼的每个角落，可谓真正的"余音绕梁"。著名表演艺术家孙菊仙、杨小楼、梅兰芳、荀慧生、红线女等人均曾在此登台献艺。

值得一提的是，极尽巧思雕琢的戏楼舞台，不仅是中国戏剧艺术的殿堂，还是天津近代重要革命活动纪念地之一，承载着一段段珍贵的红色记忆。1912年，孙中山第二次北上天津，曾在广东会馆的舞台上演讲，慷慨陈词："我中国四万万同胞同心协力，何难称雄世界云。"1919年"五四运动"时期，时逢北方旱灾，正在直隶第一女子师范学校就学的邓颖超等觉悟社成员怀着满腔热血义演募捐，在这里自编、自导、自演了《亡国恨》《木兰从军》等话剧，筹款救济灾民。自此，从1919年的"五四运动"到1925年的五卅运动，广东会馆一直被作为天津革命的重要场所。

历经百年风霜，如今，在这座清代会馆建筑里人们依然能够感受到岭南建筑的特有精美，欣赏到黄钟大吕的绕梁余音。

我们现在所处的位置是旧时天津城的北门，大巴车现在行驶的马路叫作北马路，这条路是以前天津城墙所在的位置，沿着这条路向西不远处是天津城的西北角。

在天津，提到"西北角"，几乎每一个土生土长的天津人都会露出会心的笑容。这里不仅有着浓厚的人情味，更有数不尽的地道美食。走进西北角的美食街，首先映入眼帘的是各式各样的招牌，从古色古香的老字号到充满现代气息的新店，无不彰显着天津这座城市深厚的饮食文化底蕴。除了知名的小吃店，那些藏匿于街头巷尾的小摊贩也别有一番风味。一个不起眼的角落里，或许就藏着一位手艺精湛的师傅，他们用最简单的工具制作出令人回味无穷的美味。西北角，不仅是一个地名，它还代表了一种生活方式、一种对美食的执着追求。

接下来我就向各位游客介绍一下我们天津的饮食文化。天津的饮食文化，我把它归纳为"河海通吃"。天津城依河滨海，是北方的鱼米之乡，各类物产十分丰富，古俗语有"吃尽穿绝天津卫"之说。天津又是沟通南北的大商埠，因地利之便美食荟萃于此，不仅有包子、麻花、炸糕、煎饼馃子、嘎巴菜等传统特色小吃，更有别具特色的地方大菜。天津的达官显贵、富商买办不差钱，宴客酬宾经常到"八大成""九大楼""番菜馆"等高级场所大快朵颐；而天津的普通百姓则是心态平和，一壶直沽高粱酒、半斤素饺子照样也乐在其中，俗称"饺子就酒，越喝越有"。天津盛产鱼虾蟹等河海两鲜，民间讲究赶季节抢先吃，甚至有"当当吃海货，不算不会过"之说。天津人素有"卫嘴子"之称，其义除了能言会道、善于交流之外，食不厌精、脍不厌细应该也是重要内核之一。

　　天津可谓北派包子的故乡，什么狗不理包子、石头门坎包子、陈傻子包子、小刘庄包子等，皆为久负盛名的津门美味。狗不理包子以其独特的风味和外观，位列天津特色食品"三绝"之首，不仅是天津人百吃不厌的家常饭，更让无数国内外游客垂涎。

　　狗不理包子色白面柔，大小一致，包子面底的厚薄相同，汁多味美，但不肥腻。狗不理包子在用料和制作上大有讲究。先说馅，用三七比例的肥瘦鲜猪肉加适量的水，然后佐以排骨汤调匀，再加小磨香油、上等酱油以及姜末、葱末等，精心调拌而成。包子皮用半发面，和面时一定要用温水，然后按照固定分量搓条、放剂，擀成直径约10厘米的薄厚均匀的圆形面皮。包入馅料后，用手指悉心捏褶，同时用力将褶捻开，每个包子有固定的18个褶，褶花疏密一致，形如白菊花。然后上锅蒸，足火蒸5分钟即熟。

　　狗不理包子创始于清咸丰八年（1858年），这大名鼎鼎的美味怎么就得"狗不理"的名字呢？据《天津近代人物录》记载，道光二十五年（1845年），14岁的武清下朱庄人高贵友来到天津，在南运河畔侯家后中街刘记蒸食铺学徒，很快学出了好手艺。坊间传说，高贵友乳名叫狗子，而老年间饮食行有个规矩，不喊新来的小徒弟大名，都只叫小名，所以伙计们以及熟悉他的顾客，都亲切地叫他狗子。几年后高贵友学徒期满，自己在路边开了包子摊。他对包子的制作精益求精，不但馅料好而且外观也漂亮，形状是菊花顶、抓鬏扣。高贵友为人实在，包子比别家的大，价格却比别家的低，而且为了保证质量，剩下的包子绝不回屉，因此赢得了顾客。高贵友既当掌柜又做伙计，制馅、捏包、上屉、售卖都是一个人忙乎。因他的包子馅大味美，肥而不腻，日久天长赢得口碑。生意忙不过来了，他便在摊上放一把筷子，一摞粗瓷大碗，顾客买包子就把钱递给他，他会照钱给包子，买主吃完放下碗筷即走。高贵友忙得几乎一言不发，于是有人笑着逗他："狗子卖包子，一概不理呀。"传来传去就成了"狗不理"。狗不理包子越叫越响，高贵友的小摊变成大摊，后来又创办德聚号包子铺。

　　天津的石头门坎素包也很有名。早年到天后宫上香游玩的人，常到位于宫南大街的石头门坎素包铺吃包子，每逢庙会或其他吉日，那里的素包都供不应求。"石头门坎"素包的馅料，多以豆芽菜或白菜为主，佐以香干、粉丝（或粉皮）、香菜、芝麻酱、红腐乳、香油、盐等，半发面的大馅包子蒸熟后，味道特别清香。后来，附近街巷干脆出现挎食盒的叫卖者，他们吆喝着"石头门坎儿——素包儿"，"石头门"声轻且短，"坎"字则声高调长，"素包儿"又变成短促利落的脆声。

老天津还有不少专营其他风味的素包饭铺，因为价廉物美，从早到晚食客如云。从严格意义上说，葱蒜、韭菜、鸡蛋等皆属于"荤"，可天津普通百姓宽泛了吃素的民俗，比如炒鸡蛋为素，韭菜加鸡蛋也是素，还有脍炙人口的虾皮韭菜大素包，显然迎合了"卫嘴子"的口味。

下面再来说说天津大麻花。天津麻花的口味闻名四海，如果问初到天津的外地朋友，什么吃食给他们留下了深刻印象，相信很多人会脱口而出——麻花。

20世纪20年代初，河北沧州的刘八在天津东楼开了个麻花店，小店里有范桂才、范桂林兄弟当伙计学艺。刘八很精明，在麻花的配料、工艺、口感、外形等方面均花费了不少心思，炸出的麻花风味独特，很受欢迎。十几年后，刘八的麻花店因种种原因关张。1936年前后，范桂才、范桂林各开了麻花店，名叫桂发成和桂发祥，公私合营时两店合为桂发祥。兄弟俩善于动脑筋，他们把以前学到的手艺和自己的悟性融会贯通，炸出来的麻花更加香甜酥脆，顾客盈门。因当时麻花店地处东楼十八街附近，所以人们俗称"十八街麻花"。

天津麻花有花狸虎、绳子头等品种，制作过程精益求精。麻花投料配比准确，比如炸一个250克重的麻花，用油200克、白糖125克、冰糖25克。麻花在酵面、油酥、碱等使用方面也有严格要求，并视季节随时变化。天津特色麻花力求肥（酵种）不老不嫩、碱不大不小、起酥的油不多不少。

一个麻花大致由酥馅条、麻条和白条组成。酥馅条用热油和面起酥，再佐以桃仁、青梅、桂花、青红丝、闽姜、芝麻仁等辅料。白条是用糖汁和面后搓成的，同时将部分白条粘上芝麻成为麻条。酥条、麻条、白条一并相拧五个花，成麻花坯子。炸制时讲究用花生油，油温要控制好，用微火炸透。一锅麻花要炸30分钟以上，炸成金黄色的成品后还要加冰糖，撒上青红丝和瓜条等。如此这般才能确保麻花品质稳定，香、甜、酥、脆、色泽、外形，可谓样样叫绝。由于工艺精道，正宗津味麻花具有存放数月不走味、不绵软、不变质的特点。

接下来，我们再聊聊炸糕。相声大师马三立在《十点钟开始》中有段趣说："到那个时候，我就有钱啦。有钱怎么办？我买！我买被服，买棉帽子。我吃！我吃炸糕，我天天吃饺子，我尽吃顺口的……"

天津人一直将炸糕视为上好的小吃。清朝光绪年间，在北大关摆小吃摊的刘万春，开始琢磨怎么让炸糕更好吃？经过潜心研究，他独创了"面子喷淋发酵工艺"和"刘氏炒馅法"，炸出的炸糕口味出众，人送美名"炸糕刘"。光绪十八年（1892年），刘万春在北大关东侧买下一处小店铺开起炸糕店，因为小店紧挨着只有一米多宽的耳朵眼胡同，所以一来二去人们就称他的炸糕为"耳朵眼炸糕"了。旧时，人们一踏上南运河金华桥，离着"耳朵眼"一二百米处，就能闻到刘记炸糕的香味。因为"糕"字有步步登高的吉祥意思，所以天津人逢年过节时更是大量购买，或自己品尝，或礼尚往来，就像马三立形容的好日子一样。

馃子，是天津人食谱当中必不可少的元素。天津百姓五方杂处，南方的师傅、北国的面案都汇集到此营生，他们创制的馃子品种多达二三十样，除了最为普及的棒槌馃子之外，还有大馃子饼、小馃子饼、馃头、馃箅（又分二折和四折）、套环馃子、糖皮、馓子、长坯、排叉以及糖三刀"老虎爪"、鸡蛋荷包等品种。例如，套环馃子就是两条棒槌馃子的面坯条套在一起成个扣，然后下锅炸。糖三刀实际则是小馃子饼的演变，在面皮上加糖面，擀成长方的样子，然后开三刀，但要求上部相连，炸出来鼓鼓的样子犹如老虎爪，糖三刀"老虎爪"也由此得名。炸馓子并不简单，在粗细均匀的面条上刷油后要盘在盆里，炸时用文火慢慢来，一边炸一边用筷子抻缠，让它成为圈状或盘花状。

煎饼馃子是最具天津特色的风味小吃，也是最受老百姓欢迎的早餐之一。天津煎饼馃子在吸纳山东煎饼、东北煎饼的基础上，大幅提升了档次并有所发展。煎饼馃子是用绿豆面或加少许小米面、杂豆面，糊浆摊成煎饼，然后卷夹馃子，再佐以面酱、辣酱、红腐乳汁、香葱末等调味料而成，脍炙人口。后来，有人喜欢在煎饼里再摊上鸡蛋，以增加营养并丰富口味。

聊过馃子再说嘎巴菜。天津嘎巴菜亦饭、亦菜、亦汤，是天津独有的风味美食。关于嘎巴菜的历史渊源，从清康熙年间蒲松龄的《煎饼赋》里可见一二。《煎饼赋》中说山东煎饼是用小米面摊成，与加入绿豆面的天津煎饼大同小异。文中提到的"汤合盐豉，末锉兰椒，鼎中水沸，零落金绦"，很形象地比喻了烹制嘎巴菜卤以及卤中煎饼条的情状。其实，山东、河北一带农村，百姓很早就有汤水泡煎饼吃的习俗，后来到天津卫谋生的穷苦人就地取材，以这种乡间吃食营生，挑着挑子沿街吆喝卖。后来逐渐结合天津人吃饭口味重的习惯，原有的汤水逐渐演化为更有滋味的卤汁，使嘎巴菜成为左右逢源的小吃。到 20 世纪二三十年代，制售嘎巴菜的摊子和叫卖嘎巴菜的挑子遍布天津大街小巷，有名号的门市就达十余家。

嘎巴菜的大致做法是把新鲜煎饼风凉半干后，切成 10 厘米长、2 厘米宽的柳叶状条，然后浇上卤汁，再佐以香油、麻酱、红腐乳汁、干红辣椒油、香菜末或油炸香干丁等小料即成，多味混合，香气扑鼻。做传统地道的嘎巴菜前，摊煎饼是重要的一步，需要一定的技巧，讲究越薄越好。生手摊起煎饼来，不是生就是焦煳，不是软就是硬。柳叶状的煎饼锅巴条要微脆有咬劲，浇上卤汁后不粉化，更不会黏糊粘牙。再说卤汁，绝非大料水加芡粉，而是用清油煸炒茴香、葱末、姜末出香气，再加水、盐、酱油、芡粉等制成的，柔滑滋润，清素芳香，小料中的麻酱是用芝麻香油调制的。另外，油炸辣椒也讲究火候，要金黄酥香，微辣不烧嘴。嘎巴菜最好趁热吃，所以盛卤汁的大锅下总要有小火温着。

说过了早点，咱们说说正餐，在天津人的正餐中出现频率最高的一种食材就是鱼。天津盛产河海两鲜，因此无论穷人富户都要吃鱼。按说厨师烹一条大鲤鱼并非难事，但能把鱼"做活"就非同一般了，津菜中的嘡蹦鲤鱼便是这样一道菜。

天津人俗称鲤鱼为"拐子"，按重量大小又叫蹦拐、顺拐、花拐、小拐尖。顺拐是嘡蹦鲤鱼的首选，另外还可烹制酸沙鲤鱼、酿馅鲤鱼、红烧鲤鱼等。花拐、蹦拐可做成白蹦鱼丁、滑炒生鱼丝、溜鱼片、瓦块鱼、两吃鱼等。

关于嘡蹦鲤鱼的故事，还要从 1900 年的庚子国变说起。八国联军侵占天津城后，地痞流氓借机捣乱，一天有伙人来到北门外老字号天一坊大吃大喝，当他们点到炸蹦两吃青虾时，由于舌头不利索竟说成"嘡蹦鱼"。没人听说过这道菜，伙计赶忙为他们正名，却没想到惹恼了这帮混混，说话间就要大打出手。这时,机智的堂头闻讯跑过来,连忙说有这道菜,只是小伙计刚到店里不晓得。

在堂头的安排下,后厨忙活起来。他们选了一条鲜活的大鲤鱼,只去掉内脏不刮鳞,用盐、料酒、姜汁稍微淹了一会儿,然后手提着鱼尾让鱼鳞朝下,下油锅将鱼鳞炸好,再翻个蹲炸鱼腹。然后用葱姜蒜作料炝锅,再烹料酒、酱油、老醋、白糖而成酸甜口味的汁。端鱼上桌,只见金黄色的鲤鱼通身鳞片乍起,糖醋汁浇在鱼身上"吱吱"作响,犹如鱼儿在鱼罾中呼之欲出,让满堂的食客无不瞠目结舌。如此"罾蹦鲤鱼"脆嫩香美,堪称一绝。天津名士陆辛农后来在《食事杂诗辑》中专门赞誉道:"名传第一白洋鲤,烹做津沽罾蹦鱼。"

罾蹦鲤鱼是大厨烹制的"馆子味",天津老百姓则常吃家熬鱼。守河靠海的天津人真有点儿像爱吃鱼的"馋猫",隔三岔五若不撮一顿,心里可能没着没落的。津沽鱼类品种繁多,"卫嘴子"做鱼更有专长,煎、炸、熘、炖、焖、氽、烧、炒,无一不能,热菜、冷吃、入汤口味皆宜,花色不下数百。最具乡土特色的吃法应该是熬鱼,许多外地人来天津,也常以吃一顿熬鱼为快事。

天津人家家会熬鱼,而且各有绝活。河鱼、海鱼、港鱼、洼鱼,天津人无一不吃,举凡鲤鱼、鲫鱼、带鱼、鲢鱼、平鱼、黄花鱼、刀鱼、马口鱼、麦穗鱼、梭鱼等都可熬着吃。天津熬鱼讲究大作料,除了常用的调味品之外,姜要切成一字的姜丝,蒜要切成如凤眼的蒜片,葱要切成"赛峨嵋"的葱丝,还需上好的甜面酱和酱豆腐。津味熬鱼酱香味浓,咸鲜带甜口,枣红色泽,鱼肉细嫩软烂,老少皆宜。

除了家常熬鱼,天津的贴饽饽熬小鱼也非常叫绝。贴饽饽熬小鱼一定要用老式烧柴火的大灶生铁锅,大作料热油炝锅出香味后勾兑鱼汁,料理好的小麦穗鱼下锅慢熬。另将掺有黄豆面的玉米面用热水和好,将饽饽饼贴在铁锅周围,盖上锅盖,不一会儿鱼的鲜味、饽饽的香味便在厨房弥散开来。酱香的小鱼鲜嫩可口,汤汁和鱼香已经渗透到金黄油润的饽饽里,可谓淳朴的乡土美味。天津主妇还喜欢将旱萝卜、白萝卜、大白菜、粉丝等与鱼一同熬,多添一点汤水,让鱼的香汁一点点煨入萝卜和粉丝中,也是极香的下饭菜。

当然天津的美食绝不止我所讲的这些，还有很多等待着大家去品尝。其实天津的美食不仅仅代表了这座城市的味觉记忆，它们也是天津城市文化的一部分，深深根植于天津百姓的日常生活中，走在天津的大街小巷您都能感受到这座城市浓厚的生活气息。

如果说美食是城市的味蕾记忆，它通过一道道特色菜肴传递着城市的历史和文化，让人们通过味觉体验到这座城市的独特魅力。那么，学校则是这座城市文脉之所在，它通过系统的教育和文化传承，培养出一代又一代的优秀人才，延续着城市的文化血脉，推动着城市的未来发展。

1906年以前在天津老城西南有一片洼地，因为地势低，周围荒芜，天津人习惯将那里称为"南开洼"。因为一所学校的建立改变了这块洼地的历史，让它有了一个国人家喻户晓的名字——南开。

1904年，严修偕张伯苓东渡日本考察教育，回国后，在合并严氏家馆和王氏家馆基础上，成立私立中学堂，不久改为敬业中学堂、第一中学堂。1907年，学校由严宅迁址"南开洼"，因地名之故改称"南开中学堂"，1912年起称南开学校。这就是南开系列学校均以"南开"为校名的由来。1919年，严修、张伯苓本着"文以治国，理以强国，商以富国"的办学理念，创办了南开大学。

严修，字范孙，历任清朝翰林院编修、贵州学政、学部侍郎。他积极变革封建教育，曾上书光绪皇帝，奏请开设经济特科，改革科举制度。辞官回津后，严修为南开学校，尤其是南开大学的规划创建、劝募集资倾注了毕生心血；他以自己的爱国思想、教育理念，深刻地影响了早期南开的发展，推动南开形成了优良的教育传统。1908年，他在给中学堂第一届毕业生的致辞中，提出了"勿志为达官贵人，而志为爱国志士"的殷切希望。张伯苓曾多次讲过："个人真万幸，在严先生指导下做事；南开真幸运，由严先生发起。"严修是当之无愧的南开校父。

1898年，毕业于北洋水师学堂的张伯苓在威海卫亲历了"国帜三易"的国耻，深感"自强之道，端在教育"，立志"创办新教育，造就新人才"。这一年，张伯苓结识严修，受聘执教于严氏家馆。张伯苓创办了南开系列学校，担任校长40余年。他身材高大、声音洪亮，人称巍巍大校长。他坚持德、智、体、美"四育并进"的教育理念，首定"允公允能，日新月异"校训，确定培养兼具"爱国爱群之公德"与"服务社会之能力"的育人目标，为国家培养了众多杰出人才，被誉为"中国现代教育的创造者"。

1913年，素有"为中华之崛起而读书"志向的周恩来考入南开学校。在校期间，他品学兼优，国文和数学成绩尤为突出。他积极参加课外活动，与同学共同创办"敬业乐群会"，主持出版《敬业》和《校风》，并先后担任过演说会副会长、国文学会干事、江浙同学会会长、新剧团布景部副部长、暑假乐群会总干事和班中干事。南开学校《第十次毕业同学录》中对周恩来作了这样一段评语："君性温和诚实，最富于感情，挚于友谊，凡朋友及公益事，无不尽力。"严修和张伯苓非常器重周恩来，张伯苓曾多次说过："周恩来是南开最好的学生。"

1919年，周恩来结束日本求学生涯，经严修、张伯苓批准免试入南开大学文科学习，学号62。他深受南开爱国传统的熏陶，"五四运动"爆发后将主要精力投入领导天津爱国学生运动中，主编《天津学生联合会报》，组织创建了觉悟社。1920年1月29日，周恩来等学生领袖领导天津各校学生数千人到直隶公署请愿，被反动当局逮捕，关押达半年之久。出狱后，反动当局要求校方开除周恩来，严修与张伯苓商议，用他在南开设置的"范孙奖学金"资助周恩来出国深造。自此，周恩来结束了在南开的学习生活。他在欧洲加入了中国共产党，踏上了为中华之崛起而奋斗的新征程。

周恩来对南开有着深厚的感情。他在延安接受《华北明星报》记者采访时谈道："我在天津南开读中学、大学。这个学校教学严格，课外活泼，我以后参加革命活动是有南开教育影响的。"中华人民共和国成立后，周恩来作为党和国家重要领导人，肩负千钧，日理万机，仍始终关怀着南开大学的发展，曾于1951年、1957年和1959年三次重返母校视察，对南开师生寄予厚望。

南开因国难而产生，具有与生俱来的爱国基因，在严修、张伯苓的引领下，形成了重视爱国主义教育的历史传统。1935年9月17日，在中华民族危急存亡之际，张伯苓在南开大学开学典礼上向全校学生提出振聋发聩的"爱国三问"："你是中国人吗？你爱中国吗？你愿意中国好吗？"2018年9月，习近平总书记高度肯定了南开大学"爱国"的办学治校理念，他说，这三个问题是历史之问，更是时代之问、未来之问，我们要一代一代问下去、答下去。

与南开大学一墙之隔的是中国现代大学的鼻祖——天津大学。1840年，第一次鸦片战争爆发，中国社会从封建社会开始走向半殖民地半封建社会，中华民族陷入了深重的苦难之中。甲午战争宣告了以"自强""求富"为标志的洋务运动的失败，而仁人志士探索强国之梦并未泯灭。"自强首在储才，储才必先兴学。"1895年10月2日，经光绪皇帝批准，中国近代第一所现代大学——北洋大学成立。北洋大学的创办，凸显了朝野上下渴求兴学强国的决心。

时任天津海关道的盛宣怀邀请美国教育家丁家立为总教习，以美国哈佛大学、耶鲁大学为蓝本规划大学、确立学制、设置学科、安排课程。北洋大学分为头等学堂，即本科四年，以及二等学堂，也就是预科四年。头等学堂学科设置参照了19世纪西方大学中社会科学和自然科学的前沿学科和中国当时急需人才的领域，分设律例、工程、矿冶和机械四大学科。其后，根据国家需要，北洋大学堂相继增设了铁路专科、铁路班、法文、俄文、师范等学科。北洋大学在初创时期，已包括文、法、工、师范教育等诸科，是初具综合性规模的新式大学。1895年，学校初建名称为北洋大学堂，校址在天津海河南岸大营门外梁家园博文书院；辛亥革命后的1912年更名为北洋大学校；1913年定名为国立北洋大学。

北洋大学所聘教师多来自欧美大学，除汉文学科外，全部用英语授课，采用美国教材，建立实验室并开授实验课。北洋大学招收了中国第一批大学本科生，培养了中国第一批大学毕业生，资助选送了中国第一批留学生赴美留学，培养出中国第一批法学专门人才、第一批采矿冶金专门人才、第一批机械专门人才、第一批建筑水利专门人才、第一批师范专门人才，实现了中国自己培养高层次人才零的突破。

在这一时期，北洋大学为中国高等教育发展积累了宝贵的经验：将学校的发展与国家、民族的命运紧密相连；将学科建设与社会需要紧密结合；将西方尊重科学的实事求是的认知观与中国传统的严谨治学的优良教风融为一体；将学习世界先进的科学技术、文化知识与培养自己的高级人才为我所用相结合，表现出一种中西融通的大学风范。

北洋大学的建立，反映了中华民族在向世界学习的过程中思想认识上的进步。从视西方科学技术为"奇技淫巧"，到学习西方高等教育"兴学救国",面对民族危亡,废科举、兴新学,抛弃"四书""五经"转而学习先进的科学技术,这是中华民族发展史上的一次理性的抉择,是在"中国近代民族觉醒的新起点"上的一次带有突破性的认识转变。

1951年8月1日,北洋大学更名为天津大学。经过100余年的办学积累,天大形成了以工为主、理工结合,经、管、文、法、教育等多学科协调发展的学科布局。自建校以来,学校秉承"兴学强国"的使命、"实事求是"的校训、"严谨治学"的校风、"爱国奉献"的传统和"矢志创新"的追求,为国家和社会经济的发展培养了30多万名高层次人才。

向大家介绍过了天津的两所百年知名学府之后,我们也即将到达您抵达天津后的第一站——古文化街,那里是您领略津味儿、古味儿、文化味儿的绝佳去处。在全长687米的街道上建筑风格仍然保持原历史街区的肌理,街面店铺保留了明清建筑风格,高低错落、曲直相间。这里拥有大量的人文景观、历史建筑,以天津皇会、泥人张彩塑技艺为代表的非物质文化遗产,以天津天后宫、玉皇阁为代表的不可移动文物汇聚于此,充分展示了"老城津韵"的底色。

天津古文化街的中心是敕建天后宫,也就是天津的妈祖庙,天津人称为"娘娘宫"。那么大家会问,妈祖本为闽、粤一带民间信仰的神灵,怎么会在天津落户?天后作为一个"外来神",又怎么会成为天津人的居家保护神?接下来,我就给大家说一说。

宋朝末年,出生于福建莆田的女子林默,"生而神异,有殊相,能知祸福,拯人急难",她只活了二十七岁即升天成为海神,浙闽粤诸省的沿海渔民奉她为"天妃",港澳台地区则供她为"妈祖"。

元代南粮北运一度改走海路,地处三岔口的直沽是当时的转输要地,这一优越的地理位置促使天津这一海滨荒地"舟事攸会,聚落始繁"。对于直沽寨这样一个重要地区,朝廷当然不会掉以轻心,于是元朝延祐三年(1316年)加强了对直沽寨的军事守备,并改直沽寨为"海津镇"。

由于元代的漕运所使用的舟师水手多为闽浙一带的南方人,他们世代在水上和风浪打交道,常年在极端危险的环境中作业,养成了"不拜神仙不上船"的习俗,而这些人心目中的保护神就是从宋时就得到敕封的林默。他们在往来于直沽的过程中,逐渐将自己家乡的信仰风俗带入这里。而这时元朝皇帝为迎合漕运船工们，使刚刚恢复的河漕顺利进行，便于至元十五年（1278年）对天妃进行了第一次敕封，封号为"护国明著灵惠协正善庆显济天妃"。也就是在这个时候，在河漕的起点天津，第一座天妃宫就在位于三岔河口、天津老城东门外的海河西岸建立起来，当时叫"天妃灵慈宫"。因其地处海河西岸，故民间也称其为"西庙"。一般的庙宇均坐北朝南，而这座天妃庙却坐西向东，这是因为庙门对着海河，目的是便于往来于海河的船只上的人们在船上祭祀祈祷。这便是妈祖娘娘"落户"在天津的原因了。

天津的天后宫是世界三大妈祖庙之一，也是目前年代最久远、保留最完好的妈祖庙之一，并且是受到皇封的，所以才会有"敕建"两个字。

妈祖文化是天津历史文化的重要渊源之一，每年在宫前广场举行的天津皇会已经被列入《国家级非物质文化遗产名录》。同样被列入《国家级非物质文化遗产名录》的还有享誉海内外的泥人张彩塑和杨柳青木版年画。

"泥人张"创始于清代道光年间，经历六代传承，代有名家，至今已有198年的历史。以鲜明的特色、独有的艺术价值享誉海内外。泥人张彩塑在艺术上继承了我国古代泥塑的优秀传统，并有所发展和创新。"泥人张"为中国泥塑作品从佛殿神堂步入寻常百姓家做出了重要贡献。

"泥人张"第一代张明山是浙江绍兴人，6岁跟着父亲来到天津。他的父亲曾是绍兴师爷，后来他到天津投亲靠友，靠教私塾为生。

那时候的说法"家有半斗粮，不做孩子王（教书先生）"，意味着当教书先生收入不高。张明山从小就帮父亲捏泥玩具贴补家用。那时的天津已是重要的港口城市，流行赶庙会，经常有名角来搭台唱戏，张明山就经常躲在人群中观察人们的穿着。

1844年余三胜到天津演出，18岁的张明山看过他的很多场演出，后来做了一尊余三胜的泥像。那个时候没有照相技术，张明山捏的泥像跟真人一样，他也因此很快就出名了。事实上他是把泥藏在衣袖里，一边看一边做。他给很多人捏过塑像，因为太逼真，名声不只在京津一带流传，甚至在南方都有他的传说。他的绝活是"袖中藏泥、触手成像"，就是把一块泥巴放在自己的袖子里，在与对方交谈之眉宇间，就能捏出对方的雕像，并且是惟妙惟肖，栩栩如生。

"泥人张"制作泥人所用的土是天津西郊古河道地下1米处的一层红色

黏土，俗称胶泥，这里的黏土黏性极强，含沙量特别小，采用特殊工艺加工制成，用这种泥土捏制好的泥人彻底干燥后要再入温度达700℃左右的窑中烘烧，出窑后经打磨、整理即可着色，成品不掉色，可永久保存。

"泥人张"彩塑讲究"五分塑，五分彩"，遵循国画"随类赋彩"的设色原则，注重色彩与物象和谐，色调一致，具有雅俗共赏的泥塑风格。在泥塑过程中塑大体为关键，先将人物大的形体动态塑出，才有大的感觉，然后刻画衣纹表现质感，又不伤其骨骼；在绘色上多采取的是中国绘画中的工笔书法，使作品增添光感和色感。徐悲鸿评张明山泥塑"比例之精确，骨骼之肯定与传神之微妙，据吾在北方所见美术品中，只有历代帝王像中宋太祖、太宗之像可以拟之"。

张明山之后，张家就以泥塑传家，代代有巧匠名作。1915年，张明山创作的《编织女工》彩塑作品获得巴拿马万国博览会一等奖、第二代传承人代表张玉亭的作品获得巴拿马万国博览会荣誉奖，后经张玉亭、张景福、张景禧、张景祜、张铭等四代人的传承，成为中国北方泥塑艺术的代表。

1949年后，人民政府对泥人张彩塑采取了保护、扶持、发展的政策，安排张家几代艺人到文艺创作、教学等部门工作，从此，泥人张彩塑艺术从家庭作坊走向社会。郭沫若曾题词："昨日造人只一家，而今桃李满天下。"

"塑"与"绘"，"形"与"神"，"泥人张"将塑造与绘画两者巧妙结合，展示给人们的是真实有力的生命。如今，经历了六代人的传承发展，"泥人张"主题和内容越来越丰富，技艺更加多元，已被列入《第一批国家级非物质文化遗产名录》。

现在的第六代传人——张宇在继承家族传统技艺的同时，致力于保护传统技艺的生态环境，坚持以泥人张世家绘塑老作坊的形式运营，开展雕塑文化的推广与研究。对泥人张来说，创新从来不是难题。早年，创始人张明山就敏锐地将当时的风土人情艺术地再现出来，其作品题材广泛、形象生动；第六代传承人张宇也始终将创新精神贯穿在泥人张技艺传承的始终。以泥人张技艺传承难点的泥塑色彩为例，过去的颜料，曝晒容易开裂，时间长了还容易褪色，怎么既能保证色彩的老味道，还能解决这些问题呢？张宇开始了对颜色的探索，通过科技手段，在矿物质颜料中加入新材料，让色彩稳定性更好，每一件作品都要经历几十遍到上百遍的上色，经过改良创新的颜色，即使轻微褪色也能保留基底韵味。

　　用创新活力彰显传统文化魅力,创新赋能,推动文化传承。将传统的技艺与现代审美相结合,"泥人张"创作出了一批批既具有传统韵味又富有时代感的作品。这种坚守与创新的结合,正是泥人张工匠精神的最好诠释。今年年初,习近平总书记来到天津古文化街泥人张的店面,详细询问了制作流程,对工匠师傅的技艺和坚持表示赞赏。习近平总书记感慨,一代代接续的工匠精神,让文脉得以绵延不息。一会儿到了古文化街,大家一定要去看一看。

　　讲过了泥人张,咱们再来说一说杨柳青木版年画。

　　杨柳青木版年画起于宋代、兴于明代、盛于清代乾隆年间,曾出现"家家会点染,户户善丹青"兴旺景象。杨柳青年画,历史悠久、体裁丰富、题材广泛、构图饱满、寓意吉祥、艺术特色鲜明,与苏州桃花坞年画并称为"南桃北柳"。2006年被列入《第一批国家级非物质文化遗产名录》。

　　当年因天津杨柳青镇盛产杜梨木,适于雕刻,所以镇上的人们普遍用杜梨木进行刻印门神、灶王、钟馗之类的神祇。后随着漕运兴起,南北文化和商品汇聚于此,结合扎根本地的雕刻文化,杨柳青木版年画由此走向兴盛。杨柳青木版年画的空前繁荣也影响了当时国内的很多木版年画,如河北武强年画、天津东丰台年画,还有山东杨家埠、高密及陕西凤翔等地的年画。

　　杨柳青木版年画的制作过程分为勾、刻、印、绘、裱五大工序,即勾描、刻版、套印、彩绘、装裱。制作时先在木质板材上刻好线条,翻印在纸上,再由画师将颜色补齐。杨柳青木版年画继承了中国古代绘画的艺术传统,采用木版套印与手工彩绘相结合的方法,刻工精丽、绘制细腻、色彩绚美、形象生动,具有浓郁的乡土气息,几百年来一直深受广大人民群众的喜爱,其中代表作《连年有余》更是为大家所熟知。

　　其实在古文化街还有很多历史文化遗迹和天津的民间艺人和手工艺品等待着大家的发现。现在,在大巴车的正前方,您能看到一条河,那就是我们天津人的母亲河——海河。

　　海河的历史比天津久远,它上吞九水,中连百沽,下达渤海。它是天津城市的源起,往来的船舶,缔造了城市繁荣;海河沿岸,云集文人雅士、名商巨贾,成了都会的中心。

海河贯穿天津市中心城区，曲折绵延70多千米，最后在塘沽大沽口注入渤海。海河虽不长，以其命名的海河水系却是中国七大水系之一。海河水系范围涵盖京、津、冀、晋、鲁、豫、辽、内蒙古八个省级区域，流域面积达31万多平方千米，呈扇形。就像一把大蒲扇：扇柄是海河，扇面是水系。

海河在元、明时期，叫直沽河或大沽河，到清朝才被"海河"这个名字逐渐取代。说海河不能不说"三岔口"。潮白河、北运河、大清河、南运河、子牙河五条河在三岔口或其附近先后交汇。大家顺着我手指的方向，您可以看到一座形似彩虹的桥梁，海河就是从那里"诞生"的。

1898年朝廷有人提出对海河进行"裁弯取直"改造，以利航运，经北洋大臣李鸿章同意，1901～1923年，先后进行过6次裁弯取直改造，海河因此缩短了数千米，三岔口被移到现在的位置。

三岔口被称作天津的发祥地。这里曾是天津最早的居民点、最早的水旱码头、最早的商品集散地，"先有三岔口，后有天津卫"由此而来。

从元代起，朝廷南粮北调，各种物资材料的调拨周转，水运一直是重要途径和保障。轮船将粮食或物资从海上运至渤海湾，再经海河运至三岔口，后倒由小船沿北运河运进北京。即使走京杭大运河的船只，也必须经南运河先抵达三岔口，再沿北运河逆流而上。可见，海河在当时的地位和影响。元时曾有这样的诗句："晓日三岔口，连樯集万艘。"这个地方在当时的繁荣景象可见一斑！到明朝永乐年间，城外东北角沿海河、南运河一带逐渐发展成商贸中心，据说贸易范围可远达朝鲜、日本。

到清朝后期，随着西方文明的崛起，以英、法为代表的西方列强也瞄准了这条河，并于1860年英法联军的坚船利炮从渤海湾沿海河而上，直接打进了北京，逼着清政府签下《天津条约》，于天津开辟对外通商口岸；紧接着，英、法、意、德等九国先后沿海河两岸抢占土地，设立租界，并在租界里沿河兴建码头、仓库、工厂、银行等商贸设施。与此同时，西方文明开始在这里登陆，如火车、有轨电车、电报、邮政、开合式大桥等，让天津成为中国较早接触近代文明的城市。

自21世纪以来，天津以"水清、岸绿、景美、游畅"为标准，打造以海河为主轴线的市区河湖水循环体系，构建"河湖沟通、水系相连、水绕城转、水清船行"的城市亲水景观。随着海河两岸综合开发工程和改造提升工程的全面启动，海河沿岸建立起绵延数十千米的亲水平台和夜景灯光带，形成了绚丽多姿、独具特色的海河景观体系。

漫步在海河岸边是一种享受天津城市风光的独特方式。当您走在海河两岸的步行道上，可以感受到这条河流与城市紧密相连的历史与文化脉络。

白天，您可以看到阳光洒在波光粼粼的河面上，河岸两旁的树木投下斑驳的树影，偶尔有船只穿梭于水面之间。沿着河岸走，您会发现一些历史建筑和现代建筑交错出现，既有解放桥这样充满故事的老建筑，也有像天津之眼这样充满现代气息的新地标。

如果您选择傍晚或者夜晚来漫步，那么海河的另一番景色将展现在您眼前：两岸的灯光开始亮起，河面倒映着城市的灯火辉煌，形成一幅幅美丽的夜景画卷。此时，您可以乘坐游船在河上缓缓航行，近距离感受海河的魅力。

沿途，您可能会遇到一些街头艺术家表演或是售卖手工艺品的小贩，也可以在附近的咖啡馆或餐厅坐下来，品尝天津地道的小吃或茶点，体验一下当地的风土人情。

说话间大巴车已经驶入古文化街的停车场，请您带好随身的贵重物品，有序下车，咱们走进古文化街，开启独具魅力的天津之旅。

第三节　天津国际邮轮母港接站沿途导游

尊敬的各位贵宾，大家好！

我代表我们旅行社，向远道而来的各位表示最热烈的欢迎！今天，我们有幸在这里迎接来自五湖四海的朋友，大家的到来为天津这座美丽的城市增添了无尽的光彩。

天津是一座历史悠久而又充满现代气息的城市，它不仅承载着丰富的文化遗产，还拥有蓬勃发展的经济和文化。海河穿城而过，赋予了天津独特的地理优势和美丽的自然风光。在这里，您可以感受到天津人民的热情好客，品尝到地道的天津美食，还能欣赏到众多令人叹为观止的历史遗迹和现代建筑。

在接下来的日子里，我们将竭诚为您服务，确保您在天津的每一刻都充满快乐与惊喜。无论是参观五大道的历史建筑，还是品尝狗不理包子等特色美食，抑或是漫步在海河两岸欣赏迷人的夜景，我们都将陪伴您一起探索这座城市的魅力所在。

请允许我再次对您的到来表示衷心的感谢，希望您在天津的旅程愉快、难忘。如果有任何需要帮助的地方，请随时告诉我们，我们会尽力满足您的需求。最后，祝愿大家在天津有一个美好的旅程！

大家下船登岸的码头是天津国际邮轮母港。天津国际邮轮母港于2010年的6月26日正式开港，是中国北方最大的邮轮母港，建筑面积达到160万平方米，岸线长达2000米。初期建设有两个大型的国际邮轮泊位，可停靠世界上最大的邮轮。

邮轮母港的客运大厦全长328米，是由"水立方"的设计团队参与设计的，形状宛如飘逸的丝带，有"海上丝绸"的美称。站在宽阔的码头上回望，凭海临风的客运大厦挺拔矗立，侧影造型犹如一艘正在破浪前行的豪华邮轮。

码头一期工程，包括客运大厦和2个邮轮泊位码头，码头岸线总长625米，可停靠目前世界最大的22万吨级国际邮轮，同时兼做集装箱滚装和汽车滚装等业务。邮轮母港客运大厦5.9万平方米，可同时为4000人提供出入境通关服务，具有通关、安检、候船、免税购物、休闲等多项功能。

2012年为适应邮轮大型化、客货运船舶多样化的发展趋势，以及适应各型滚装车装卸业务发展需求，邮轮母港启动了二期工程建设，并于2014年6月建成并试运行，使码头岸线总长度达到1112米，年设计旅客吞吐能力增至92万人次，新增滚装汽车装卸能力10万辆、集装箱吞吐量6万标箱。2014年8月，完成了天津港客运业务的全面整合，原新港客运码头内贸客货班轮、国际客货班轮"天仁"号均成功转移至邮轮母港作业运营，标志着天津邮轮产业进入了新的发展阶段。

邮轮母港交通便利，距天津市区56千米，距北京160千米，通过京津唐高速、京津高速、津滨高速、津塘公路、海滨大道以及外围高速公路网均可到达。从母港出发，驱车40分钟可到达天津滨海国际机场、驱车1.5小时可到达北京首都国际机场、驱车2.5小时可达北京大兴国际机场。除公路，乘坐京津城际列车从北京南站到滨海新区只需50分钟。

天津国际邮轮母港自开港运营以来，美国皇家加勒比、意大利歌诗达邮轮、海航邮轮、公主邮轮、渤海邮轮、地中海邮轮、诺唯真邮轮、精致钻石邮轮、丽星邮轮等邮轮公司相继开辟了以日韩为主，时间为5～10晚的母港运营航线。同时，公主邮轮、银海邮轮、水晶邮轮等众多国际知名邮轮公司也相继开通了访问港航线，成为国际各大邮轮公司辟建亚洲航线的重点港口。经过多年发展，在国内15个邮轮码头中，天津国际邮轮母港邮轮和旅客接待量仅次于上海，稳居全国第二、北方第一，形成南有上海、北有天津的市场格局。

大巴车驶出邮轮母港停车场，我们将在天津东疆保税港区内行驶一段时间。

天津东疆保税港区是在2006年由国务院批准建立的。东疆保税港区面积虽仅有30平方千米，它却是"小身材大能量"。它是迄今为止，全国面积最大、条件最好、政策最优、效率最高、通关最便捷、环境最宽松的保税港区。

这里曾经是一片汪洋，无数建设者在东疆港区吹填造陆。他们用大型海上挖泥船疏浚航道，再用吹泥机源源不断"吹"泥上岸……吹填泥方量约3亿立方米。3亿立方米什么概念？就是说如果将泥方筑成一道高1米、宽1米的堤坝，它可以绕地球近8圈。那么再加上天津滩涂海岸的特点，天津港的发展一直是伴随着航道疏浚的工程，经过数十年努力，不仅挖出了一条长47千米、水深22米、宽度近800米的优良航道，更为天津港提供了100平方千米的新土地，而东疆保税港区就是其中的一个典范。

东疆保税港区集保税区、出口加工区、保税物流园区功能于一体，在拥有开发区、保税区、高新技术产业园区等区域的全部政策的同时，充分享受国家批准的涉及税收、口岸监管、外汇管理等方面的众多优惠政策。这是继上海洋山保税港区后，中国批准设立的第二个保税港区，也是目前中国面积最大的保税港区。

2006年8月31日，国务院关于设立天津东疆保税港区的批复正式下发。根据"政府主导、企业运作、多元投资"的原则，天津港（集团）有限公司作为东疆港区建设和开发经营的主体，正在按照天津市委、市政府的要求，加快东疆港区及东疆保税港区的规划建设。东疆保税港区将借鉴国际自由贸易港区的发展模式，主要拓展国际中转、国际配送、国际采购、国际转口贸易和出口加工五大功能，重点发展现代物流业、进出口加工制造业和各类服务产业。全部建成后这里将会成为滨海新区发展的新引擎。

向您介绍过了东疆保税港区后，咱们再把范围扩大一些，我来给您说一说天津港的前世今生。"经济强国必定是海洋强国、航运强国"，这句话深刻阐明了海运与经济、海运与国家战略的关系。海运即国运。随着近代航海技术和造船业的发展，海运逐渐成为国际贸易最主要的载体，承载着大量国家级贸易和货币流动。从全球贸易的视角来看，海洋是宽广的"高速公路"，而港口作为海运和陆运的交接点，自然而然地在一座城市工商业勃兴和繁荣之路上，具有举足轻重的地位。

天津港，就是这样一座与城市命脉息息相关的港口。一直以来，"天津港是天津的核心战略资源、最大比较优势和发展命脉"这句话为不少人熟知，"港内千船驻，口外万帆扬"的壮阔景象，人们也早已有所领略。

天津港是我国重要的现代化综合性港口、世界人工深水大港，是京津冀及"三北"地区的海上门户、雄安新区主要出海口，是"一带一路"的海陆交会点、新亚欧大陆桥经济走廊的重要节点和服务全面对外开放的国际枢纽港，连续多年跻身于世界港口前十强。天津港的码头等级达到30万吨级，航道水深22米，拥有各类泊位213个，万吨级以上泊位133个，主要由北疆、东疆、南疆、大沽口、高沙岭、大港6个港区组成。天津港对外对内服务辐射能力强，拥有集装箱航线140条，每月航班550余班，同世界上180多个国家和地区的500多个港口保持贸易往来；辐射京津冀及中西部地区的14个省、自治区、直辖市，腹地面积近500万平方千米，占全国总面积的52%；70%左右的货物吞吐量和50%以上的口岸进出口货值来自天津以外的各省、自治区、直辖市。作为天津港的经营主体，天津港集团目前资产总额超过1400亿元，在香港联交所和上海证券交易所拥有两家上市公司。

2019年1月17日，习近平总书记亲临天津港视察并留下"把天津港建设好"的殷切嘱托。在2020年新年贺词中，习近平主席点赞"天津港蓬勃兴盛"，更是对天津港的充分肯定和有力鞭策。

2024年，天津港集团完成货物吞吐量4.93亿吨，集装箱吞吐量完成

2328万标准箱，港口生产双创历史最高水平。下一步，天津港集团将忠诚践行习近平总书记考察天津港时作的重要指示精神，深入学习贯彻党的二十大精神，以服务国家战略为己任，完整、准确、全面贯彻新发展理念，深度服务新发展格局，充分发挥天津港战略资源和"硬核"优势，深化落实京津冀协同发展走深走实行动、港产城融合发展行动等"十项行动"。聚力智慧创新、数字转型，绿色低碳、生态优先，开放合作、枢纽联通，协调融合、服务大局，人本共享、凝心铸魂，争做建设中国式现代化港口排头兵，以世界一流绿色智慧枢纽港口和世界一流港口营运集团建设的优异成绩，更好服务京津冀协同发展和共建"一带一路"。

沧海桑田，千万年来的自然地理变化和气候的变化，都在这里留下了深刻的印记。6000多年前，天津平原还是一片汪洋大海，后来，地面发生了大规模的海进和海退现象。海退之后，天津上升为陆地，贝壳堤是天津退海成陆的脚印，沧海桑田的记录。贝壳堤是海潮涨落时遗留、堆积形成的堤状地貌堆积体，由海生贝壳及其细沙、黏土组成，与海岸大致平行。

从"内河"到"海洋"，天津港发源于汉代内河运输。那时，为满足军事上运送兵员、转运漕粮的需要，国家征集民夫，开凿河渠，使诸河相通，合流入海，形成了以海河为主体的内河航运网。贞观十七年（643年），唐太宗发兵征辽时，每年从南方向军粮城一带运输军粮，逐渐形成军粮城港，具有泊船、装卸、仓储、中转等功能，每年转运量约300万千克以上，也就是说在唐代已正式形成军粮城港口。

后来天津港历经直沽港、紫竹林租界码头、塘沽新港三次变迁。

第一次迁移是从军粮城港到直沽港。从金朝开始至元、明、清的700多年间，中国出现了南北统一的盛势。这几个朝代均定都北京，因此北京成为全国最大的消费中心，各项所需用品从全国各地运至京都。直沽一带因河船、海船向京城转运货物较为方便，又因此处地势较高，适于兴建各种陆上建筑，遂成为漕运枢纽。从元朝起，直沽港开始兴盛，成为元、明、清王朝的交通要冲和畿辅重地，天津港逐步从"军粮城港"迁移到"直沽港"，完成第一次迁徙。

第二次迁徙是从直沽港到紫竹林租界码头。1860年，清政府被迫与英法等国分别签订《北京条约》，天津被辟为通商口岸，吉林路与承德道的紫竹林地区成为天津最早租界地。各国在紫竹林地区纷纷沿河设立租界，并修建码头，俗称"紫竹林租界码头"。天津港逐步从直沽港迁至紫竹林地区，完成第二次迁徙。

第三次迁徙则是从紫竹林租界码头到塘沽新港。1937年，日本帝国主义侵占华北。日军侵华期间，为掠夺华北资源，在海河口北岸的沉积海岸上开始修建塘沽新港。天津港从紫竹林租界码头迁移到塘沽新港，完成第三次迁徙。

由于日本侵华战争的接连失利，并未按计划完成全部塘沽新港修建。到日本投降时，工程量仅完成原计划的30%。1945年国民党政府接收后，基本是维持残局。由于国民党军队撤离时的破坏，塘沽新港变成了千疮百孔的死港。

1949年1月17日塘沽解放，中国人民解放军进驻"塘沽新港工程局"，开始组织各方力量抢修港务设施，恢复港口能力。1951年9月5日，正式成立塘沽建港委员会，组织重建塘沽新港。

1952年10月17日，天津港涅槃新生。开港当天，"长春"号轮船首航天津港，开启了中华人民共和国天津港发展的新篇章。周恩来总理亲笔题词，"庆祝新港开港，希望继续为建港计划的完成和实施奋斗"。一周后，毛泽东主席亲临新港视察，称赞"群众是伟大的，群众是英雄"，留下了"今后，我们还要在全国建设更大、更多、更好的港口"的时代强音。当时，没有大型机械和先进工具，备受鼓舞的港口工人用滚木撬棍和人拉肩扛，拼来了当年74万吨吞吐量的骄人成绩。

胸怀世界，向海而兴，方能赢得世界，荣耀古今。天津港集团坚持创新驱动发展，践行新发展理念，加大协同创新，汇聚全球智慧，创生智慧港口新范本。以质为先、效率至上、创新引领的世界一流智慧港口，树立新一代自动化集装箱码头"新标杆"，2021年10月17日，世界首个"智慧零碳"码头——天津港北疆港区C段智能化集装箱码头投产运营，成为以全新模式引领世界港口智能化升级和低碳发展的中国范例。

建设世界一流智慧港口，天津港用"首创精神"给出"中国方案"。2021年1月17日，实现全球首创传统集装箱码头全流程自动化升级项目全面运营，相比新建自动化集装箱码头节约成本70%以上，单箱综合能耗降低20%以上，码头综合运营成本降低10%以上，成为可复制、可推广的"中国方案"；树立了传统人工集装箱码头实施自动化改造"新样板"，开辟智慧港口建设"新纪元"。

建设世界一流港口营运集团，天津港用"自我革命"激发"中国活力"。牢记习近平总书记的嘱托——努力打造世界一流的智慧港口、绿色港口，更好服务京津冀协同发展和共建"一带一路"。落实"双碳"目标，低碳发展稳步健行。天津港集团咬定"生态优先、绿色发展不放松，涵养碧水蓝天，共筑美丽港口"的理念，全面构建本质安全、绿色发展新模式。以人为本、安全健康、环境友好的世界一流绿色港口。让碧水蓝天大美如画！天津港还率先引入港口美学理念，推进天津港美学设计，成为"津城""滨城"网红景点打卡地。

建设世界一流枢纽港口，天津港用"突破极限"诠释"中国速度"。紧扣时代命题，服务国家战略。天津港集团组建津冀港口联盟，大力发展"天天班"和"两点一航"环渤海支线集装箱运输，架起陆海联动、双向互济的金桥；开行京津冀集装箱快运班列，打造雄安新区服务中心和绿色通道，争当服务京津冀协同发展的交通"先行官"。更好肩负起国家赋予的战略定位，充分发挥京津冀协同发展的重要支撑、服务"一带一路"的重要支点、陆海深度融合的重要平台、现代化的国际航运枢纽作用，紧密围绕北方国际航运核心区建设，努力打造布局合理、系统完善、服务高效、港城融合发展的世界一流的智慧港口、绿色港口，建成深度服务"大循环""双循环"新发展格局的国际枢纽港。

讲过了天津港的历史变迁，咱们再把范围扩大一些，我给各位游客介绍一下天津的滨海新区。

滨海新区位于天津市东部沿海，地处环渤海经济带和京津冀城市群的交会点，是亚欧大陆桥最近的东部起点。行政区划面积2270平方千米，海岸线153千米。辖天津经济技术开发区、天津港保税区、天津滨海高新技术产业开发区、天津东疆综合保税港区、中新天津生态城5个开发区,21个街镇。天津滨海新区是全国综合配套改革试验区、国家自主创新示范区、北方首个自由贸易试验区。

滨海新区是一座生态之城。在这里，公园与城市纵横交错、鸟类与人类和谐相处。天津滨海新区坚定不移走绿色发展之路，深入打好新一轮污染防治攻坚战，优化调整产业结构、能源结构，推广中新天津生态城生态城市建设经验，推进"871"生态工程建设，建好蓝色海湾、河湖联通、绿色生态屏障项目，湿地生态环境逐年改善，过境候鸟种类超过279种，数量明显增加。2020年，北大港湿地被列入《国际重要湿地名录》，成为我国64处国际重要湿地之一。加快构建"一屏、一带、三湿地、五廊道"生态格局，实现治污增绿降碳协同推进，打造水清岸绿、天蓝海碧的美丽"滨城"。

滨海新区是一座智慧之城。滨海新区聚焦智慧城市建设全产业链，在持续引入智能科技企业、建设智慧设施项目、塑造智能应用场景的同时，积极营造人才与产业融合发展的优良环境。围绕政、产、学、研、金、服、用七大要素，积极招揽海内外优秀人才。腾讯、华为、科大讯飞、紫光云等企业已经在新区扎根，这些企业进一步扩大新区智慧城市建设"朋友圈"，在建设智慧滨海的过程中发挥了重要作用。信创谷、生物制造谷、细胞谷和北方声谷建设成为全市产业创新发展的重点。建成智慧滨海运营中心，搭建"14N"智慧城市管理平台。实现大数据一张图感知城市、大平台一张网惠及民生、大运营一条链服务产业。滨海新区作为国家智慧城市建设试点的生态城已经成为智慧技术和智能产品的"样板间"，智慧应用场景随处可见，越来越多的新区居民开始享受智能生活。

滨海新区是一座港产城融合之城。新区拥有目前世界航道等级最高的人工深水海港——天津港和以天津滨海国际机场为中心的"空港"区域，新区以海港空港为依托，坚持以高端产业支撑高质量发展，全力构建"134"产业体系，建成航空航天、电子信息等8个国家新型工业化产业示范基地。作为全国综合配套改革试验区，开发区法定机构改革得到中央深改委肯定并向全国推广；推行"一企一证"综合改革，推行"拿地即开工"模式，累计实施天津自贸试验区478项制度创新举措，37项试点经验和实践案例在全国复制推广。聚集国家合成生物技术创新中心、国家先进计算创新中心等市级以上研发机构518家。先后成立信创、海水淡化、智慧城市等产业（人才）联盟，人才链、创新链、金融链、产业链"四链"深度融合。

滨海新区是一座宜居宜业之城。天津滨海新区树立"不为不办找理由，只为办好想办法"的工作理念，持续深化"放管服"改革，实现"滨海事滨海办"。深化"一制三化"改革,全国首创信用承诺审批分级管理,从国际化、法治化、便利化、市场化入手,为企业提供"专家管家"式服务。持续推动教育事业优先发展,拥有天津茱莉亚学院、南开大学泰达学院、天津大学研究生院等国内外知名院校。完善公共卫生服务体系,打造15分钟基层医疗服务圈。滨海新区文化中心、国家海洋博物馆、滨海图书馆、滨海科技馆成为天津市文化新地标,全区各街镇村居实现综合文化服务中心全覆盖。

作为天津"双城"发展中的"滨城",滨海新区同样有着丰富的文旅资源。在这里您可以开启一次寻找海洋印记的滨海文化之旅。接下来,我就给大家细数一下滨海新区内有特色、有意思、好玩、好看的旅游景区。

对于许多人来说,航母是一种既神秘又令人向往的军事装备。而在天津,有一个不能错过的地方——泰达航母主题公园。主题公园坐落于天津市滨海新区中新生态城,成立于2006年4月,是以"基辅"号航空母舰为核心,驱逐舰、潜艇、护卫艇共同组成的国家国防教育示范基地。

进入泰达航母主题公园,首先映入眼帘的就是那座巍峨的航母。当你站在它身旁的时候,就能真切地感受到这个"钢铁巨兽"的震撼力。这艘航母不仅是军事装备,更是一件艺术品,其雄伟的外观和精细的内部设计都展现了人类的创造力。

在公园内,游客可以近距离观察和了解航母的各项设备和功能。从巨大的船体到各式各样的舰载武器,从精密的雷达系统到复杂的动力装置,每一处都充满了科技与艺术的融合。此外,航母的内部参观更是令人叹为观止,游客可以深入船舱,亲身感受航母的运作方式和士兵们的生活。

除了航母本身,泰达航母主题公园还有其他值得探索的地方。公园内的军事体验区为游客提供了丰富的军事活动和模拟战斗体验,让人感受到军队的严谨和激烈。此外,公园还有各种科普教育展览馆,让游客了解更多关于航母和其他军事科技的知识。

从泰达航母主题公园向北车行不到30分钟就可以到达天津"盐"值最高的景区——天津长芦汉沽盐场盐业风情游览区。

长芦盐区是我国海盐产量最大的海盐产区,作为这片盐区历史最为悠久的长芦汉沽盐场,它已经有1100年的历史,甚至要久于天津的建城历史,是名副其实的"千年盐场"。优越的地理自然条件和悠久的制盐传统工艺,使得产出的食盐颗粒饱满、色泽晶莹、味鲜质佳，被誉为"芦台玉砂"，它是历史上的皇家贡品。在漫长的历史中，一代又一代盐民参与到晒制海盐的工作中，奠定了天津这座城市的盐业文化。盐业风情游览区包含：长芦汉沽盐业文化展览馆、古滩遗迹、候鸟救护、玉砂仓廪、盐塑DIY制作、三体VR体验、网红滑盐、古法制盐体验等内容。

其中最引人注目是七彩盐田。由于盐田的卤水中含有"嗜盐菌"，它不仅能够促进产量，同时还能发挥净化卤水的作用，特别是每年夏秋季节的大量繁殖，使结晶池自然呈现红黄棕等不同颜色，五彩缤纷、自然天成，万顷纵横的盐池在阳光照射下宛如一个巨大的调色盘，吸引着无数摄影爱好者前来打卡。

作为生命的摇篮，生物的演变进化离不开海洋，人类的生存和发展也离不开海洋。

中国是一个陆地大国，也是一个海洋大国。我国管辖海域面积约300万平方千米，约为陆地面积的1/3；海岸线长度为1.8万千米，位居世界第四；大陆架面积位居世界第五；200海里专属经济区面积为世界第十。然而，我国一直没有一座与海洋大国地位相匹配的综合性国家海洋博物馆。直到2019年5月1日，有着"海上故宫"之称的国家海洋博物馆对公众开放，寓意着"飞鱼入海"的主题建筑也真正走进了大众的视野。

国家海洋博物馆承担着传播海洋文化、增强海洋意识、普及海洋知识、重塑中国海洋价值观的重任，是中国海洋事业的文化里程碑，体现出国家海洋发展战略，中国海洋强国的地位最终确立。

它是中华民族海洋文明的代表性博物馆，兵马俑之于西安，故宫之于北京，海洋博物馆之于天津，从西向东，勾勒出中华文明2000多年来陆地黄色文明和海洋蓝色文明交相辉映的人文景象。

国家海洋博物馆占地面积达8万平方米，建筑主体3层局部4层，围绕"海洋与人类"的主题，陈列内容分为"海洋人文""海洋自然""海洋生态"三大板块，共设六大展区15个展厅，藏品近5万件。叠层石、三叶虫、鹦鹉螺等1158件化石标本，让远古海洋真容重现眼前；9.4米的鲸鲨标本、罕见的怀孕双髻鲨塑化标本、海底滑翔机蝠鲼等5000余件精美标本，让今日海洋的面貌更加清晰；鱼龙、翼龙化石及霸王龙化石模型，让我们走进恐龙的时代，探秘中生代地球霸主；大航海时代的发现之旅，让世界走向整体，也让地球的全貌逐渐展现在世人面前；透过海上丝绸之路的展品，可以让我们了解中外贸易和文明交往的历史；通过馆藏的船舶设备、器具，可以让我们感知船舶历史的基本轮廓和发展路径……15个展厅里藏着数不尽的海洋奥秘。

走进海洋博物馆，在海洋自然、海洋人文、海洋科技、海洋生态、海洋互动等展区里遨游，认真走下来需要至少一整天，让人大开眼界，可以真正认识海洋。

我们的大巴车行驶在海滨大道上，大家可以看到右手边有一幢酷似火箭的大厦，它就是滨海的新地标——周大福金融中心。

天津周大福金融中心地处天津市滨海新区现代服务产业区内。它不仅是天津市的重要地标建筑，也是北方第一、中国第四、世界第八高的摩天楼。整个项目占地2.8万平方米，建筑面积约39万平方米，以530米的高度雄踞华北。作为一个超高层综合体项目，其塔楼有97层，包含办公楼层、近300套酒店式公寓单元和一家拥有347套客房及辅助设施的五星级酒店。裙楼共5层，设有零售商店、餐厅、俱乐部和宴会厅等。从设计之初，天津周大福金融中心就以优美的造型和超高的施工难度而广受关注，获得了"北方之钻"的美誉。

塔楼的建筑表现形式和设计灵感来源于艺术和自然中的流体几何造型，采用层层叠加并逐渐减少的楼板设计，锥形造型直插云霄。这一外形设计不仅兼顾美学和视觉冲击力，并且减少了建筑的外墙表面积，同时也最大限度地降低了风荷载和日照暴晒及雨水侵袭对建筑物造成的损伤。自然起伏形态的建筑外墙体系有利于将酒店、酒店式公寓、办公等各项功能有机合理地分布在一个具有流畅曲线的建筑造型内，同时也优化了结构跨与各主要功能外围墙之间的关系。

天津周大福金融中心还有一个威力无比的昵称叫"津沽棒"。2019年4月，市政府面向全市为周大福金融中心征集昵称，通过首轮网络投票和评委打分从300多个投稿中选出了"大火箭""津沽棒""金箍棒""擎天柱""定海神针""大麻花""金刚钻"等一批生动有趣的昵称。由于"大火箭"和"津沽棒"综合得分并列，活动又启动了二次网络投票，最终"津沽棒"以微弱优势胜出。"津沽棒"这个名字的寓意深刻，代表了"津沽大地"，谐音"金箍棒"，象征着正义和美好。这个名字不仅是现代地标与中国传统文化碰撞的产物，也体现了移动互联网时代下民众参与的重大变革。通过网友的投票和互动，使这个昵称不仅是一个建筑的代称，更赋予了它传统文化和现代建筑的完美结合。

每当重要的节日或庆祝活动到来时，周大福金融中心都会举办令人难忘的灯光秀。这些灯光秀利用先进的照明技术，配合精心设计的音乐，创造出令人叹为观止的光影效果。首先是底部的灯光逐渐亮起，像是星星在海平面上闪烁，紧接着，灯光迅速向上攀升，直到塔尖，整个建筑仿佛瞬间被点亮，光彩夺目。随着音乐的节奏，灯光变幻着不同的图案和颜色，有时像波浪一样轻轻荡漾，有时则像火焰般跳跃，每一次变化都让人赞叹不已。游客可以看到整座大楼在夜色中变幻莫测，从暖色调的温馨到冷色调的梦幻，每一种色彩的转换都带来全新的视觉冲击力。

周大福金融中心向世界展示着滨海新区经济建设上的成就，滨海文化中心则向世界展示了滨海新区在文化建设和公共服务上的成就。它通过集合多种文化设施，如图书馆、美术馆、演艺中心等，为市民及访客提供了一个接触艺术、学习知识、享受文化生活的平台。这样的文化综合体不仅丰富了市民的精神生活，提高了公众的艺术修养，也提升了城市的软实力，提升了滨海新区作为现代都市的文化品位和国际形象，现今滨海文化中心已成为天津乃至京津冀地区的标志性文化工程。

滨海文化中心位于滨海新区中心商务区天碱片区，总建筑面积31.2万平方米，是国内首屈一指的大型文化综合体。主体由"三馆、两中心、一廊"组成，涵盖滨海探索馆、滨海美术馆、滨海图书馆、滨海演艺中心、滨海市民活动中心、文化长廊。

滨海探索馆——人与城市的和谐共生。作为滨海文化中心的重要组成部分，滨海现代城市与工业探索馆位于文化中心东北角，总占地面积逾8000平方米，建筑面积超3万平方米。这里有高科技沙盘投影、天地幕、互动娱乐体验馆。滨海探索馆为滨海新区打造的文化创意融合科技创新、产业融合展示的前沿阵地，是全国首座融文化、科技、创意、智能、互动体验、休闲娱乐为一体的大型文化场馆。

滨海美术馆——线条与色彩的交织。滨海美术馆作为公益性美术馆，依托滨海新区的地域资源优势与时代文化诉求，旨在以前沿的文化理念与深层的社会关怀，结合现代性视野、国际化平台、规范化运营，力求探索出一条彰显地域人文、时代诉求、城市精神的现代美术馆创新发展之路，以开放包容、海纳百川的文化态度与艺术理想，推动天津当代文化艺术的前进和发展。

滨海图书馆——放眼看世界跨界语人生。随着影视剧《庆余年》的热播，滨海图书馆以其独特的设计灵感走入了大众视野。滨海图书馆整体的设计灵感就像一只大眼睛，透过这城市之眼，滨海可以看向世界，世界可以看到滨海。滨海图书馆的中庭被设计成"书山"造型，呈现三维感梯田形态；"书山"是基于对信息时代图书馆模式的理解提出的。公共空间是消融各功能分区的有效"溶剂"，图书馆的公共空间正逐步成为城市广场、街道等公共空间系统的延伸，中庭"书山"正是在这样一个发展趋势下产生的。一层层白色的波浪状阶梯铺开，形成一座书山，阶梯上同样存放着呈波浪状铺开的图书，读者可以拾级而上，找到喜欢的书籍，坐在阶梯上阅读。"图书馆是一座没有围墙的大学"，未来化的设计，书香满径，移步生花，把实用和美学诗意地融合在一起，在滨海图书馆的书海中徜徉，是一种享受！

滨海演艺中心——艺术与音乐的灵魂回响。作为国内一流创新型演艺中心，滨海演艺中心定位为艺术跨界融合、文艺产业孵化、娱乐业态整合的艺术殿堂。依托自贸区政策优势，打造以演艺资源平台为属性的交流平台。演艺中心内拥有可容纳1100个座位的专业歌剧院和400余个座位的多功能实验剧场等一系列场馆。滨海各类节日、表演、赛事等重要活动以及群众性文艺演出、讲座、文艺创作等活动，在这里轮番上演。滨海演艺中心以精彩纷呈的文化演奏出城市的乐章。

滨海市民活动中心——营造文化与艺术的饕餮盛宴，打造8小时之外的文化生活空间。市民活动中心位于滨海文化中心西南侧，定位为创建全国最好的设施共享、功能完善、全年龄段适用的活动中心。市民活动中心堪称"全生命周期"的文化活动中心，面向不同人群，涵盖多种服务功能，包括教育培训、体验健身、休闲娱乐等特色功能，全方位满足市民对于娱乐休闲的多维需求。

文化长廊——滨海文化中心最具特色的所在，文化长廊宽25米、高36.5米，建筑面积约为3.5万平方米，由28个伞状结构组合而成，堪称整个文化中心的"魂"。整条文化长廊宛若一条丝带，将五座风格迥异的文化场馆进行有机串联。从喧嚣浮华的尘世中漫步至此，享受片刻久违的宁静与平和。

车子正在驶过海河大桥，在下桥的左手边您看到是有着"海门古塞"之称的天津大沽口炮台。大沽口炮台是"外接深洋，内系海口"的"海门古塞"。大沽口是京津门户、海河要隘，更是入京咽喉，津门之屏障，自古即为海防重镇，素有"南有虎门，北有大沽"之说。在中国近代史中，大沽口炮台更成为我国重要的海防屏障。早在明嘉靖年间，为了抵御倭寇，加强大沽口海防战备，就开始构筑堡垒，正式驻军设防。

1816年，清政府在大沽口南北两岸各建一座圆形炮台，这便是大沽口最早的炮台。第一次鸦片战争后对大沽口炮台进行了增修、加固。至1841年已建成大炮台5座、土炮台12座、土垒13座，组成了大沽炮台群，形成较为完整的军事防御体系。1858年，僧格林沁作为钦差大臣镇守大沽口，对炮台进行全面整修，共建炮台5座，其中3座在南岸，2座在北岸，分别以"威""震""海""门""高"五字命名，寓意炮台威风凛凛地镇守在大海门户的高处。1856年5月，英、法军队在美、俄的支持下进攻大沽口炮台，炮台沦陷。1858年5月，清政府被迫签订了《天津条约》。1860年8月1日，英法军队出动舰船30余艘，兵力5000余人集结大沽海面，在坚船利炮的掩护下，乘机在天津北塘登陆，先占领北塘炮台，后包抄大沽炮台。在一场惨烈的战斗后，大沽炮台失守。英法联军进犯津、京，清政府与英法签订了《北京条约》。

1870年，李鸿章出任直隶总督兼北洋大臣后，十分重视大沽口的军事防务，对原有炮台进行了加固。同时增建了平炮台三座。1875年，再次对原有炮台进行了整修和扩建，从欧洲购买了铁甲快船、碰船、水雷船等武器装备，使大沽口成为抗击帝国主义侵略重要的军事海防要塞。

1900年，英、俄、德、日、美、法、意、奥组成八国联军再次入侵大沽口，罗荣光率将士坚守炮台，顽强抵抗，最后寡不敌众，以身殉国。

1901年，根据丧权辱国的《辛丑条约》，清政府被迫将大沽口炮台拆毁。

现保存较好的是"威"字南炮台和"海"字老炮台两座遗址，其他炮台已荡然无存。

毛泽东主席于1919年和1954年两次亲临大沽口炮台，体现了伟人对大沽口炮台的重视和关心。

大沽口炮台是中华民族抗击侵略、不畏强暴的历史见证。从清道光二十年（1840年）至清光绪二十六年（1900年），外国列强为夺取在华的经济利益和政治特权，于清咸丰八年（1858年）、咸丰九年、咸丰十年、光绪二十六年，先后四次对大沽口发动入侵，他们依仗"船坚炮利"把大沽地区置于其铁蹄蹂躏之下，乃至进逼北京，烧杀抢掠，无恶不作，把誉为"东方艺术宫殿"的圆明园焚之一炬，迫使清统治者两次离京出逃。在侵略者枪炮逼迫下，清政府签订了一个个不平等条约。面对强大的侵略者，大沽地区军民一次次用自己的血肉之躯同入侵之敌进行殊死搏斗，向世界显示了中国人民不屈不挠、勇敢坚强的民族气概。为此，伟大的革命导师马克思于1859年写下《新的对华战争》一文，严厉谴责侵略者挑起"海盗式"的战争，热情赞许中国抵抗是"有理"的正义行动。大沽口炮台历史文化遗存是天津历史文化名城不可或缺的组成部分。

如今，在大沽口炮台的原址上修建了大沽口炮台遗址博物馆。大沽口炮台遗址博物馆是展现中国近代史上帝国主义入侵，民族不畏列强、抵御外犯的民族教育和青少年教育基地，也是滨海新区历史文化中不可或缺的组成部分。建筑面积3585平方米的博物馆主要由展厅、临时展厅、放映厅等组成。

博物馆利用了立体、光、声、像等技术，让人们能够更加切身感受当年的硝烟烽火。比如，在讲述大沽口炮台成为海防重地历史背景的"京畿海门"中，通过借助现代电子技术表现宋代黄河改道海河入海示意图，让人看到蔚蓝色不停闪烁的河流及渤海湾，形象而生动地向人们展示了大沽口位置的重要性。此外，清军使用的武器、大沽口南岸炮台出土的铁锹残缺部分和被毁的铁炮残块实物，都能让人们切身体会这段风起云涌的历史。

整个博物馆就像一颗炮弹爆炸后的样子，以不规则状向四面散开，具有打破简单几何秩序性的强悍冲击力。触摸博物馆那锈迹斑斑质感粗糙的墙壁，立刻可以感受到历史的那份古朴厚重。博物馆外部就是屹立百年的"威"字炮台。"威"字炮台是1997年由政府拨款修复的，修旧如旧是为了保持大沽口炮台的沧桑厚重。它的几次兴废，向后人传达了"勿忘国耻"，牢记"落后挨打，科技兴国"的信条。

现在我们车子行驶的道路是天津大道，是天津市区通往滨海新区的主干道路之一。在天津大道与海河之间坐落着天津海昌极地海洋公园。

天津海昌极地海洋公园是一座以极地海洋文化为主题的大型开放式旅游景区。该公园由大连海昌集团投资36亿元人民币兴建，占地约4.9万平方米，建筑面积达到4.7万平方米，是目前中国国内最大的单体极地海洋馆之一。

公园内部划分成多个特色区域，包括极地海洋馆、远古海洋馆、魔法海洋科技体验馆、萌兽湾、海洋欢乐星球以及未来水母馆六大主题区。每个主题区都有其独特之处。比如，极地海洋馆中展示了多种极地海洋生物，如企鹅、北极熊等；而未来水母馆则以其绚丽多彩的水母展示吸引了大量游客的目光。

除了丰富多彩的海洋生物展示，天津海昌极地海洋公园还提供了一系列的互动体验项目，如观赏各种海洋动物表演、参与科普教育活动等。公园内的设施还包括餐饮、住宿以及其他娱乐服务，为游客提供了一个全方位的服务体系。

值得一提的是，天津海昌极地海洋公园在2013年被评为国家4A级旅游景区，并且在2022年获得了"第一批全国科普教育基地"的荣誉。这标志着它不仅是休闲娱乐的好去处，也是一个重要的科普教育平台。

无论是在寒冷的冬季还是炎热的夏季，天津海昌极地海洋公园都提供了适宜的室内温度，确保游客可以在舒适的环境中欣赏到海洋世界的奇妙。同时，公园也会定期举办一些主题活动，如极地冰雪节、夏日冰爽排队等，为游客提供更加丰富的游玩体验，无论是家庭出游还是朋友相聚，这里都是一个理想选择。

车行的右前方是国家会展中心（天津）展馆。国家会展中心（天津）展馆地处天津市津滨双城生态屏障核心区，海河中游南岸，东至卫津河、南至天津大道、西至宁静高速海河特大桥、北至海河南道。距北京首都国际机场134千米、北京大兴国际机场99千米、天津滨海国际机场约10千米、天津港约20千米、高铁站约15千米。会展中心总建筑面积约134万平方米，其中室内外展览总面积55万平方米,停车位9400余个,商业配套32万平方米,货车轮候区11万平方米。天津的国家会展中心(天津)展馆充分落实生态、环保、绿色发展理念,按照"展馆本身就是绿建展览"的要求设计施工,具有六大特点:一是按照绿色建筑三星级标准进行设计,展现绿色环保理念;二是利用屋顶设置光伏设备发电,节能环保补充会展使用;三是利用地源热泵系统,辅助供热制冷;四是设置雨水回用系统,对雨水进行收集利用;五是采用预制装配构件,以工业化方式开展建设,减少现场污染;六是按四步节能组织实施,提升能源利用效率,降低损耗。全面建成后是中国北方展览规模最大、配套设施齐全、使用体验一流、全球领先的绿色智慧、创新型会展综合体。

国家会展中心(天津)展馆是继广州广交会展馆、承办进博会的国家会展中心上海展馆后,商务部投资的第三个国家会展项目,也是商务部国家会展项目整体布局的收官之作,至此完成了珠三角、长三角、环渤海三个最具行业代表性区域的国家会展项目整体布局,有效填补了中国北方缺乏超大型展馆的空白,补齐了北方会展业发展的短板,推动中国会展业持续做大做优做强,提升中国会展业的国际影响力和话语权。

大巴车已经抵达您下榻的酒店,希望通过我这一路的讲解让您对天津滨海新区有一个全面的了解。在未来几天的行程中,我还会把我们天津的历史文化和风俗习惯都讲给大家。现在,请大家带好随身的贵重物品和行李,有序下车,办理入住手续。

第四节　天津市区送站沿途导游

尊敬的各位旅客,亲爱的朋友们:

在这个充满欢笑与回忆的美好时刻,我们即将踏上归途,心中不免涌动着万般不舍。回望这段旅程,从晨曦初露到夜幕低垂,从繁华都市到静谧乡村,每一幕风景都如同画卷般缓缓展开,而您,我亲爱的旅客们,正是这幅画中最动人的色彩。

记得初见时,大家带着对天津的好奇与期待,汇聚在这片充满故事的土地上。那时的我们，或许还略显生疏，但那份对旅行的热爱和对美好生活的向往，却让我们迅速拉近了距离。在机场、车站，或是集合点，那一声声"您好"，不仅是对彼此的问候，更是这段旅程美好开始的序章。

　　随后的日子里，我们一起穿梭在历史的长河中，感受了天津的沧桑与辉煌。在五大道，当您第一次看到这些经过岁月洗礼的小洋楼时，大家被它们独特的外观吸引。欧式风格的建筑与中式元素的融合，让人仿佛穿越时空，回到了那个东西方文化碰撞交融的时代，此时的心情是惊喜与赞叹。随着步伐深入，我们逐渐被这里的宁静与和谐所感染。走在小洋楼之间的街道上，感受着每一砖每一瓦背后的故事，心情变得越发平和。阳光透过树叶洒下来，形成斑驳的光影，更是为我们的旅行增添了几分诗意。当我们走进一栋栋小洋楼内部，通过讲解员的介绍了解到它们的历史背景时，内心产生一种敬畏之情。这些老建筑不仅是物质文化遗产，更是承载着天津城市记忆的精神符号。每当这种时刻，您都会为这座城市曾经的辉煌而感叹，也为它今天的发展而惊叹。在天津博物馆里，那些珍贵的文物如同时间的信使，将我们带回到那个遥远而璀璨的时代。我们不仅在视觉上得到了极大的享受，更在心灵深处受到了深刻的触动，对中华文化的博大精深有了更加直观和深刻的理解。

　　红色主题的纪念馆是我们这次旅行的一大亮点。当我们大家踏入纪念馆的那一刻，就被那里的氛围所感染。无论是实物还是雕塑，都在无声地诉说着过往的故事。这些故事虽然发生在不同的时代背景下，但它们所传递的共同主题——爱国与奉献——却始终贯穿其中。在参观过程中，我们看到那一张张泛黄的照片，读到那一封封手写的信件，它们让我们仿佛穿越了时空，回到了那个战火纷飞的年代。那些英勇无畏的身影、那些感人肺腑的文字，无一不向我展示着中华民族不屈不挠的精神面貌。我为这些伟人、英雄们感到骄傲，更为我们国家有这样一群可敬可爱的人而感到自豪。

　　说到旅行，怎么能不提美食呢？我们一同品尝了天津的特色美食，从西北角的早点到天津三绝，从地道的天津海鲜再到起士林正宗的法俄大餐，每一种味道都承载着天津的文化与风情。那热气腾腾的狗不理包子，满口留香，让人欲罢不能；那酥皮覆盖着罐焖牛肉，搭配着口感细腻的红酒，让人回味无穷。这些美食不仅满足了我们的味蕾，更让我们大家感受到了天津这座近代中国开风气之先河的城市，其独特的饮食文化和中西融合的城市底蕴。

然而，美好的时光总是短暂的。转眼间，大家就要回程了，回到各自的生活轨道上。虽然舍不得，但还是不得不说再见！感谢各位贵宾在这次旅游过程中对我工作的理解、配合以及给予我的支持和帮助！也许我不是最好的导游，但是大家却是我遇见过最好的游客！能和各位游客一起度过这难忘的几天，也是我导游生涯中最大的收获！在此离别之际，我想对大家说：感谢有您，让我的工作充满了意义与快乐；感谢有您，让我的人生增添了无数精彩与感动。虽然我们将要分别，但请相信，这份情谊将永远镌刻在我们的心中。无论未来我们身在何方，都请记得这段美好的旅程和彼此之间的温暖与陪伴。

最后，我想用一句话来结束我的欢送词："海内存知己，天涯若比邻。"愿我们在未来的日子里，无论相隔多远，都能保持联系，共同分享生活的点滴与喜悦。愿我们的友谊如同这趟旅程一样，永远充满阳光与温暖。

再见了，亲爱的旅客们！愿您们的归途平安顺利，愿您们的未来更加美好灿烂！期待在未来的某一天，我们能够再次相聚在这片充满故事的土地上，共同续写属于我们的新篇章！

# 第四章
天津导游考试问答示例

第一节　导游服务规范

一、考试目的

此项考试考查考生对导游服务规范、工作程序、服务质量要求等方面的掌握程度和应用能力，包括地陪导游的导游服务规范、全陪导游的导游服务规范、定点导游的导游服务规范、散客旅游的接待服务规范、出境领队服务工作程序及文明旅游相关内容。

二、考试内容

1. 地陪导游的导游服务规范

考查考生是否熟悉和掌握地陪导游的主要工作内容及应达到的服务质量标准。

（1）了解接待旅游团队前的服务准备内容，熟悉计划准备、物质准备、语言和知识准备、形象准备、心理准备等方面的主要内容。

（2）熟悉接站服务的工作程序，掌握旅游团抵达前的服务安排、旅游团抵达后的服务、赴饭店途中的服务等方面的导游服务规范。

（3）熟悉入店服务、核对及商定活动日程等服务规范。

（4）熟悉参观游览服务的规范和服务质量标准，掌握出发前的准备、途中服务、景点导游讲解、参观活动、返程中的服务等服务内容和服务技巧。

（5）熟悉和掌握地陪导游应提供的社交活动、餐饮服务、娱乐服务、购物服务等服务项目的具体服务程序、服务规范和服务质量标准。

（6）熟悉送客服务的服务规范与服务质量标准，掌握送行前的工作、离店服务、送行服务等工作的程序和服务质量标准。

（7）熟悉旅游团队离开当地后所遗留问题的处理、结账、总结等后续工作的工作程序。

2. 全陪导游的导游服务规范

考查考生是否熟悉和掌握全陪导游的主要工作内容及应达到的服务质量标准。

（1）了解全陪导游的服务准备工作内容及工作程序，掌握接待计划的熟悉、知识准备、物质准备、与接待社联系等工作内容。

（2）熟悉首站（入境站）接团服务的规范和服务质量标准，掌握迎接游客、入境介绍、商谈日程、入店服务等服务工作的方法。

（3）熟悉各站服务的规范，掌握抵站服务、停留服务、离站服务、途中服务等全陪导游服务的质量标准。

（4）熟悉末站（离境站）送团服务和后续工作的工作程序和方法。

3. 定点导游的导游服务规范

考查考生是否熟悉和掌握定点导游的主要工作内容以及应达到的服务质量标准。

（1）熟悉服务准备方面的工作内容，了解游客的基本情况。

（2）根据游客的情况准备必要的专业知识和导游讲解方式。

（3）掌握必要的生态环境或文物保护知识和安全知识。

（4）了解景区景点的有关管理规定。

（5）熟悉景点导游讲解的服务规范和服务质量标准，掌握致欢迎词、导游讲解和送别服务的方法和技巧。

4. 散客旅游的接待服务规范

考查考生是否熟悉和掌握散客旅游的接待服务程序及应达到的服务质量标准。

（1）熟悉接站服务的基本程序和服务质量标准，掌握服务准备、接站服务、沿途导游服务、入住饭店服务和后续工作的服务规范。

（2）熟悉散客导游服务的主要工作内容和服务质量标准，掌握出发前服务、途中导游服务、现场导游讲解等服务规范。

（3）熟悉散客送站服务的基本程序，掌握散客送站服务准备、到饭店接运游客、到站送客等服务规范。

（4）了解自驾车散客旅游的接待服务规范，熟悉向导服务、安全服务、生活提醒服务等服务内容。

5. 出境领队服务工作程序

考查考生是否熟悉和掌握出境领队的主要工作内容及应达到的服务质量标准。

（1）了解出境旅游团领队服务程序和服务质量标准。

（2）了解出境前服务准备工作程序以及服务准备的主要内容。

（3）了解出境旅游服务的主要内容以及带团出境、抵站服务的服务规范。

（4）了解境外服务的主要内容和服务质量标准。

（5）了解归国入境服务和归国后续工作的内容。

6. 文明旅游

考查考生是否了解文明旅游的意义，熟悉相关文明旅游公约，掌握应对个别游客的不文明言行的基本原则和处理方法。

（1）了解开展文明旅游活动对维护我国的国家形象、维护游客及相关利益方合法权益的意义。

（2）了解导游在促进文明旅游活动中应发挥的作用和应承担的义务。

（3）熟悉《中国公民出境旅游文明行为指南》《中国公民国内旅游文明行为公约》《旅游不文明行为记录管理暂行办法》的主要内容。

（4）掌握应对个别游客不文明言行的基本原则和处理方法。

三、服务规范问答题

1. 地陪导游接待服务流程可划分为几个阶段？

（1）服务准备。

（2）接站服务。

（3）入店服务。

（4）核对、商定日程。

（5）参观游览服务。

（6）食、购、娱服务。

（7）送站服务。

（8）善后工作。

2. 地陪导游接待阶段前需要做哪些准备工作？

（1）熟悉接待计划。

（2）落实接待事宜。

（3）知识准备。

（4）物质准备。

（5）形象准备。

（6）心理准备。

3. 地陪导游熟悉接待计划时，应当弄清旅游团队的哪些情况？

（1）旅游团的基本信息，包括组团社信息、旅游团队信息。

（2）旅游团成员的基本信息。

（3）全程旅游路线、入出境地点。

（4）旅游团抵离本地情况。

（5）旅游团交通票据情况。

（6）旅游团的特殊要求和注意事项。

4. 地陪导游熟悉旅游团基本情况时，包括哪些内容？

（1）旅游团的团名、团号、电脑序号。

（2）领队、全陪的姓名与电话。

（3）旅游团种类。

（4）旅游团等级。

（5）旅游团费用结算方式。

5. 地陪导游熟悉旅游团成员及特殊要求和注意事项情况时，包括哪些内容？

（1）熟悉旅游团成员信息包括：人数、姓名、性别、国籍（省份、城市)、年龄、职业、文化层次、宗教信仰、风俗、饮食习惯等。

（2）熟悉特殊要求和注意事项包括：①住房、用车、游览、餐饮等方面的特殊要求；②该团的特殊情况和注意事项；③增收费用情况；④特殊游客情况。

6. 地陪导游熟悉旅游团交通票据及抵离本地情况时，包括哪些内容？

（1）熟悉交通票据情况包括：①赴下一站的交通票据是否已经订妥；②有无变更和更改后的落实情况；③有无返程票（若有，是否落实）。

（2）熟悉抵离本地情况包括：①抵离时间；②所乘交通工具类型；③班次（车次、船次）；④使用的交通港（机场、车站、码头）的名称。

7. 地陪导游如何落实旅游团接待车辆？

（1）在团队抵达前，与旅行社或相关部门确认车辆安排，并与司机取得联系。

（2）向司机提供团队的准确行程，商定接人时间和地点。

（3）接待大型旅游团时，地陪导游应在车上贴上醒目的编号和标记，以便游客识别。

（4）在接团时，仔细核对车辆的型号、牌照等信息，确保无误。

8. 地陪导游如何落实旅游团接待用房及用餐？

（1）在接团前要与旅行社计调人员核实该团客人所住房间的数目、类别、入住及退房时间是否与接待计划相符，核实房费内是否含早餐等；若接待重点旅游团，可提前到酒店了解排房情况，配合做好接待工作。

（2）预先与有关餐厅联系，确认旅游团日程表上安排的每餐落实情况，并告知餐厅旅游团的人数、餐饮标准、日期、特殊要求等。

9. 地陪导游如何预先熟悉旅游景点及参观游览点情况？

（1）地陪导游应预先了解景点的讲解内容、位置、行车路线、开放时间、最佳游览线路、厕所位置等。

（2）必要时，地陪导游可以先去踩点，以保证旅游活动的顺利进行。

（3）根据接待计划确定的参观游览点，做好有关知识和资料的准备，尤其是新开放景点的知识准备。

10. 地陪导游上团前应如何做好个人物质准备？

（1）领取必要的票证、表格和费用。

（2）准备工作物品，包括导游证、导游身份标识、行程单、导游旗、接站牌、扩音器、旅行社标志、行李牌、通讯录等。

（3）准备个人物品，包括手机及充电器、防护用品（雨伞、遮阳帽、润喉片等）、常备药品、记事本、工作包等。

11. 地陪导游上团前如何做好个人形象准备？

（1）着装要符合导游的身份，要方便进行旅游服务工作。

（2）衣着要简洁、整齐、大方、自然，佩戴首饰要适度，不浓妆艳抹。

（3）如果接待计划中安排有会见、宴会、舞会等，要准备好适合这些场合的正装或民族服装。

（4）头发要保持清洁、整齐。

12. 地陪导游上团前如何做好个人心理准备？

（1）准备面临艰苦复杂的工作。

（2）准备承受抱怨和投诉。

（3）准备面对形形色色的"精神污染"和"物质诱惑"。

13. 旅游团抵达前，地陪导游应当做哪些服务安排？

（1）接团当天，确认旅游团所乘交通工具抵达的准确时间。

（2）与旅游车司机联系。

（3）到达接站地点后，再次核实航班（车次）抵达的准确时间。

（4）持接站牌迎候旅游团。

14. 旅游团抵达后，地陪导游如何迎候旅游团？

（1）地陪导游应在旅游团出站前，通过微信或电话联系对方，并持接站牌站立在出口醒目的位置，面带微笑迎候旅游团。

（2）接站牌上要写清团名、团号、领队或全陪姓名，接小型旅游团或无领队、无全陪的旅游团要写上客人的姓名。

15. 旅游团抵达后，地陪导游应当提供的服务包括哪些？

（1）认找旅游团（地陪应站在明显位置并举起接站牌，主动上前询问，仔细核对组团社名称、领队和全陪姓名）。

（2）向领队或全陪导游核实人数，如与计划不符，应通知旅行社。

（3）集中清点行李。

（4）集合登车。

16. 地陪导游接到旅游团后，如何核实旅游团的人数？

（1）先向领队（或全陪）做自我介绍，再与领队或全陪导游核实实到人数。

（2）如果旅客实到人数与接待计划人数不符，要及时通知旅行社，以便变更住宿、餐饮安排。

（3）如所接待的旅游团无领队和全陪导游，地陪导游要与旅游团成员核对团名、人数及团员姓名。

17. 地陪导游接到旅游团后，集合登车时需要注意什么？

（1）地陪导游应提醒客人带齐行李物品，引导客人前往旅游车停放处。

（2）司机应打开大巴车底层行李箱或者后备箱，帮助客人码放行李。

（3）地陪导游要站在车门旁，搀扶或协助客人上车。

（4）客人上车后，地陪导游应协助游客整理行李架上的手提行李。

（5）待客人坐定后，地陪导游要提醒客人系好安全带，清点人数无误后示意司机开车。

18. 赴饭店的途中，地陪导游的服务工作有哪些？

（1）致欢迎词。

（2）调整时间（外国旅游团）。

（3）首次沿途导游。

（4）宣布当日或次日的活动安排。

（5）宣布集合时间、地点和停车地点。

19. 地陪导游致欢迎词时，一般应包括哪些内容？

（1）真诚问候游客。

（2）代表所在旅行社、本人及司机欢迎游客光临本地。

（3）介绍自己的姓名及所属单位，介绍司机。

（4）希望游客配合自己的工作，并多提意见和建议。

（5）预祝游客旅游愉快、顺利。

20. 地陪导游在做首次沿途导游时，一般应包括哪些内容？

（1）风光导游：地陪导游应在行车途中对道路两旁的人、物、景做好风光导游，以满足游客初到一个地方的好奇心。

（2）本地概况介绍：包括地理位置、气候、人口、历史沿革、行政区

— 243 —

划、居民生活、主要物产、文化传统、土特产品等。

（3）下榻饭店介绍：包括饭店的名称、位置、距离机场（车站、码头）的距离、星级、规模、主要设施设备与使用要求以及入住手续和注意事项等。

21. 旅游团下榻饭店时，地陪导游应做好哪些方面的工作？

（1）协助办理入住手续。

（2）介绍饭店设施。

（3）带领游客用好第一餐。

（4）处理游客入住后有关问题。

（5）宣布当日及近日的活动安排。

（6）确定叫早及早餐时间。

22. 地陪导游应如何协助领队或全陪办理入住登记手续？

（1）根据分房名单表，请客人在饭店前台自觉排队，使用身份证有序办理入住登记，领取房卡。

（2）请前台复印分房名单表，前台、地陪导游、全陪导游、领队各执一份。

（3）把在前台处领取的印有饭店名称、地址和电话的饭店卡片分发给游客。

（4）如旅游团既无领队又无全陪，可请团长分房。

（5）地陪导游若留宿饭店，要将自己的房间号告知全陪和领队，如不留宿饭店，应将自己的电话号码告知他们，方便联系。

23. 入住饭店后，地陪导游如何向游客介绍饭店设施？

（1）地陪导游应向全团介绍饭店的主要设施，包括外币兑换处、中西餐厅、娱乐场所、商品部的位置以及在店内如何使用 Wi-Fi，并讲清住店注意事项。

（2）如客房内无保险箱，提醒游客将贵重物品交前台保管。

（3）告知房内小酒吧等收费项目。

（4）告知饭店安全通道位置以及房间安全注意事项。

24. 地陪导游如何带领游客用好第一餐？

（1）游客进入房间之前，地陪导游要向客人介绍该团在饭店内的就餐地点、时间和就餐形式。

（2）提前向餐厅服务员询问本团座次，带领游客进入餐厅指定的餐桌入座。

（3）告知游客用餐的规定、餐费所包含的内容，以免产生误会。

（4）在用餐前，地陪导游要核实餐厅是否有根据该团用餐的特殊要求和饮食忌讳安排团餐。

25. 核对商定节目安排时会出现哪三种情况？

（1）对方可能会提出一些较小的修改意见。

（2）对方可能提出的要求与原计划的日程有较大的变动，或涉及接待规格。

（3）领队（或全陪导游）手中的旅行计划与地陪的接待计划有部分出入。

26. 核对商定节目安排时，对方提出较小的修改意见，地陪导游应如何处理？

（1）地陪导游可在不违背旅游合同的前提下，对合理而可能满足的项目，努力予以安排。

（2）如对方提出增加新的游览项目，而新增项目需要收费，地陪导游应及时向旅行社有关部门反映，并事先向领队和游客讲明，若他们同意，订立合同，按规定收费。新增项目不得影响计划项目实施。

（3）对无法满足对方要求的项目，地陪导游要耐心做好解释和说服工作。

27. 核对商定节目安排时，领队（或全陪导游）手中的旅行计划与地陪导游的接待计划有部分出入，地陪导游应如何处理？

（1）地陪导游应及时报告旅行社查明原因，分清责任。

（2）若是接待方的责任，地陪导游应实事求是地说明情况，向领队和全体游客致歉，并及时做出调整。

（3）若责任不在接待方，地陪导游也不应指责对方，必要时，可请领队向游客做好解释工作。

28. 参观游览时，地陪导游为什么要提前10分钟到达集合地点？

（1）这是导游对工作负责的表现，会给游客留下很好的印象。

（2）地陪导游可利用这段时间礼貌地招呼早到的游客，听取游客的意见和要求。

（3）在时间安排上留有余地，提前做好出发前的各项准备工作。

（4）核实、清点实到人数。

（5）提醒注意事项（天气、行程路线等）。

29. 地陪导游在景点导游、讲解过程中应做好哪些工作？

（1）交代游览中的注意事项。

（2）游览中的导游讲解服务。

（3）留意游客动向，防止游客走失和发生治安事故。

30. 地陪导游带领旅游团抵达景点后需要交代哪些游览中的注意事项？

（1）抵达景点下车前，地陪导游要讲清并提醒游客记住车的型号、颜色、标志、车号、停车地点和开车时间。

（2）在景点示意图前，地陪导游应讲明游览路线、所需时间、集合时间、地点等。

（3）地陪导游还应向游客讲明游览参观过程中的有关注意事项，如不乱刻乱画、不在禁烟区吸烟、不在禁止拍照处拍照等。

31. 一天的旅游活动结束后，返程途中地陪导游应做好的导游服务工作包括哪些？

（1）回顾当天活动。

（2）进行风光导游。

（3）提醒注意事项。

（4）宣布次日活动日程。

（5）安排叫早服务。

32. 旅游团在用餐过程中，地陪导游应当提供哪些服务？

（1）巡视旅游团用餐情况1～2次。

（2）解答游客在用餐过程中提出的问题。

（3）监督、检查餐厅是否按照标准提供服务，以及解决用餐过程中可能出现的问题。

33. 地陪导游如何做好旅游团计划内的娱乐服务？

（1）对于计划内安排的文娱活动节目，地陪导游应陪同前往，并向游客简单介绍节目内容和特点。

（2）到达演出场所后，地陪导游要引领游客入座，并介绍有关演出设施与位置，解答游客的问题。

（3）演出结束后，要提醒游客不要遗留物品并带领游客依次退场。

（4）在大型娱乐场所，地陪导游要时刻注意游客的动向与周围的环境，了解出口位置，以便发生意外情况时能及时带领游客撤离。

34. 地陪导游安排游客购物时，应当遵循的法律及规定有哪些？

（1）严格按照《中华人民共和国旅游法》的规定来操作。

（2）根据接待计划规定的购物次数、购物场所和停留时间带领游客购物。

（3）不擅自增加购物次数和延长停留时间，更不得强迫游客购物。

（4）对于不愿参加购物活动的游客，要做出妥善安排，如安排到环境较好的地点休息等候等。

（5）导游不得私自收取商家给予的购物"回扣"。

35. 旅游团结束本地游览，地陪导游送行前的业务工作有哪些？

（1）核实交通票据。

（2）商定出行李的时间。

（3）商定集合、出发时间。

（4）商定叫早和早餐时间。

（5）提醒游客结账。

（6）及时归还证件。

36. 旅游团结束本地游览，地陪导游如何做好旅游团交通票据的核实工作？

（1）旅游团离开前一天，地陪导游应认真核实旅游团离开的机（车、船）票和全陪姓名、去向、航班号及时间、地点等事项，然后交给全陪导游。

（2）如果航班（车次、船次）和时间有变更，地陪导游应问清计调部门是否已通知了下一站，以免造成漏接。

（3）若是乘飞机离境的旅游团，地陪导游除了核实机票内容，还应掌握该团机票的种类，并提醒领队和游客提前准备好海关申报单，以备海关查验。

37. 旅游团结束本地游览，地陪导游送行途中一般包括哪些服务？

（1）回顾行程。

（2）致欢送词。

（3）提前到达机场（车站、码头），照顾游客下车。

（4）办理离站手续。

（5）与司机结账。

38. 地陪导游致欢送词时，一般应包括哪些内容？

（1）简要回顾在本地的旅游活动。

（2）对游客及领队、全陪、司机的合作表示感谢。

（3）表达友谊和惜别之情。

（4）诚恳地征询意见和建议，若有不尽如人意之处，应借此机会致歉。

（5）表达美好的祝愿，期待再次相逢。

39. 全陪导游的地位和作用是什么？

（1）全陪导游的地位：组团社的代表。

（2）全陪导游的作用：①自始至终参与旅游团全旅程的活动；②负责旅游团移动中各环节的衔接；③监督接待计划的实施；④协调领队、地陪、司机等旅游接待人员的关系。

40. 全陪导游在上团前要了解和掌握该团的哪些情况？

（1）了解旅游团的情况及领队姓名、电话。

（2）了解旅游团成员的情况：民族、职业、姓名、性别、年龄、宗教信仰、生活习惯等。

（3）了解团内较有影响力的成员、特殊照顾对象和知名人士的情况。

（4）掌握旅游团的行程计划、旅游团抵离旅游线路各站的时间。

（5）熟悉全程中各站的主要参观游览项目。

（6）了解全程各站安排的文娱节目、风味餐食。

41. 首站（入境站）接团服务时，全陪导游应怎样迎接客人？

（1）迎接入境旅游团时，全陪导游应在接团前一天，与首站接待社联系，了解接待工作详细安排情况。

（2）与首站地陪导游一起提前30分钟到达接站地点，迎候旅游团。全陪导游要协助地陪导游认找应接的旅游团，防止错接。

（3）认准旅游团后，全陪导游要向领队和游客问好，进行自我介绍，并介绍地陪导游，然后应立即询问和确认旅游团实到人数。如实到人数与接待计划有出入，应及时通报组团社，由组团社通知各接待社。

（4）将游客的行李集中，并与领队、地陪导游一起进行清点。

42．全陪导游如何做好抵达下一站的"途中服务"？

（1）与领队配合做好游客登机（车、船）、安检及行李托运等相关手续。

（2）全陪导游要对年长及儿童游客给予重点照顾。

（3）全陪导游应加强与游客之间的沟通，回答游客的各种问题，并组织一些活动活跃气氛。

（4）全陪导游要提醒游客人身和财物安全，并请乘务人员协助做好安全工作。

（5）若交通工具不能正常运行时，全陪导游应与交通部门和组团社保持有效沟通，并稳定好游客的情绪。

43．全陪导游带领旅游团从上一站抵达下一站时应提供的服务，主要包括哪几项内容？

（1）通报旅游团情况。

（2）带领旅游团出站。

（3）做好与地陪导游的接头工作。

（4）转告旅游团情况。

44．全陪导游在"各站服务"时主要工作内容是什么？

（1）全陪导游应向地陪导游通报旅游团的情况，并协助地陪工作。

（2）监督各站服务质量，酌情提出改进意见和建议。

（3）保护游客的安全，预防和处理各种事故。

（4）为游客当好购物顾问。

（5）做好联络工作。

45．全陪导游应怎样做好与各站间的联络工作？

（1）做好领队与地陪导游、游客与地陪导游之间的联络、协调工作。

（2）做好旅游线路上各站间，特别是上站、下站之间的联络工作。

（3）当实际行程和计划有出入时，全陪导游要及时通知下一站。

46. 旅游团在各站停留期间，全陪导游应当如何协助地陪导游和领队工作？

（1）进入饭店后，全陪导游应协助领队办理入住登记手续，掌握名单；如果地陪不住在饭店，全陪导游要负起照顾好旅游团的责任。

（2）景点游览时，地陪导游带团前行，全陪导游应殿后，招呼落后的游客，并不时清点人数，以防走失。如果有游客走失，一般情况下应由全陪导游和领队分头寻找，而地陪导游则带领其他游客继续游览。

（3）旅游活动中若有游客突然生病，通常情况下由全陪导游及患者亲友将其送往医院，地陪导游则带团继续游览。

47. 旅游团在各站停留期间，全陪导游应当如何监督各站服务质量？

（1）通过观察和征询游客意见来了解和检查各地在交通、住宿、餐饮和地陪服务等方面的服务质量是否符合国家和行业的质量标准。

（2）若发现有减少规定的游览项目、增加购物次数及降低住宿及餐饮质量标准的情况，要及时向地陪导游提出改进或补偿意见，必要时向组团社报告，并在《全陪日志》中注明。

（3）若旅游活动安排在内容上与上几站有明显重复，应建议地陪导游做必要的调整。

（4）在地陪导游缺位或失职的情况下，全陪导游应兼顾地陪导游的职责。

48. 旅游团结束后，全陪导游的后续工作包括哪些内容？

（1）处理遗留问题。

（2）填写《全陪日志》或其他旅游行政管理部门和组团社所要求的有关资料。

（3）按财务规定，尽快结清该团账目。

（4）归还在组团社所借物品。

49. 景区讲解员在接待前应做好的业务准备工作主要包括哪方面内容？

（1）了解所接团队或游客的有关情况。

（2）了解来访游客所在地区或国家的宗教信仰、风俗习惯和禁忌。

（3）对游客特殊需要的讲解内容事先进行准备。

（4）提前了解服务当天的天气和景区（点）道路情况。

（5）应急预案的准备。

50.景区讲解员在接待前应做好的知识准备工作主要包括哪些方面的内容?

(1)熟悉并掌握本景区讲解内容所需的知识。

(2)根据游客对讲解的时间长度、认知深度的不同,准备两种或两种以上讲解方案。

(3)掌握必要的生态环境保护和文物保护知识以及安全知识。

(4)熟悉本景区的有关管理规定。

51.景区讲解员在接待前应做好的形象准备工作主要包括哪些方面的内容?

(1)着装整洁、得体;有着装要求的景区,根据景区要求穿着工作服。

(2)饰物佩戴及发型,以景区要求为准,女讲解员以淡妆为宜。

(3)言谈举止应文明稳重,可适度使用肢体语言。

(4)接待游客应热情诚恳,符合礼仪规范。

(5)工作时应始终情绪饱满,不抽烟或吃零食。

(6)注意个人卫生。

52.景区讲解员致欢迎词的主要内容有哪些?

(1)代表本景区对游客表示欢迎。

(2)介绍本人姓名及所属单位。

(3)表达景区对提供服务的诚挚意愿。

(4)表达希望游客对讲解工作给予支持配合的意愿。

(5)预祝游客旅游愉快。

53.散客旅游与团队旅游有哪些区别?

(1)散客是自行安排和计划旅游行程,而团队则多为旅行社或旅游服务中介机构来安排。

(2)散客旅游的付费方式是零星现付,而团队旅游多采用包价形式,出游前一次性支付。

(3)零星散付的形式使散客旅游的旅游项目价格相对贵一些,而团队旅游相对较为便宜。

(4)自由度不同。散客自由度大,团队旅游的游客受计划安排的约束。

54.散客旅游有哪些突出特点?

(1)规模小、批次多。

(2)要求多、变化大。

（3）自由度大。

（4）预订期短。

55. 散客旅游的接站服务准备包括哪些内容？

（1）认真阅读接待计划。导游应明确迎接的日期，航班、车次抵达的时间，散客姓名、人数，下榻的饭店，有无变更情况，提供哪些服务项目等。

（2）做好出发前的准备。导游要准备好迎接散客的欢迎标志（接站牌）、地图、导游证、导游旗。

（3）联系交通工具。导游要与计调部门确认司机姓名并与司机联系，约定出发时间、地点，了解车型、车号。

（4）与游客联系。导游在接站前与游客联系，确认接站地点和时间。

56. 散客旅游入住饭店服务包括哪几项内容？

（1）帮助办理住店手续。

（2）确认日程安排。

（3）提前订购机票。

（4）后续工作。

57. 散客导游服务一般包括哪几项内容？

（1）出发前的准备。

（2）沿途导游服务。

（3）现场导游讲解。

（4）购物娱乐、参观活动等其他服务。

（5）后续工作。

58. 散客旅游出发前服务规范有哪些？

（1）出发前，导游应做好相关的准备工作，如携带导游旗、宣传材料、接站牌、导游证等。

（2）与司机联系确认集合的时间、地点，督促司机做好有关准备工作。

（3）提前10分钟抵达集合地点，引导散客上车。

（4）导游应根据接待计划安排，按照规定的线路和景点带领客人游览。

59. 散客旅游现场导游讲解服务规范有哪些？

（1）抵达游览景点后，导游应对景点的相关知识进行讲解。

（2）游览前，导游应向其提供游览线路的合理建议，由其自行选择，但需要提醒游客注意上车时间、地点和车型、车号。

（3）对于散客，导游可采取对话的形式进行讲解，显得更加亲切自然。

（4）游览时，导游应注意观察散客的动向和周围的情况，以防游客走失或发生意外事故。

（5）游览结束后，导游要随车将游客送回下榻的饭店。

60.散客送站服务应做好哪些服务准备？

（1）详细阅读送站计划。导游接受送站任务后，应详细阅读送站计划，明确所送游客的姓名、离开本地的日期、所乘航班（车次、船次）以及游客下榻的饭店，有无航班或车次、人数的变更，是否与其他游客合乘一辆车去机场（车站、码头）。

（2）做好送站准备。导游必须在送站前24小时与游客确认送站时间和地点，同时备好游客的机（车、船）票。

（3）及时联系司机。同散客部或计调部确认与司机会合的时间、地点及车型、车号。

61.导游送散客前往机场（车站、码头）及送站后，分别需要提供哪些服务？

（1）送站途中，导游应向游客征询在本地停留期间的感受及对服务的意见和建议，并代表旅行社向游客表示感谢。

（2）到站后，导游应提醒和帮助游客带好行李与物品，协助其办理离站手续。

（3）导游应将散客送至隔离区入口处同其告别，热情地欢迎他们下次再来。

（4）送别散客后，导游应及时结清所有账目，将有关情况反馈给散客部或计调部。

62.境外旅游期间，领队要为游客提供的服务活动有哪些？

（1）用餐服务。

（2）住宿服务。

（3）游览服务。

（4）购物服务。

（5）维护游客生命和财产安全。

（6）协调关系，处理矛盾。

（7）处理突发事件。

63.导游领队引导文明旅游的基本要求有哪些？

（1）一岗双责（为游客提供服务和引导游客文明旅游）。

（2）掌握知识（旅游目的地法律法规、宗教信仰、风俗禁忌、礼仪等）。

（3）率先垂范、合理引导。

（4）正确沟通、分类引导。

64.导游领队引导文明旅游基本要求之"率先垂范"的具体内容指什么？

（1）以身作则、遵纪守法、恪守职责，体现良好的职业素养和职业道德，为游客树立榜样。

（2）注重仪容仪表、衣着得体，展现导游领队职业群体的良好形象。

（3）言行规范、举止文明，为游客做出良好示范。

65.导游领队引导文明旅游基本要求之"合理引导"的具体内容指什么？

（1）导游领队对游客文明旅游的引导应诚恳、得体。

（2）导游领队应有维护文明旅游的主动性和自觉性，关注游客的言行举止，在适当时机对游客进行相应提醒、警示、劝告。

（3）导游领队应积极主动地营造轻松和谐的旅游氛围，引导游客友善共处、互帮互助、互相督促并适时地给予游客友善的提醒。

66.导游领队引导文明旅游基本要求之"正确沟通"的具体内容指什么？

（1）在引导时，导游领队应注意与游客充分沟通，秉持真诚友善原则，增强与游客之间的互信，提升引导效果。

（2）对游客的正确批评和合理意见，导游领队应认真听取，虚心接受。

67.向游客提供心理服务时，导游应该注意什么？

（1）尊重游客。

（2）微笑服务。

（3）使用柔性语言。

（4）与游客建立"伙伴关系"。

（5）提供个性化服务。

68.导游、领队在引导文明旅游过程中应重点关注哪些内容？

（1）法律法规。

（2）风俗禁忌。

（3）绿色环保。

（4）礼仪规范。

（5）诚信善意。

69. 导游、领队对不文明言行的基本处理原则有哪几个？

（1）区分性质。

（2）提醒纠正。

（3）解除合同。

（4）依法报告。

70. 导游、领队面对游客的不文明行为时应如何处理？

（1）对游客因无心出现与目的地风俗禁忌、礼仪规范不协调的行为，及时提醒劝阻，必要时协助游客赔礼道歉。

（2）对从事违法或违反社会公德活动，以及从事严重影响其他游客权益的活动，不听劝阻、不能制止的游客，根据旅行社的指示，导游、领队可代表旅行社与其解除旅游合同。

（3）对从事违法活动的游客，不听劝阻、无法制止、后果严重的，主动向有关部门报告，寻求帮助，依法处理。

第二节　导游服务应变能力

一、考试目的

此项考试考查考生是否掌握游客特殊情况的处理技巧，是否掌握由不同原因造成旅游活动计划变更时应采取的措施以及是否具备处理各种突发事件和旅游事故的能力。

二、考试内容

1. 旅游计划与活动日程变更的处理

考查考生对旅游计划、旅游活动日程、活动项目变更、游客人数变化等情况的处理能力。

（1）了解导致旅游计划发生变更的原因，熟悉变更发生前导游应采取的措施。

（2）熟悉和掌握处理旅游线路变更的原则与技巧。

（3）掌握处理旅游日程变更的方法。

（4）掌握旅游活动项目变更的处理方法。

（5）掌握入境旅游团人数变更的处理方法。

2. 导游工作事故的预防与处理

考查考生对漏接、错接、空接、误机（车、船）等导游工作事故的预防与处理能力。

（1）了解漏接、错接、空接、误机（车、船）事故产生的原因。

（2）熟悉漏接、错接、空接、误机（车、船）事故的预防措施。

（3）掌握漏接、错接、空接、误机（车、船）事故的处理方法。

（4）掌握旅游活动项目变更的处理方法。

（5）掌握入境旅游团人数变更的处理方法。

3. 游客个人事故的处理

考查考生对游客的证件丢失、财物丢失、游客走失等个人事故的处理能力。

（1）熟悉游客证件、行李、钱物丢失的主要预防措施。

（2）掌握游客的旅行证件、行李、钱物丢失事故处理方法。

（3）了解造成游客走失的主要原因，熟悉游客走失事故的预防措施。

（4）掌握游客走失事故的处理方法。

4. 游客患病、死亡的处理

考查考生对游客患病的预防与处理能力、游客死亡的处理能力。

（1）熟悉游客患病的预防措施。

（2）熟悉游客患一般疾病的处理方法。

（3）掌握游客突患重病的处理方法。

（4）掌握游客因病死亡的处理原则与方法。

5. 旅游安全事故的预防与处理

考查考生对于旅游过程中可能发生的旅游安全事故的预防与处理能力。

（1）熟悉交通、治安、火灾、游客溺水、食物中毒事故的预防措施。

（2）掌握交通、治安、火灾、游客溺水、食物中毒事故的处理方法。

6. 游客不当言行的处理

考查考生处理游客不当言行的能力。

（1）熟悉对于游客的攻击性或污蔑性言论的处理原则与方法。

（2）掌握对于游客的违法行为或违规行为的处理原则与方法。

7. 游客个别要求、特殊需求的处理

考查考生对于游客提出的个别要求或特殊游客的需求的处理能力。

（1）熟悉处理游客个别要求的基本原则。

（2）掌握游客在餐饮、住房、娱乐、购物等方面提出个别要求时的处理方法。

（3）掌握参加旅游团活动的游客提出自由活动要求时的处理方法。

（4）掌握游客关于探亲访友或亲友随团活动要求的处理方法。

（5）掌握游客关于中途退团或延长旅游期限要求的处理方法。

（6）掌握游客要求导游转递物品和信件时的处理方法。

（7）熟悉对宗教界游客的服务规范和服务质量标准。

（8）熟悉和掌握对儿童或老年游客的服务规范和服务质量标准。

（9）熟悉和掌握对残障游客的服务规范和服务质量标准。

三、应变能力问答题

1. 客观原因需要变更旅游团的计划和日程，一般会出现哪几种情况？

（1）缩短或取消在某地的游览时间。

（2）延长旅游时间。

（3）逗留时间不变，但被迫改变部分旅游计划。

2. 旅游团因旅行社原因需缩短在一地的停留时间，地陪导游应如何处理？

（1）制订应变计划并报告旅行社。

（2）做好游客的工作。

（3）缩短在一地的游览时间：①尽量抓紧时间，将计划的参观游览安排完成；若确有困难，应有应变计划；突出本地最有代表性、最具特色的旅游景点，以求游客对本地的旅游景观有基本了解。②如系提前离开，要及时通知下一站。③向旅行社领导及有关部门报告，与饭店、车队联系，及时办理退餐、退房、退车等事宜。

3. 旅游团逗留时间不变,但被迫改变部分旅游计划,导游应采取哪些措施?

(1)实事求是地将情况向游客讲清楚,求得谅解。

(2)提出替代方案,与游客协商。

(3)以精彩的导游讲解,热情的服务激发游客的兴致。

(4)按照有关规定做出相应补偿,如用餐时适当加菜等;必要时,由旅行社领导出面,诚恳地向游客表示歉意。

4. 旅游团因旅行社原因需延长在一地的停留时间,地陪导游应如何处理?

(1)制订应变计划并报告旅行社。

(2)做好游客的工作。

(3)延长在一地的游览时间:①与旅行社有关部门联系,重新落实该团用餐、用房、用车事宜。②调整活动日程,酌情增加游览景点;适当延长在主要景点的游览时间;晚上安排文体活动,努力使活动内容充实。③将推迟抵达的时间及时通知下一站,以免造成空接。

5. 游客倪某和董某两人按照旅游计划 18:45 抵达机场,在机场等候两个多小时,不见地接社接站人员,投诉至当地旅游行政管理部门。

此案例属于旅游事故中的漏接。漏接是指旅游团(者)抵达一站后,无导游人员迎接的情况。其预防措施如下。

(1)认真阅读接待计划,了解旅游团抵达的日期、时间、接站地点并亲自核对清楚。

(2)核实交通工具到达的准确时间。

(3)提前到达接站地点(半小时)。

6. 造成漏接事故的主观原因有哪些?

(1)导游自身工作不够细致,没有认真阅读接待计划,弄错旅游团抵达的日期、时间、地点。

(2)导游迟到,没有按预定的时间提前抵达接站地点。

(3)由于某种原因,班次变更,旅游团提前到达,接待社有关部门在接到上一站通知后,在接待计划中注明,但导游没有认真阅读,仍按原计划接站。

7.造成漏接事故的客观原因有哪些？

（1）由于交通部门的原因，原定班次或车次变更，旅游团提前到达，但接待社有关部门没有接到上一站旅行社的通知。

（2）本站接待社接到上一站变更通知但没有及时通知该团导游。

（3）由于交通堵塞或其他预料不到的情况发生，未能及时抵达机场（车站、码头），造成漏接。

（4）由于国际航班提前抵达或游客在境外中转乘其他航班而造成漏接。

8.造成漏接事故后，导游应如何处理？

（1）诚恳致歉，力求取得游客谅解。

（2）对漏接原因做出解释和说明。

（3）接下来加倍为游客提供热情服务，力求用实际行动来取得游客谅解。

（4）汇报旅行社，必要时在征得旅行社同意后酌情给予游客物质补偿，甚至请领导出面向游客道歉。

9.造成错接事故的原因有哪些？

（1）错接旅游团一般是责任事故，是因导游责任心不强造成的。

（2）错接事故容易发生在旅游热点地区和旅游旺季。有的旅行社同时派出一个以上的团队前往同一地区；或者在旺季时，多个团队的游客会乘同一航班抵达目的地。

10.导游如何预防错接事故的发生？

（1）导游应提前到达接站地点迎接旅游团。

（2）接团时，认真核实。导游要认真逐一核实旅游客源地派出方旅行社的名称、旅游目的地接待方旅行社的名称、旅游团的代号和人数、领队姓名（无领队的团要核实游客的姓名）、下榻饭店等。

（3）提高警惕，严防社会其他人员非法接走旅游团。

11.一旦发现错接，地陪导游应立即采取的措施是什么？

（1）发现错接后应马上向接待社领导及有关人员报告，查明两个错接团的情况，再做具体处理。

（2）如经核查，错接发生在本社的两个旅游团之间，两个导游又同是地陪导游，那么可将错就错，两名地陪导游将接待计划交换之后就可继续接团。

— 259 —

（3）如经核查，错接的团分属两家接待社接待，则必须交换。如错接的两个团属同一旅行社接待，但两个导游中有一名是地陪兼全陪，那么也应交换旅游团。

（4）地陪导游要实事求是地向游客说明情况，并诚恳地道歉，以求得游客的谅解。

（5）如发生其他人员（非法导游）将游客带走，应马上与饭店联系，看游客是否已入住应下榻的饭店。

12. 导游小张按照接待计划规定的时间在火车站迎接游客，但在火车到达20分钟后仍然未接到游客，属于哪种旅游事故？如何处理此类事故？

这种情况属于空接事故，处理方式如下。

（1）核实情况，将情况报告地接社。

（2）请示处理指示（是否在接站地点继续等候，等候多长时间，是否另行安排接团事宜）。

（3）通知相关部门（通知地接旅行社计调）。

13. 造成误机事故的原因有哪些？

（1）由于导游工作上的差错和负责心不强造成的，如安排日程不当或过紧，没能按时抵达机场（车站、码头）；没有认真核实票据，将时间或地点搞错。

（2）由于游客走失，或者没有按安排时间准时集合及其他意外事件（如交通事故、天气变化、自然灾害等）所造成。

14. 导游如何预防误机（车、船）事故的发生？

（1）地陪导游、全陪导游要做好旅游团离站交通票据的落实工作，并核对日期、班次、时间、发站等。

（2）临行前，不安排旅游团到范围广、地域复杂的景点参观游览；不安排旅游团到秩序混乱的地方购物或自由活动。

（3）安排充裕的时间去机场（车站、码头），保证旅游团按时到达离站地点。乘国内航班提前1.5小时到达机场；乘国际航班出境提前2小时到达机场。乘火车、轮船提前1小时到达。

15. 出现误机（车、船）事故导游人员应如何处理？

（1）立即向旅行社领导及有关部门报告并请求协助。

（2）尽快与机场联系，争取乘坐最近班次的交通工具离开本站。

（3）稳定游客情绪，安排好滞留期间的食宿、游览等事宜。

（4）及时通知下一站，对日程做相应调整。

（5）向游客赔礼道歉。

（6）写出事故报告，查清事故原因和责任，责任者承担经济损失并受处分。

16. 导游如何做好证件、钱物、行李遗失的预防工作？

（1）多做提醒工作。

（2）不代为保管游客证件。

（3）切实做好每次行李的清点、交接工作。

（4）每次游客下车后，导游都要提醒司机清车、关窗和锁好车门。

17. 游客在游览过程中证件丢失，导游应当怎么处理？

（1）请失主冷静地回忆，详细了解丢失情况，找出线索，尽量协助寻找。

（2）如确已丢失，马上报告公安部门、接待社领导和组团社，并留下游客的详细地址、电话。

（3）根据领导或接待社有关人员的安排，协助失主办理补办手续，所需费用由失主自理。

18. 游客丢失外国护照和签证，导游应当如何帮助补办？

（1）由遗失地旅行社开具丢失证明，并请失主准备照片。

（2）由失主本人持丢失证明去当地公安局报失，由公安局出具相关证明。

（3）请失主持公安局的证明及准备好的照片去所在国驻华使、领馆申请补办新护照。

（4）领到新护照后，再去公安局出入境管理处办理签证手续。

19. 游客丢失身份证，导游应当如何帮助补办？

（1）由当地接待社核实后开具证明。

（2）失主持证明到公安局报失，经核实后再开具身份证明。

（3）按照交通部门的规定办理乘坐交通工具的临时证明。

（4）回到居住所在地后，凭公安局报失证明和有关材料到当地派出所办理新身份证。

20. 旅行团中的张先生在前往目的地的途中丢失了行李，导游应如何处理？

（1）办理相关手续，导游陪同失主到承运人的失物查询登记处办理行李丢失和认领手续。

（2）催问进程，在旅游期间导游应当着失主的面，不时打电话询问相关承运人的处理进度，了解行李寻找情况。

（3）留下联系方式，如游客离开本地时，丢失行李仍未找到，导游应协助失主将此次旅游的相关信息告诉承运人，以便行李找到后及时运往相应地点交还失主。

（4）提醒索赔。

21. 游客在游览过程中钱物丢失或被盗，导游应当如何处理？

（1）导游要稳定失主情绪，详细了解物品丢失的经过、失物的形状、特征、价值，分析物品丢失的原因、时间和地点，并迅速判断物品是丢失还是被盗。

（2）立即向公安局或安保部门以及保险公司报案（特别是贵重物品）。

（3）要及时向接待社领导汇报，听取领导指示。

（4）由地接社开具物品丢失证明。

（5）若找不回被盗物品，导游要安慰失主，同时提供热情周到的服务，缓解其不快情绪。

22. 造成游客走失的原因有哪些？

（1）导游没有向游客讲清车号、停车位置和景区游览路线。

（2）游客对某种现象和事物产生兴趣，在某处滞留时间较长而脱离旅游团队自己走失。

（3）在自由活动、外出购物时，游客没有记清饭店地址和路线而走失。

23. 游客小张在某景点参观游览时，由于沉浸拍照与其他游客走散，无法找到团队，导致旅游团整体行程安排被迫变更。导游应采取哪些措施预防此类事故？

（1）多做提醒工作。提醒游客记住旅行社的名称，车号和标志，下榻饭店的名称、电话号码、店徽等。团体游览时，提醒游客不要走散。

（2）做好活动安排的通报。在出发前，地陪导游要向游客报告一天的行程，上下午游览点和吃中晚餐餐厅的名称和地点。到游览点后，在示意图前向游客介绍旅游线路、集合时间和停车地点，以及旅游车的特征和车号。

（3）随时点清人数。

（4）地陪导游、全陪导游和领队应密切配合，全陪导游和领队负责断后。

24. 某旅游团在景点游览时，发现少了一名老年游客，导游应如何处理？

（1）了解情况，迅速寻找。一般是全陪导游、领队分头寻找，地陪导游带领其他游客继续游览。

（2）向游览地派出所、管理部门求助。

（3）与饭店联系，询问该游客是否已回饭店。

（4）向旅行社报告。

（5）做好善后工作。

（6）写出事故报告。

25. 自由活动时，导游如何预防游客走失？

（1）自由活动时，导游应根据游客需要帮助其设计活动线路，并告知乘坐合理的交通工具。

（2）提醒游客出发前带上客房的房卡等印有该饭店名称、地址的物品备用，特别是游客不懂本地语言时可向出租车司机出示，司机便可以把游客送回饭店。

（3）提醒游客记住导游和团友的联系方式，不要走得太远，不要回饭店太晚，不要去拥挤、秩序乱的地方。

26. 如果自由活动时游客走失，导游应如何处理？

（1）游客若在自己外出时走失，导游得知后应立即报告旅行社，请求指示和协助，通过有关部门通报管区的公安局、派出所和交通部门，提供走失者可辨认的特征，请求帮助寻找。

（2）走失者回到饭店后，导游应表示高兴，问清情况，必要时提出善意的批评，提醒其他游客引以为戒，避免走失事故再次发生。

（3）游客走失后出现其他情况，应视具体情况作为治安事故或其他事故处理。

27. 导游怎样才能避免人为原因致使游客生病？

在接团前，导游应认真分析旅游团人员的情况，根据旅游团成员的年龄、身体状况安排游览活动，具体措施如下。

（1）合理安排活动日程，要留有余地，做到劳逸结合（同日游览项目不能太多）。

（2）体力消耗大的项目不要集中安排。

（3）晚间活动安排时间不宜过晚。

（4）提醒游客注意饮食卫生。

（5）注意收听天气预报（雨季提醒游客及时增减衣服、带好雨具；气候干燥季节提醒游客多喝水、多吃水果等）。

28. 游客在住宿的饭店患一般疾病，导游应如何处理？

（1）应劝其及早就医，注意休息，不要强行游览。

（2）当天的游览如果没法参加，导游要主动前去问候，询问身体状况，以示关心，必要时通知餐厅为其提供送餐服务。

（3）需要时，全陪导游可陪同患者前往医院就医，但应向患者讲清楚，所需费用自理。

（4）严禁导游擅自给患者用药。

29. 游客在旅途中患一般疾病，导游应如何处理？

（1）游客在旅途中感觉不适，若症状较轻，应予以关心，帮助其换到前排较舒服的座位上。

（2）参观游览时，要时刻观察游客的神态、气色，必要时可以请景区医务人员帮忙。

（3）若有必要，可让全陪导游陪同游客前往医院就医，地陪导游带领其他游客继续游览，互通信息。游览结束后，地陪导游应去医院看望游客。

30. 游客在住宿的饭店突患重病，导游应如何处理？

（1）如果游客在饭店休息时突患重病，导游应该和饭店医务室联系，请饭店医务人员及时抢救。

（2）如果游客病情较重，应联系车辆将游客送往医院，地陪导游和领队及游客代表陪同游客前往。

（3）如游客需要住院治疗，地陪导游安排妥当后带领团队继续游览，全陪导游或领队留在医院陪同游客。

（4）地陪导游要将详细情况及时向接待社领导汇报，并请旅行社派人探望。

31. 游客在前往景点途中突患重病，导游应如何处理？

（1）在征得患者、患者亲友或者领队同意后，立即将患病的游客送往就近医院治疗，或拦截其他车辆将其送往医院。

（2）必要时，暂时中止旅行，用旅游车将患者直接送往医院。

（3）及时将情况通知接待社有关人员。

（4）一般由全陪导游、领队、病人亲友陪同前往医院。如无全陪导游和领队，地陪导游应立即通知接待社请求帮助。

32. 游客在景点游览时突患重病，导游应如何处理？

（1）不要搬动患病游客，让其就地坐下或躺下。

（2）立即拨打电话叫救护车（医疗急救电话：120）。

（3）向景点工作人员或管理部门请求帮助。

（4）及时向接待社领导及有关人员报告。

33. 某国内游客在旅游途中因病死亡，导游该如何处理？

（1）立即报告旅行社，并按相关指示配合公安、民政等相关部门做好善后工作。

（2）安抚其他游客情绪，继续做好旅游团接待工作。

34. 导游在处理游客死亡事故时，应特别注意哪些问题？

（1）必须有死者的亲属、领队及旅行社有关领导在场，导游和我方旅行社人员切忌单独行动。

（2）有些环节还需要公安局、旅游部门、保险公司的有关人员在场，每个重要环节要经得起事后查证并有文字根据。

（3）口头协议或承诺均属无效。事故处理后，将全部报告、证明文件、清单及有关材料存档备案。

35. 为了预防出现交通事故，导游应做好哪些工作？

（1）出团前，提醒司机检查车辆，发现隐患及时排除或换车。

（2）安排行程要留有余地，不因赶行程而催促司机违章行车。

（3）天气、交通、路况不好的情况下，提醒司机注意行车安全。

- 265 -

（4）禁止非本车的司机开车。

（5）提醒司机在工作期间不要饮酒。

36. 旅游团在旅途中发生交通事故，游客受了重伤，导游应当如何处理？

（1）立即组织抢救，拨打120求助，并在120的指导下，展开力所能及的科学急救。

（2）保护现场并立即拨打交通事故报警电话122，等交警抵达后，协助进行现场处置。

（3）迅速上报旅行社，听取旅行社的建议与安排，妥善处理现场问题。

（4）对全体游客做好安抚工作，并根据事故整体情况和游客意愿，调整好后续的行程安排。

37. 在入住饭店时，导游如何做好治安事故的预防？

（1）导游应建议游客将贵重财物存入饭店保险柜，不要随身携带大量现金或将大量现金放在客房内。

（2）提醒游客不要将自己的房号随便告诉陌生人。

（3）不要让陌生人或自称饭店的维修人员随便进入自己的房间。

（4）夜间绝不可贸然开门，以防发生意外，出入房间一定锁好门。

38. 在离开旅游车下车游览及景点活动中，导游如何做好治安事故的预防？

（1）提醒游客不要将证件或贵重物品遗留在车内。

（2）提醒司机锁好车门、关好车窗，尽量不要走远。

（3）导游要始终和游客在一起。

（4）随时注意观察周围的环境，发现可疑的人或在人多拥挤的地方，提醒游客看管好自己的财物。

（5）随时清点人数。

39. 一旦出现治安事故，导游应如何处理？

（1）全力保护游客。遇到歹徒向游客行凶、抢劫，导游应该做到临危不惧，毫不犹豫地挺身而出，但也不可鲁莽行事，要以游客的人身安全为重。

（2）迅速抢救。如果有游客受伤，应立即组织抢救，或送伤者去医院。

（3）立即报警（电话：110）。治安事故发生后，导游应立即向公安局报警，积极协助公安局破案。

40.导游如何做好火灾事故的预防？

（1）做好提醒工作。提醒游客不携带易燃、易爆物品；不乱扔烟头和火种，不要躺在床上吸烟。

（2）熟悉饭店的安全出口和转移路线。导游应向游客介绍饭店楼层安全出口、安全楼梯的位置，并提醒游客进入房间后，看清安全转移路线示意图，掌握失火时应走的路线。

（3）导游一定要牢记火警电话（119），掌握领队和全体游客的房间号码，一旦火情发生，能及时通知游客。

41.一旦游客下榻的饭店发生火灾，导游应如何处理？

（1）立即报警。

（2）迅速通知领队及全团游客。

（3）听从统一指挥，迅速通过安全出口疏散游客。

（4）引导大家自救。

（5）协助处理善后事宜。

42.导游如何做好溺水事故的预防？

（1）耐心劝阻客人在海滨、湖泊等非游泳区域游泳。

（2）在游泳池游泳时，需劝阻不会游泳者前往深水区。

（3）导游绝不可置全团不顾，陪少数人游泳。

（4）提醒游客在游泳前要做适当的准备活动，注意安全，以防抽筋。

43.发现有游客溺水，导游应如何展开救援？

（1）可将救生圈、竹竿、木板等物抛给溺水者，再将其拖至岸边。

（2）救援应在自己能力范围内，如不会游泳，应立即大声呼救。

（3）将溺水者救上岸后，迅速清除溺水者口鼻中的污泥、杂草等异物，保持其呼吸顺畅。

（4）必要时进行心肺复苏。

（5）尽快联系120急救中心送往医院。

44.导游如何预防游客食物中毒事故的发生？

（1）应安排游客去食品卫生有保障的旅游餐厅就餐。

（2）提醒游客不要在没有食品卫生许可证的小摊上购买食物。

（3）如用餐时发现食物、饮料不卫生或有异味变质应立即要求更换，并要求餐厅负责人出面道歉，必要时向旅行社领导汇报。

45.在餐厅用餐后，旅游团有部分游客出现上吐下泻等食物中毒症状，地陪导游该如何处理？

（1）迅速报告旅行社。

（2）保留导致中毒的食物样本或游客的呕吐物，用于后期取证和化验。

（3）尽快将患者送至医院治疗，请医院开具诊断证明。

（4）做好安抚游客的工作。

46.对境外个别游客站在敌对立场散布攻击和污蔑言论，导游如何处理？

（1）对于个别游客站在敌对的立场上进行恶意攻击、蓄意污蔑挑衅，作为中国导游要严正驳斥，驳斥时要理直气壮、观点鲜明，导游应首先向其阐明自己的观点，指出问题的性质，劝其自制。

（2）如果对方一意孤行，影响面大，或有违法行为的，导游应立即向有关部门报告。

47.若某游客多次对导游有轻佻越轨的言行，导游应如何处理？

（1）导游必须立场坚定，旗帜鲜明，对其言行进行制止。

（2）寻求全陪导游和领队或其他游客的协助。

（3）及时报告旅行社。

48.游客酗酒闹事，导游应如何处理？

（1）要及时制止并指明可能造成的严重后果，必要时动员其他游客一起来防止事态的扩大。

（2）如果游客的行为已经触犯了相关法规，导游必须报警，并向旅行社汇报。

（3）协助有关部门做好善后工作，保证以后的旅游计划能顺利进行。

49.参观游览时游客散发宗教宣传品，导游应如何处理？

（1）游客若在游览途中散发宗教宣传品，导游一定要予以劝阻，并向其宣传我国的宗教政策，指出不经我国宗教团体的邀请和允许，不得在我国布道、主持宗教活动和在非完备活动场合散发宗教宣传品。

（2）对不听劝告并有明显破坏活动者，应迅速报告，由宗教事务管理、公安等机关部门处理。

50. 导游在处理游客的个别要求时，应遵循什么原则？

（1）符合法律原则。

（2）"合理而可能"原则。

（3）公平对待原则。

（4）尊重游客原则。

（5）维护尊严原则。

51. 一名游客提出吃素食，导游应如何对待？

（1）若所提要求在旅游协议书中有明文规定的，地陪导游应不折不扣地兑现。

（2）若要求是在旅游团抵达后提出的，需视情况而定：一般情况下地陪应与餐厅联系，在可能的情况下尽量满足；如确有困难，地陪可协助其自行解决。

52. 一名游客认为旅游团饭菜不合口味，要求单独用餐，导游应如何处理？

（1）由于旅游团的内部矛盾或其他原因，导游要耐心解释，并告知领队请其调解；如游客坚持，导游可协助与餐厅联系，但餐费自理，并告知原综合服务费不退。

（2）由于游客外出自由活动、访友、疲劳等原因不能随团用餐，导游应同意其要求，但要说明餐费不退。

53. 游客要求推迟就餐时间，导游应如何处理？

（1）由于游客在某旅游地游程未尽等原因要求推迟用餐时间，导游要与餐厅联系，视餐厅的具体情况处理。

（2）一般情况下，导游要向旅游团说明餐厅有固定的用餐时间，劝其入乡随俗，过时需另付服务费。

（3）若餐厅不提供过时服务，最好按时就餐。

54. 游客要求调换房间，导游应如何处理？

（1）客房设施尤其是房间卫生达不到清洁标准，应立即打扫、消毒，如游客坚持换房，应与饭店有关部门联系予以满足。

（2）房间朝向、层数不佳，若不涉及房间价格并且饭店有空房，可与饭店客房部联系，适当予以满足，或请领队在团队内部进行调整。无法满足时，应耐心解释，并向游客致歉。

（3）游客要住高于合同规定标准的房间，如有空房可予以满足，但游客要交付原定饭店退房损失费和房费差价。

55. 住双人间的一名游客因与同住的另一位游客在生活习惯上不同而要求住单人间时，导游应如何处理？

（1）住双人间的游客因同屋游客闹矛盾或生活不习惯而要求住单间，导游应请领队调解或在内部调配，若调解不成，饭店又有空房，可满足其要求。

（2）导游必须事先说明，房费由游客自理，一般由提出方付房费。

56. 游客提出要单独外出购物要求时，导游应如何处理？

（1）如果时间许可，导游要予以协助，当好购物参谋。

（2）提醒客人索要发票等，做好相关安全提醒工作。

（3）如果旅游团快离开本地，要劝阻游客单独外出购物。

57. 游客要求自费观看文娱节目，导游应如何处理？

（1）若时间允许，应积极协助。

（2）若要求去不健康的娱乐场所，应断然拒绝。

（3）若有不同的演出点应为他们安排车辆，但车费自理。

（4）提醒游客注意安全、记住饭店地址。

58. 游客要求调换计划内的文娱节目，导游应如何处理？

（1）地陪应本着"合理而可能"原则，针对不同情况处理。

（2）如果全团游客提出更换，地陪导游应与接待社计调部门联系，尽可能调换，但不要在未联系妥当之前许诺；如接待社无法调换，地陪要向游客耐心解释，并说明票已订好，不能退换，请其谅解。

（3）如果部分游客要求观看别的演出，地陪导游应与接待社计调部门联系。若决定分路观看文娱演出，且两个演出点在同一线路上，导游要与司机商量，尽量为游客提供方便，送他们到目的地；若不同路，则应为他们安排车辆，车费自理。

59. 游客要求增加游览项目，导游应如何处理？

（1）在时间允许的情况下，导游应请示接待社并积极协助。

（2）与接待社有关部门联系，请其报价，将接待社的对外报价报给游客。

（3）若游客认可，地陪则陪同前往，并将游客交付的费用上交接待社，将收据交给游客。

60. 游客要求自由活动时，导游应劝阻的情况有哪几种？

（1）若旅游团即将离开本地时，有人要求留在本地活动，为不影响旅游团活动计划的顺利进行，导游要劝其自由活动。

（2）如当地治安混乱，导游要劝阻游客外出活动。

（3）劝阻游客去复杂、混乱的地方自由活动。

（4）在河（湖）周边游览时，游客提出希望划小船或在非游泳区域游泳的要求，导游应劝阻。

（5）导游应劝阻游客去不对外开放的地区、机构参观游览的要求。

61. 游客要求全天或某一景点不随团活动，导游应如何处理？

（1）如果其要求不影响整个旅游团的活动，可以满足并提供必要帮助。

（2）提前说明如果不随团活动，无论时间长短，所有费用不退，且需增加的各项费用自理。

（3）告诉游客用餐的时间和地点，以便其归队时用餐。

（4）提醒其注意安全，保护好自己的财物。

62. 游客要求亲友随团活动，导游应如何处理？

（1）在条件允许的情况下，可以满足游客要求，但是需要征得领队和旅游团其他成员的同意。

（2）到旅行社办理入团手续，并交付各种费用。

（3）导游对游客随团活动的亲友应热心服务、一视同仁，并根据情况予以照顾。

（4）如果其亲友不办理手续、不交纳费用就直接随团活动，导游应向游客及其亲友解释旅行社的有关规定，请其谅解，说明他们必须先办理手续，然后再随团活动。

63. 游客因患病、家中出事或者工作上急需等特殊原因，要求提前离开旅游团，导游应如何处理？

（1）经接待方旅行社与组团社协商后可予以满足。

（2）未享受的综合服务费，按旅游协议书规定，或部分退还，或不予退还。

- 271 -

（3）导游要在领导指示下协助游客进行重订交通工具及其他离团手续，所需费用由游客自理。

64.游客无特殊原因，只是某个要求得不到满足而提出提前离团，导游应如何处理？

（1）导游要配合领队做说服工作，劝其继续随团旅游。

（2）若接待方旅行社确有责任，应设法弥补。

（3）若游客提出的是无理要求，要做耐心解释。

（4）若劝说无效，游客仍执意要求退团，可满足其要求，但应告知其未享受的综合服务费不予退还。

65.外国游客要求延长旅游期限，导游应如何处理？

（1）外国游客在旅游团的活动结束后要求继续在中国旅行游览，若不需延长签证，一般可满足其要求；若需延长签证，原则上应予婉拒。

（2）若个别游客确有特殊原因需要留下，导游应请示旅行社，向其提供必要的帮助：陪同游客办理分离签证手续和延长签证手续，协助其重订交通票据及客房，所需费用由游客自理。

（3）旅游团离境后，留下的游客若继续需要旅行社为其提供导游等服务，则应另签订合同。

66.游览中游客提出意见和建议，导游应注意哪些问题？

（1）耐心倾听，认真记录。

（2）表示同情和理解，不盲目做出承诺。

（3）调查了解，迅速答复。

67.在处理游客的意见和建议时，导游要做到哪些方面？

（1）办理及时，不要拖延。

（2）答复迅速。

（3）对游客反映的意见表示感谢。

（4）对一些重要意见和建议要及时报告旅行社。

（5）注意保护提意见和建议的游客的隐私。

68.导游怎样才能接待好高龄游客？

（1）放慢行走速度，选台阶少、较平坦的地方走，以防高龄游客摔倒碰伤。

（2）讲解时放慢速度、加大音量、吐字清楚，必要时多重复几次。

（3）耐心解答问题。

（4）预防走失：进入游览景点之前要反复通报旅行车停车的地点，并告知一旦发现找不到旅游团的情况，千万不要着急，要在原地等待。

（5）多做提醒工作：每天都应重复讲解第二天的活动日程，并提醒注意事项、天气情况。

（6）采取多种措施以保存和恢复高龄游客的体力。

69.导游怎样才能接待好儿童游客？

（1）对儿童的安全要予以足够的重视。

（2）不给患病儿童服用自备药品。

（3）不宜突出了儿童，冷落了其他游客。

（4）不单独带孩子外出活动。

（5）不要给孩子买玩具、食品。

（6）注意儿童的接待价格标准。

70.导游怎样才能接待好残障游客？

（1）了解残障游客的具体情况和需求，以便提供更有针对性的服务。

（2）保持耐心和尊重，与残障游客进行良好的沟通。

（3）在行程安排上充分考虑残障游客的身体状况，尽量减少不便和困难。

（4）在必要时，给予残障游客适当的帮助，如推轮椅、引导等。

（5）根据实际情况及时调整服务，满足残障游客的特殊需求。

第三节　景点知识问答

一、考试目的

此项考试考查考生能否熟悉解答游客在市容游览、景区游览及其他与游客相处过程中所提出的相关问题，对地方导游综合知识的掌握程度，以及是否能胜任天津市容游览的导游讲解工作。

二、考试内容

（1）熟悉市容导游、景点讲解所涉及的自然知识、人文知识、社会知识、生活常识，并能够用于解答游客提出的相关问题。

（2）掌握旅游心理学的相关知识，能够针对不同游客的旅游消费心理，有的放矢地回答游客提出的各种问题。

（3）熟悉大纲中天津概况、所列景点、游览线路、旅游资源的具体内容。

三、景点知识问答题

（一）天津概况

1. 从金至清，简述天津的建制沿革。

金：直沽寨，元：海津镇，明：天津卫，清：天津州、天津府。

2. 简述天津的得名原因及时间。

燕王朱棣1400年由直沽渡河南下夺取皇位，称帝后为纪念"靖难之役"的胜利将直沽赐名天津，意为"天子经由之渡口"。

3. 简述天津城市定位。

天津有着"一基地三区"的明确城市定位，即全国先进制造研发基地、北方国际航运核心区、金融创新运营示范区、改革开放先行区。

4. 简述天津两所知名大学创办的时间、校训及人才。

（1）天津大学，创办于1895年10月2日，校训"实事求是"，知名校友、张太雷、马寅初、秦汾、徐志摩。

（2）南开大学，创办于1919年，校训"允公允能，日新月异"，知名校友周恩来、陈省身、吴大猷、郭永怀。

5. 入选"国家级非物质文化遗产"的天津曲艺有哪些？

京东大鼓、天津时调、相声、京韵大鼓、梅花大鼓、西河大鼓、单弦。

6. 在"洋务运动"和"实业救国"的浪潮下，天津涌现出哪些中国之最？

（1）中国最长的铁路——津唐铁路。

（2）中国最老的车站——唐山站。

（3）中国最早的开启桥——金华桥。

（4）中国第一套邮票——大龙邮票。

（5）中国报龄最长的报纸——《大公报》。

7. 简述天津的气候特点。

天津市地处北温带，位于中纬度亚欧大陆东岸，主要受季风环流的支配，是东亚季风盛行的地区，属暖温带半湿润季风性气候。临近渤海湾，海洋气候对天津的影响比较明显。主要气候特征是四季分明：春季多风，干旱少雨；夏季炎热，雨水集中；秋季气爽，冷暖适中；冬季寒冷，干燥少雪。

8. 天津的生态密码"871"是什么？

"8"代表875平方千米的湿地；"7"代表736平方千米的绿色生态屏障；"1"代表153千米的海岸线。

9. 天津市内六区的4A级旅游景区有哪些？

五大道文化旅游区、大悲禅院景区、平津战役纪念馆、天津海河意式风情区、"天津之眼"摩天轮、五大道文化旅游区、周恩来邓颖超纪念馆、天津市金街文化旅游区、水上公园景区、天津天塔湖风景区。

10. 为何把天津也称作"天津卫"？

天津得到赐名后，于同年设置了军事部门。"卫"是明朝的军事建制。当时天津设有天津卫、天津左卫、天津右卫，统称"三卫"。迄今人们经常提到的"天津卫"一词，就是从此而来。

（二）古文化街

1. 简述古文化街街口两个牌坊的内容及含义。

（1）北口——沽上艺苑：沽指水，古时天津有七十二沽之称，艺苑是文化艺术的聚集地，这里是天津文化艺术的聚集地。

（2）南口——津门故里：津门指天津，故里指老地方，这里是天津的发祥地。

2. 简单介绍天演广场的修建原因。

中国近代著名翻译家严复居住于此，严复较早地将西方思想引入我国，在翻译领域建树颇深，其著名的翻译作品是《天演论》，"物竞天择、适者生存"便出自该书。

3. 简述天后宫的概况。

天后宫，亦称娘娘宫，位于天津市南开区古文化街80号，始建于元泰定三年（1326年），是天津市区较古老的建筑群，也是中国现存年代较早的妈祖庙之一。天后宫坐西朝东,占地面积5352平方米,建筑面积1734平方米。沿中轴线自东向西依次有戏楼、幡杆、山门、牌楼、前殿、正殿、凤尾殿、藏经阁、启圣殿。两侧配以钟楼、鼓楼、关帝殿、财神殿、其他配殿及过街楼张仙阁等建筑。是研究宋元时期妈祖庙建筑特征的活化石,是现存唯一实例,具有较为重要的意义。

4. "泥人张"彩塑的创始人是谁?有什么特点?

"泥人张"彩塑创始人是张明山。特点是用色简雅明快,用料讲究,所捏的泥人历经久远,不燥不裂,栩栩如生。

5. 简述通庆里的建筑特色与修建时间。

通庆里建于1913年,建筑蕴藏着较强的津味,并在徽式建筑风格的基础上融入了西洋建筑的特点,这一点主要体现在二层的外廊和飞檐上,在其每个院落的楼梯和阳台的维护栏杆上也显露无遗,是典型的"中西合璧、南北交融"。通庆里的建筑形式为"里弄式",在里弄左右各自建有相对独立的院落,其院落之间有门相通,可独立亦可相连。

6. 介绍在文化街内的天津的国家级非物质文化遗产有哪些?

泥人张彩塑、杨柳青年画、天津皇会、老美华手工制鞋技艺、达仁堂传统国药、益德成闻药制作技艺、桂发祥十八街麻花。

7. 简单介绍妈祖。

妈祖,亦称"天妃""天后",俗称"海神娘娘",是传说中掌管海上航运的女神。妈祖原名林默,960年三月二十三日出生于福建莆田湄洲岛。她能乘席渡海救助遇难的船民,而且预测人的祸福,且每次应验,在当地群众中颇有影响,死后人们建庙祀之。当地居民于清康熙三十三年(1694年)立庙奉祀,称"通贤灵女"。宋、元、明、清历代均有褒封,清封"天上圣母"。据奉祀妈祖之庙内的雕塑来看,妈祖形象为头戴冕旒、身着霞帔、手执如意,其神威显赫,雍容端庄。她是集无私、善良、亲切、慈爱、英勇等传统美德于一体的精神象征和女性代表。

8. 简单介绍狗不理包子。

狗不理包子是天津一道闻名中外的传统小吃。狗不理包子始创于1858年(清朝咸丰年间),有100多年的历史,该小吃为"天津三绝"之首,是中华老字号之一。狗不理包子的面、馅选料精细,制作工艺严格,外形美观。刚出笼的包子鲜而不腻，清香适口。狗不理包子以鲜肉包为主，兼有三鲜包、海鲜包、酱肉包、素包子等。

9. 通庆里西侧入口四幅青石浮雕的内容是什么？

踩高跷、闹龙舟、俏皮话、文明娶亲。

10. 简单介绍耳朵眼炸糕。

耳朵眼炸糕是中国天津市的一种传统特色名点，也是天津三绝食品之一，天津市非物质文化遗产，该菜品始创于1900年（清光绪年间），旧时因店铺紧靠耳朵眼胡同而得名。耳朵眼炸糕用糯米做皮面，红小豆、赤白砂糖炒制成馅，以香油炸制而成。成品外形呈扁球状，淡金黄色，馅心黑红细腻，是津门特产。

（三）盘山

1. 盘山名称的几种说法及由来是什么？

盘山又称盘龙山、四正山、田盘山。

名称由来：盘龙山是因此山蜿蜒盘踞，形如巨龙。四正山是因此山特立无依，四面如一得名。田盘山是因为三国时期的著名的隐士田畴（帮助曹操走小路出塞击败乌桓的第一功臣）隐居于此。

2. 简述盘山"三盘暮雨"的含义。

盘山分为上、中、下三盘，即上盘松胜，盘曲翳天；中盘石胜，千奇百怪；下盘水胜，涓流不息。"暮雨"是傍晚的云气。

3. 清末军机大臣兼直隶总督、文华殿大学士荣禄，在盘山上、中、下三盘共题有六个大小相同的字，请分别说出是哪些字。

上盘"摩天"、中盘"捧日"、下盘"入胜"。

4. 天成寺中的四处乾隆真迹是哪些？

寺门上方"天成寺"，"江山一览"，乾隆御碑，大殿匾额"清净妙音"。

5. 鸣驺入谷和四正门径的含义是什么？

（1）鸣驺入谷："鸣驺"是指豪门的车马声。"鸣驺入谷"的意思是指前来朝拜的豪门的车马声、銮驾声不绝于耳。

（2）四正门径：盘山又名四正山，意为从此路过乃是通往盘山的正途。

6. 简单介绍盘山的五峰。

主峰挂月峰海拔864.4米，前拥紫盖峰，后依自来峰，东连九华峰，西傍舞剑峰，五峰攒簇，山峦竞秀。

7. 盘山"八石"分别是什么？

悬空石、摇动石、晾甲石、将军石、夹木石、天井石、蛤蟆石、蟒石为"八石"。

8. "东五台山"四个字是谁写的？刻在哪里？

由中国佛教协会会长赵朴初所写。刻在翠屏峰。

9. 元宝石上的石刻"此地有崇山峻岭，茂林修竹"出自谁写的哪篇文章？

出自晋代著名书法家王羲之的《兰亭集序》。

10. 简单介绍"云楼梨影"的含义。

顾名思义，"云楼"即卧云楼，相传是乾隆皇帝看戏的场所；"梨"指古戏台，即戏剧的代词；"影"指荷花池，与楼阁相望，塘中碧水清莲，更显景色宜人。来自名家戏班的古装戏曲《乾隆游盘山》在此上演，再现了"祥云穿窗过，池映古戏楼"的佳境，给古老的盘山增添许多古典色彩。

（四）五大道风情区

1. 五大道的众多小洋楼中居住过党和国家领导人最多的是哪一座？简单介绍建筑出名的原因。

这是一栋西班牙风格的小洋楼，位于大理道66号的和平宾馆。1951年12月27日至29日，毛泽东主席来天津视察期间，就住在这里。为纪念毛泽东主席下榻于此，借毛泽东的字"润之"之意，这座小楼被赋予了新的名字——"润园"。

2. 五大道地区几条主要道路名称是哪些？

马场道、睦南道、大理道、常德道、重庆道、成都道。

3. 马场道上建筑最早的小洋楼是谁的旧居，始建于哪年？

五大道上建筑最早的小洋楼始建于1905年，为英国皮毛商人达文士的旧居。

4. 简单介绍庆王府的基本情况（主人、建筑特点）。

位于重庆道55号的庆王府是清王朝庆亲王第四代传人爱新觉罗·载振旧居。庆王府始建于1922年，原为清末太监大总管小德张亲自设计、督建的私宅，在原英租界被列为华人楼房之冠。后被清室第四代庆亲王载振购得并举家居住于此，因而得名"庆王府"。该建筑为砖木结构二层（设有地下室）内天井围合式建筑，为中国传统的长方形布局，中轴为楼房四合院，院墙和外檐顺应当时建筑潮流，采用西洋建筑的手法，水刷石墙面与中国传统琉璃栏杆交相辉映，门窗玻璃上比利时工艺雕琢的中国传统花鸟栩栩如生。这是一座典型的中西合璧建筑。

5. 简单介绍民园体育场。

民园体育场由英国工部局修建，建有木质和水泥看台，20 世纪二三十年代曾在这里举行过万国足球赛和万国田径赛。

6. 马场道 117 号是什么地方？请简单介绍其历史。

马场道 117 号是天津外国语大学，始建于 1920 年，原名天津工商大学。校内建筑均为法式，20 世纪 20 年代陆续建成，其中主教学楼正面上的大时钟为典型的法国罗曼式建筑风格。校内还建有北疆博物院即天津自然博物馆的前身，创办人为法国学者黎桑。

7. 简单介绍疙瘩楼。

疙瘩楼位于天津市和平区河北路 283～295 号，建于 1937 年，是意大利建筑师鲍乃弟设计。此楼原系英商先农公司营造，后出售。西沿河北路，北临睦南道，位于两街的交口处，南抵马场道。建筑面积 6449.42 平方米，为四层砖木结构西式楼房，具有浓郁意大利风格的联排式里弄住宅。

8. 和平区河北路 267 号是谁的故居？简单介绍这栋小楼。

这是顾维钧的故居。1927 年，顾维钧以个人名义购入英租界工部局土地 1372 平方米，建造成一所三层带地下室西洋古典式楼房。混合结构，木屋架起脊，二楼和三楼设有平台，建筑立面为红砖墙。窗子与拱券相结合，门前立着一对巴洛克式麻花形柱，端庄典雅。整所建筑设备考究，共有楼房 45 间，平房 2 间，建筑面积 1400 多平方米，现为中国国民党革命委员会天津市委员会。

9. 简单介绍潘复旧居的地理位置和建造时间。

潘复旧居位于天津市和平区马场道 2 号，建于 1919 年。

10. 简单介绍先农大院。

先农大院位于和平区河北路 288 号。先农大院始建于 1925 年，由先农地产工程师英国人雷德设计。大院由两幢独门联排住宅、两幢独门公寓式住宅组成。每户有独立的前花园和后杂院，每户一楼一底，功能布局合理，是典型的中产阶级住宅。因居住的多为先农公司的职员，故取名为"先农大院"。

（五）黄崖关长城

1. 简要介绍黄崖关长城的防御体系。

三道防线：凤凰楼、主体城墙、八卦关城。

2. 黄崖关八卦城南悬挂的"黄崖口关"的匾额题写人是谁？

相传为明代蓟镇总兵戚继光亲笔所书。

3. 介绍黄崖关长城的地理位置。

黄崖关长城以关城为中心，向沟河两崖延伸，东至半拉缸山，有悬崖为屏；西抵王帽顶山，有峭壁为倚，全段长城建筑在海拔736米的山脊之上。

4. 简要介绍百将碑林、百家碑林、毛泽东诗词墨迹林。

建于1987年的全国第一座百将碑林，在回廊壁上镶嵌着当时在世的徐向前、聂荣臻2位元帅及2位大将、22位上将、74位中将、7位少将为黄崖关长城的题字碑刻。百家碑林，展出了李瑞环、九世班禅、启功等104位政治家、艺术家、书法家的墨宝。毛泽东诗词墨迹碑林建于1992年，为纪念主席100周年诞辰而建，在99块青花岗岩石上镌刻了毛泽东同志1923～1964年间创作的28首诗词手稿。

5. 简单介绍长城沿线上第一座专题性历史博物馆。

1986年建成了长城沿线上第一座专题性的历史博物馆——天津黄崖关长城博物馆。博物馆位于天津黄崖关景区八卦城的中心——提调公署。院中的石碑上记载了万里长城的历史沿革、蓟州长城的始建与重修年代和壮丽景色，同时还记载了天津人民重修长城的盛举。

6. 黄崖关长城中八卦城的八卦区名称是什么？

按顺时针分布为乾、坎、艮、震、巽、离、坤、兑。

7. 简述黄崖关长城的建筑特色。

黄崖关长城东有悬崖为屏，西以峭壁为依，水陆关隘，边城掩体，战台烟墩，古寨营盘一应俱全，以雄关险隘著称，为历代兵家必争之地。明代蓟镇总兵戚继光对其重新设计、包砖大修，创建长城沿线上的八卦城，并建有实心楼、空心台、烟墩台、烽火台及"牛头马面"等建筑，将万里长城精华荟萃于一地，具有小而全的特点，被长城专家称为"中国万里长城之缩影"。

8. 简单介绍黄崖关长城的寡妇楼。

寡妇楼为方形石楼，为明代隆庆年间建造，是蓟州长城52座敌楼中，保存最完整的一座。寡妇楼中的城墙为砖石结构，高大约13米，内分两层。下层楼的外墙与城墙相连，有四个大砖柱，将楼隔成四个拱顶大厅。四面开有箭窗，以防守射击。西北角筑有砖梯，顺砖梯可登临上层。上层为长方形小屋，屋脊两端装饰着龙头，4个檐角蹲伏着陶质麟、凤、狮。四周筑雉堞垛口，中部建长方形小屋，屋门朝北开，左右各有一窗，室内可容纳十余士兵瞭望休息。

9. 简单介绍戚继光与黄崖关长城。

明隆庆二年（1568年）夏，平息了东南沿海的倭寇之乱后，经蓟辽保定总督谭纶推荐，朝廷任命戚继光出任蓟镇总兵，镇守地区为东起山海关、西到居庸关一带。戚继光出任蓟镇总兵，正是蓟镇边务严重混乱、残元骑兵频频骚扰的时候。当时最紧迫的任务就是尽快建立一支善战的军队，以遏制残元势力的嚣张气焰。为防止北方残元势力的入侵，隆庆皇帝下诏书，调集步兵3万人，征集浙兵3000人，由戚继光专门训练，以建立一支勇敢善战的军队。朝廷为摆脱边务困境，批准了戚继光提出的"创建空心敌台，规划长城边备"的建议。三年内共修复空心敌台1100多座，到隆庆五年（1571年），完成了蓟镇防务范围内的全部长城防御设施的修建。空心敌台的修成，不仅完善了长城防御体系，而且还为全面改革长城防御体系积累了经验。

10. 黄崖关长城的长度是多少？共有多少座敌楼和烽火台？

黄崖关长城全长42千米。敌楼52座，烽火台14座。

（六）杨柳青古镇

1. 简述杨柳青古镇名字的由来。

（1）宋代黄河决口北流，在镇北形成"三角淀"（东淀），境内河道湖泊再次回流东下，得名"流口"。宋兵沿河界（今大清河）建立"河泺防线"，遍栽莳柳，又名"柳口"，渐更名为"杨柳青"。

（2）元代文人偈奚斯游历至此，见遍地杨柳青青，流水潺潺，景若苏杭，因而赋诗《杨柳青谣》一首。其中有"杨柳青青河水黄，河流两岸苇篱长"之句，故得名"杨柳青"。

（3）传说清乾隆皇帝下江南，沿运河（南运河）行至此地，见两岸杨柳繁茂，婀娜多姿，遂问随行大臣刘墉为何地，刘墉随口答为"杨柳青"，乾隆亦颔首称曰："杨柳青！"

2. 简单介绍石家大院三道垂花门的雕刻内容及含义。

三道垂花门雕刻内容为"含苞待放""花蕊吐絮""籽满蓬莲"，雕刻图案寓意"四季平安""长寿有钱""子孙万代"。

3. 介绍石家大院戏楼的结构特点。

石府戏楼是北方民宅中最大的戏楼，是集南北建筑风格为一体的厅堂，建筑结构设计巧妙，特点是冬暖夏凉、音质好。

4. 简单介绍杨柳青年画。

杨柳青年画，又被称为"杨柳青木版年画"。属于中国民间木版年画之一的木版印绘制品，与苏州的桃花坞年画并称"南桃北柳"。杨柳青年画产生于中国明代崇祯年间，继承了宋、元绘画的传统，吸收了明代木刻版画、工艺美术、戏剧舞台的形式，采用木版套印、手工彩绘相结合的方法，创立了鲜明活泼、喜气吉祥、富有感人题材的独特风格。

5. 中华人民共和国成立后，反腐第一大案的主犯是谁？

刘青山、张子善。

6. 大运河西青段的长度及覆盖的街镇有哪些？

大运河在西青境内长26.4千米，贯穿西营门、中北、杨柳青、辛口四个街镇。

7. 简单介绍安家大院。

安家大院，位于天津市西青区杨柳青镇估衣街北，宅院占地面积约1118平方米，建筑面积约583平方米，始建于清同治年间。安家大院是杨柳青赶大营安文忠的宅院，共有房屋35间，是中国北方典型的连套四合院格局。安家大院前四合院的面积位居杨柳青镇单院面积之首，地势为杨柳青宅基高度之最。安家大院里有一个前院、两个后院，前院的功能相当于客厅，当年主要用来接待来客和家庭聚会；后院是两个小套院，功能近似于卧房和书房，格局紧凑。安家大院见证了杨柳青古镇历史变化，其丰富的文物具有较高的历史价值。

8. 简单介绍杨柳青的赶大营。

在左宗棠进军西北时，考虑到除了国家对军队供给外，一些日用生活品无处购买，就命令先遣部队在沿途设立官店，搭盖一些临时建筑，供随军工匠、运输人等歇脚住宿。同时，又在较大的驻扎营地附近，画出一块地方，叫作"买卖圈子"，允许持有出关印照的商人随营做生意，并可以在这块买卖圈子里搭棚设点休息。许多杨柳青人跟随军队做小买卖，称为"赶大营"。

9. 杨柳青镇的文昌阁建于何时？是何种建筑？

文昌阁建于明万历四年（1576年），属于明代楼阁式建筑。

10. 清道光三年（1823年），石家析产为四大门，分别是哪四门？

福善堂、正廉堂、天锡堂、尊美堂。

（七）渔阳古镇

1. 简单介绍独乐寺的始建、重修时间，以及得名的原因。

始建于唐，元代重修。得名说法一是安禄山起兵叛唐在此誓师，二是观音像内部支架大杜梨树切削而成，三是佛家清心寡欲独以普度众生为乐。

2. 简单介绍独乐寺的主体建筑以及该建筑匾额的题写人。

观音阁是我国现存最古老的木结构楼阁。观音阁面阔五间，进深四间，通高23米，三层，歇山顶。观音阁有确切历史记载的是重建于辽统和二年（984年），原唐代建筑在经历了安史之乱和武宗灭佛之后所剩无几，辽人在取得幽云十六州后重修观音阁。匾额的题写人是李白。

3. 独乐寺观音阁内的壁画名称是什么？最初绘制于哪个朝代？

十六罗汉壁画，初绘于元代。

4. "金峰平挂西天月，玉柱直擎北塞云"说的是哪个朝代修建的什么建筑？

这句话指的是始建于隋朝、重建于辽清宁四年（1058年）的白塔。

5. 简单介绍渔阳古街的整体情况。

渔阳古街，又称武定街，是蓟州文旅产业发展的核心，全长450米，涵盖独乐寺、渔阳鼓楼两座辽唐建筑，为天津市历史文化街区，现存独乐寺、白塔寺、鲁班庙、文庙、关帝庙、鼓楼等历史古迹，两侧为1.2万平方米仿明清建筑，起脊飞檐、高阁耸立、雕梁画栋、巧夺天工。古街店铺鳞次栉比，商户云集，旗幡迎风招揽，富有地方特色。

6. 简述蓟州鼓楼建造时间及鼓楼匾额的内容。

蓟州鼓楼，始建于明洪武四年（1371年），矗立在城中心高高的城台上，鼓楼匾额上书"古渔阳"三个苍劲浑厚的楷体大字，是清朝康熙年间蓟州知州张朝综题写。

7. 蓟州文庙内的两通石碑分别是什么？

金正隆元年（1156年）《渔阳重修宣圣庙学记》碑和清康熙四年（1665年）《重修蓟州学宫碑记》碑。

8. 简述蓟州白塔的特点。

蓟州白塔的塔身为中国亭阁式和密檐式，即把楼阁的底层尺寸加大升高，而将以上各层的高度缩小，使各层屋檐呈密叠状，与檐之间不设门窗。蓟州白塔下部为密檐塔型，上部砌作覆钵式，覆钵顶砖砌束腰形平台，束腰处置壶门，南北两面各镶一对奔兽，南为狻猊，北为狞羊，余六面为狮面、海石榴、宝相华等雕砖。壶门上砌十三天相轮，底托以莲花，顶饰塔刹，是中国辽塔奇特造型之一。

9. 简单介绍独乐寺的庑殿顶山门。

独乐寺山门是我国现存最早的庑殿顶山门。山门屋顶，五条脊四面坡，又称"四阿大顶"，是古建中等级最高的殿顶。在非皇家建筑上施以庑殿顶，是古代建筑中十分罕见的。在造型上，整个屋顶并不是几道生硬的斜直线，而是通过对梁架和斗拱的精心安排，从脊到檐之间呈现一个陡缓相宜的曲线，至屋脚处展翼如飞，使建筑物在庄严中显得高昂，在恬静中显得有生机，表现出中国古代建筑独有的艺术效果。

10. 简单介绍"十一面观音"像。

独乐寺的主像"十一面观音"站在须弥坛上，穿过暗层直达阁顶，呈顶天立地之势，通高16米，是我国现存最高的彩色泥塑站像。它的色彩清新淡雅，由青、绿、朱、赭、白相交织，显得爽朗明快，从而使观音人物像具有独特的风格。因观音像首束发，冠顶置十个小观音头，加上本面，共计十一面，因此得名"十一面观音"。

（八）市内经典游览线

1. 天津文化中心的主体建筑有哪些？

文化中心占地0.9平方千米，南侧依次分布天津博物馆、天津美术馆、天津图书馆和天津大剧院四个大型文化设施。北侧则是彩悦城和万象城，文化中心的建设将成为天津市未来最大的生态城市会客厅。

2. 简单介绍利顺德酒店的建筑时间、得名及居住过的名人。

始建于 1863 年，取自儒家治世名言"利顺以德"。居住过的名人有孙中山、周恩来、十世班禅、梅兰芳、胡佛、溥仪。

3. 简单介绍天津站的历史。

前身为老龙头火车站，建于 1888 年，是中国最早的火车站之一，也是中国铁路运输的发祥地。

4. 为什么说解放北路是天津最富有的街道？

租界时期是英、法、德领事馆，俱乐部所在地，又是洋行、银行集中的地方，素有"东方华尔街"之称。解放北路上开设了华俄道胜银行、麦加利银行、正金银行、中法工商银行等。近些年来，随着改革开放的进展，天津市政府重建解放路金融一条街的计划得以实施。解放路以天津证券交易中心为龙头，以中国人民银行天津分行为中心，多家银行在此设立大本营。

5. 简述梁启超故居纪念馆的基本情况。

1912 年，梁启超购买周国贤旧意大利租界西马路空地，请意大利设计师白罗尼欧设计住宅。民族路寓所为意式两层砖木结构楼房，建于 1914 年，主楼为水泥外墙，素有花饰异形、红色瓦顶、石砌高台阶，建筑面积 1121 平方米。1924 年，梁启超又在右侧修建了一幢饮冰室书斋，造型独特，精致典雅。

6. 简单介绍鼓楼的情况。

鼓楼修建于 1493 年，即明弘治年间。鼓楼城台建有木结构重层歇山顶楼阁，上层楼内悬大钟一口，用以报时，以司晨昏，启闭城门，早晚共敲钟 108 响。重建于 2001 年，为 27 米见方、高 27 米的体量，主体为现代钢混结构，砖城木楼，四面开拱形穿心门洞，做明式七券七伏锅底券拱门，四拱门上恢复汉白玉城门石，仍镌刻"镇东、安西、定南、拱北"字样。

7. 简单介绍天津站广场世纪钟的情况。

世纪钟位于天津市河北区海河河畔、解放桥环岛 5000 平方米的绿地上，是天津市为迎接新世纪在天津站前广场建成的大型标志性城雕建筑。这座世纪钟为全金属材料。世纪钟高 40 米、直径 14.6 米，基座面积 74.4 平方米，重 170 吨有余，分钟盘、摆架和基座三部分，通体金属，流光溢彩。钟摆上下，日月辉映。钟盘圆周，众星拱卫，中西交融，天人合一。古典与现代浑然一体，寓意时空延续，时不我待。钟表盘的周围采用了12星座的浮雕，画面都是根据最原本的故事创作。白羊座放在顶端12点的部分，因为羊在中国代表吉祥；将天秤座放在最下部6点的部位，因为秤代表公平。这些都体现了把外来的文化在排列上与本土文化相融合的观念。

8. 简单介绍天津老城厢。

老城厢是天津旧城所在地，该地区以鼓楼及鼓楼商业街为中心，由东马路、西马路、南马路、北马路围合而成，总占地面积0.94平方千米，约有居民2万户。明永乐二年（1404年），设卫筑城，修建门楼，挖护城河，蔚为壮观。天津卫城为土筑，垣长9里13步，高2丈5尺。设4门，门上建有城楼，由于卫城建得整齐雄伟，因此有"赛淮安"的美称。弘治初年，改建成砖城，四门上重建城楼，并分别题名为：镇东、定南、安西、拱北。天津市卫城的平面是东西宽、南北窄，呈矩形，状如算盘，也称为"算盘城"。卫城的格局如传统中国县城，当中有沟通南北东西的十字街，向外延伸可通四乡大道，十字街交叉处建鼓楼。1900年7月，八国联军攻破天津城，第二年，由联军组成的天津都统衙门下令拆除天津城墙，从那时起，具有496年历史的天津城垣不复存在。

9. 简单介绍天津广播电视塔。

天津广播电视塔，津门十景之一。天津广播电视塔简称"天塔"，它就矗立在天津这座魅力城市的西南部。"天塔"于1988年4月动工，1991年10月落成开播，并开始接待游客。塔身高415.2米，建成时为当时亚洲第一高塔，目前是亚洲第六高塔、中国第三高塔。"天塔"耸立于碧波与云霄之间，是世界上唯一"水中之塔"，坐落在0.17平方千米的天塔湖中央，其势如剑倚天，有"天塔旋云"之美称。天塔湖景区是国家4A级旅游景区，游人登上天塔极目远眺，可纵览津门全景。

10. 简单介绍戏剧家曹禺。

曹禺（1910年9月24日～1996年12月13日），中国杰出的现代话剧剧作家，其代表作品有《雷雨》《日出》《原野》《北京人》。曹禺作为中国新文化运动的开拓者之一，与鲁迅、郭沫若、茅盾、巴金、老舍齐名。他是中国现代戏剧的泰斗，戏剧教育家，他所创造的每一个角色，都给人留下了难忘的印象。

（九）海河游览线

1. 简述海河的情况，汇聚的五条河流名称是什么？

海河，中国七大江河之一，西至三岔口，东至大沽口入海，全长72千米，由南运河、北运河、子牙河、大清河、永定河汇聚而成。

2. 简单介绍海河上的两座开启桥梁。

（1）金汤桥——三跨平转式开启，建于1906年。

（2）解放桥——双叶立转式开启，1928年建成。

3. 简单介绍海河岸边望海楼的情况。

望海楼教堂旧称圣母得胜堂，是天主教传入天津后建造的第一座教堂。其始建于1869年年底，由法国天主教会主持修建。1870年发生"天津教案"，教堂被烧毁，清光绪二十三年（1897年）在废墟原址上重建，增建了角楼。1900年，望海楼教堂在义和团运动中被再次焚毁。现存的望海楼教堂为光绪三十年（1904年）用"庚子赔款"按原形制重建。望海楼教堂是目前天津唯一保留下来的哥特式建筑。

4. 按顺序说出由金钢桥到赤峰桥间的桥梁名称。

狮子林桥、金汤桥、进步桥、北安桥、大沽桥、解放桥。

5. 简单介绍津湾广场的情况。

津湾广场是一座融合了现代、欧式建筑于一体的高端商务商业聚集区，恰到好处地利用海河自然湾，将水拥于楼边，将楼投入水之中，从而产生了水中有楼、楼中映水的奇妙视觉效果。该建筑群最大的亮点是它的人文底蕴，其非常成功地运用了西方建筑文化的基本元素，在美若油画般的景象中，使得广场四周的建筑形式缤纷多姿，反映了中西文化交汇的时代特征。

6. 为什么说"先有三岔口，后有天津卫"。

三岔河口是天津最早的居民聚居地之一，随着京杭大运河的贯通，三岔河口成为南北漕运的中转枢纽，也是天津最早的商品集散地。"靖难之役"中朱棣曾在三岔河口渡河，继位后赐名"天津"，1404年天津设卫筑城。

7. 简单介绍天津奥租界。

天津奥租界是近代中国唯一的奥匈帝国租界，同时也是天津的九个租界之一。其地址位于今天津市河北区南部。1902年12月27日（清光绪廿八年十一月二十八日），奥匈帝国驻天津署理领事贝瑙尔与天津海关道唐绍仪订立了《天津奥国租界章程合同》，天津奥租界正式开辟，与同样位于河北区的天津意租界相邻，面积 68.67 万平方米，是天津九国租界中最北面的一个。

8. 简述袁氏宅邸的建筑特点。

这幢建筑为一座欧洲古典式三层楼房，是中世纪"罗马风格"的演变，融合了日耳曼民族的建筑手法，红色的陡坡屋顶正脊中间建有扣钟状式采光亭，系仿意大利文艺复兴早期"圣玛利亚大教堂"穹顶建造，而外形又比意式建筑增加了一条反向曲线，形成德国建筑的独特风貌，门廊方柱与圆柱相结合，在天津建筑中颇为难得，主楼东侧二楼上有拜占庭风格的小尖穹顶与塔楼相互映衬，为德国民族建筑风格。

9. 简单介绍冯国璋。

冯国璋（1859～1919年），字华符，一作华甫，直隶河间市西诗经村人，直系军阀的首领，与王士珍、段祺瑞并称为"北洋三杰"。冯国璋早年毕业于北洋武备学堂，辛亥革命时率领北洋军镇压武昌起义。袁世凯死后，黎元洪继任大总统，经过国会补选冯国璋为副总统。后黎元洪与段祺瑞爆发"府院之争"，引发张勋复辟，为段祺瑞所镇压；而后黎元洪辞职，冯国璋任代理总统。

10. 简单介绍李叔同。

李叔同，名文涛，字息霜，原籍浙江平湖，光绪六年（1880年）生于天津。李叔同酷爱文学、艺术，擅长书法、绘画、音乐、篆刻，多才多艺，是中国近代史上颇有影响的人物。他是近代史上著名的艺术家、教育家、思想家，一生在音乐、戏剧、美术、诗词、篆刻、金石、书法、教育、哲学、法学等诸多文化领域中都有较高的建树，先后培养了一大批优秀艺术人才。1918年，李叔同入杭州虎跑寺出家，从此精修佛教律宗，成为一代高僧。1942年10月，圆寂于福建泉州。李叔同生于乱世，他目睹内忧外患，国事日非，无力回天，终于心灰意懒，皈依佛门，法号弘一，世称弘一大师。

（十）滨海经典游览线

1. 简单介绍滨海新区文化中心的情况。

天津滨海文化中心地处滨海新区核心区域，占地面积12万平方米，总建筑面积31.2万平方米，包括"三馆、两中心、一廊"，"三馆"为滨海美术馆、滨海科技馆、滨海图书馆；"两中心"为滨海演艺中心、市民活动中心；"一廊"为文化长廊。

2. 简单介绍航母主题公园的基本情况。

公园是滨海旅游区的重要组成部分，位于滨海新区汉沽八卦滩，是以苏联基辅号航母为主体，以娱乐性军事活动为主题，参与娱乐与国防教育相结合的军事主题公园。

3. 简单介绍中国国家海洋博物馆。

中国国家海洋博物馆，是由自然资源部与天津市人民政府共建共管，集收藏、展示、研究、教育于一体的中国唯一国家级综合性海洋博物馆，坐落于天津滨海新区，国家4A级旅游景区，被誉为"海上故宫"。截至2023年，占地面积0.15平方千米，建筑面积8万平方米，展览展示面积2.3万平方米。建筑主体3层、局部4层，陈列展览内容围绕"海洋与人类"主题展开，分为"海洋人文""海洋自然""海洋生态"三大板块，共设六大展区15个展厅。

4. 天津港文化旅游区包含哪些点位？

东疆湾沙滩、天津国际邮轮母港、太平洋码头、二集司七彩廊道、成卫东劳模工作室、东疆仓储式红酒展销中心。

5. 简单介绍东疆港沙滩的情况。

东疆港沙滩位于天津港东部，通过吹沙造陆，全部在海上填垫。规划面积30平方千米，南北长10千米，东西宽3000米，包括码头作业区、物流加工区和港口综合配套服务区三大区域。可参观景点有邮轮母港和人工沙滩。

6. 滨海新区包括哪几个功能区？

滨海新区包括5个功能区，分别为天津经济技术开发区、天津港保税区、滨海高新区、东疆保税港区、中新天津生态城。

7. 简单介绍天津周大福金融中心。

天津周大福金融中心占地面积2.8万平方米，建筑面积约39万平方米，其中塔楼总高度530米，大屋面结构高度约为443米，核心筒顶高为471.5米，塔楼顶冠钢结构高度约为50米；地上97层，由集办公、服务式公寓和酒店等功能于一体的塔楼和商业裙楼两部分组成；地下4层，主要功能为人防、停车库及设备用房。

8.简单介绍中新天津生态城。

中新天津生态城是中国、新加坡两国政府战略性合作项目,是世界上首个国家间合作开发的生态城市,2008年9月28日正式开工建设。生态城市的建设显示了中新两国政府应对全球气候变化、加强环境保护、节约资源和能源的决心,为资源节约型、环境友好型社会的建设提供积极的探讨和典型示范。为满足中国城市化发展的需求,占地30平方千米的生态城以新加坡等发达国家的新城镇为样板,将被建设成为一座可持续发展的城市型和谐社区。

9.简单介绍北塘古镇。

北塘自明朝初年随明成祖朱棣移民形成村落,至今已有600多年的历史。北塘依河临海,自古兼得鱼盐漕运之利,富庶一方。北塘为明清海防重镇,皇都卫城,见证了明清两朝的帝国兴衰。明嘉靖年间在北塘修筑东西两座炮台,史称"北塘双垒"。现今重建的北塘炮台成为最为生动的爱国主义教材。学校师生常到此重温历史,不忘国耻,强国富民。和平时期,北塘炮台便成为登临览胜、凭垒观潮的好去处。

10.简单介绍一下天津极地海洋公园的情况。

天津极地海洋公园是目前我国北方最大的极地海洋主题公园,是国家4A级旅游景区,也是集食、住、行、游、购、娱于一体的大型开放式海洋主题度假区。天津极地海洋公园由七大场馆、十五大展区、天津极地海洋酒店组成。游客不仅能在此欣赏到四大海洋秀、欧洲大马戏,更能邂逅多种极地海洋生物。

(十一)红色记忆旅游资源

1.简单介绍中共中央北方局旧址纪念馆。

中共中央北方局旧址纪念馆位于天津市和平区黑龙江路隆泰里19号。该馆占地面积121平方米,建筑面积202平方米,馆内陈展包括图片展和复原陈列展两部分。图片展主要反映了从民国十三年(1924年)中共中央北方局建立到民国三十四年(1945年)8月抗战胜利期间,中国共产党领导北方人民展开艰苦卓绝革命斗争的经历。

2.简单介绍瞻仰厅两侧青石浮雕墙的内容。

(1)西侧:"五四运动"、南昌起义、红军长征、西安事变。

（2）东侧：开国大典、四化建设、举世敬仰。

3. 周恩来邓颖超纪念馆为何建在天津？

周恩来、邓颖超同志的青少年时代是在天津度过的。在这里他们相识、相知、相爱并共同走上革命道路，传播革命思想，探索救国救民的真理。中华人民共和国成立后两位伟人一直关心天津工作、关注天津发展，多次亲临天津视察指导，对天津人民无比关心。他们把天津作为第二故乡，生前分别留下遗嘱，先后将骨灰撒在天津，体现了他们对天津人民的特殊感情。为了世世代代缅怀铭记周恩来、邓颖超的丰功伟绩和高尚品德，中共天津市委、市政府决定并报请中共中央批准，建立周恩来邓颖超纪念馆。

4. 在1949年3月召开的党的七届二中全会上，提出解放战争中的三大方式是什么？

北平方式、天津方式、绥远方式。

5. 1858年僧格林沁对大沽口炮台进行了全面整修后，大沽口共有炮台几座，分别是什么？

5座，分别是：威、震、海、门、高。

6. 简单介绍平津战役。

平津战役是在中共中央、中央军委、毛泽东主席和他的战友们的正确指挥下，由人民解放军东北野战军、华北军区部队百万余人，于1948年11月29日至1949年1月31日，在东起唐山，西至张家口长达500千米战线上，对国民党华北"剿总"傅作义集团进行的一场战略大决战。经过军事打击和政治争取，共歼灭、俘虏、改编国民党军52.1万余人，基本解放了华北全境。

7. 四次大沽口之战的时间分别是哪年？

1858年、1859年、1860年、1900年。

8. 觉悟社是由哪两个天津进步团体组成的？觉悟社成立于何时何地？

觉悟社是由天津学生联合会和天津女界爱国同志会中的骨干分子组成。于1919年9月，在天津草厂庵学生联合会办公室正式成立。

9. 简单介绍天津战役。

天津战役为1949年1月的平津战役中，人民解放军东北野战军对国民党军进行的一次大规模城市攻坚战。遵照中央军委及中共平津前线总前委命令，东北野战军参谋长刘亚楼指挥野战军主力5个军22个师和特种兵司令部之炮兵、坦克、工兵等，共34万人夺取天津。此役人民解放军以伤亡2.3万人的代价，取得歼灭国民党军13万余人与占领天津的胜利，为和平解放北平创造了有利条件。

10. 简单介绍盘山烈士陵园的基本情况。

盘山烈士陵园始建于1956年，1957年建成，并且正式定名为盘山烈士陵园。总占地面积21万平方米，是冀东地区最大的烈士陵园，也是天津市唯一抗日战争遗址烈士陵园，主体建筑物有烈士纪念碑、烈士墓区、烈士骨灰堂以及2005年新建的纪念碑廊和盘山革命纪念馆。

（十二）现代工业旅游资源

1. 中国第一表在天津诞生，至此标志着中国制表工业由此开始是在什么时候？

1955年3月24日，中国第一表在天津诞生，中国制表工业由此开始。

2. 简单介绍陀飞轮技术。

陀飞轮结构复杂、工艺浩繁，它代表了机械表制造工艺中的极高水平。它的原理是把地心引力对机械表中"擒纵系统"的影响降到最低，提高走时精度。

3. 长芦盐场古法晒盐的生产工艺是什么？

纳潮、制卤、结晶、收盐、集坨。

4. 天津海河乳品品牌创建时间及主要品类有哪些？

天津海河乳品有限公司的前身是天津海河乳业有限公司，始创于1957年，其产品包含灭菌乳、调制乳、巴氏杀菌乳、发酵乳、乳饮料五大类。

5. 介绍空中客车（天津）总装厂坐落的位置及首架飞机投产和交付的时间。

坐落于天津空港经济区，首架飞机于2008年9月28日投产，2009年6月23日交付。

6. 简单介绍桂发祥得名原因及字号含义。

1927年，天津卫海河西侧新开张了一间麻花铺，因店铺地处东楼十八街，故得名"桂发祥十八街麻花"。字号"桂发祥"寓意为"桂子飘香，发愤图强，吉祥如意"。

7. 简单介绍天津长芦盐场七彩盐田的成因。

随着海水的自然蒸发，水分逐渐减少，盐分浓缩形成不同浓度的卤水。在阳光和海风的作用下，这些卤水进一步蒸发结晶，形成盐层。盐田中的嗜盐微生物和藻类在卤水中繁殖，它们的生命活动和代谢产物会影响盐田的颜色。盐田中的矿物质成分也会影响其颜色。不同矿物质在卤水中的含量和分布不同，导致盐田呈现出不同的色彩。盐田所在地区的气候、地形、水文等环境因素也会对其颜色产生影响。例如，潮汐落差大、光照充分、空气流动快的地区，更适合晒盐，也更容易形成七彩盐田。

8. 简单介绍天津手表厂。

天津手表厂是中国手表工业的先驱，始创于 1955 年，结束了中国"只能修表不能造表"的历史。天津手表厂不仅制造了中国第一只手表——"五星"牌手表，还成功研制出"东风"牌手表，成为中国第一款自行设计制造并出口的手表。

9. 简单介绍空中客车公司。

空中客车公司是由德国、法国、西班牙与英国共同创立的欧洲飞机制造和研发公司。公司成立于 1970 年 12 月，总部位于法国图卢兹。

10. 简单介绍天津纺织博物馆。

天津纺织博物馆的历史背景可以追溯到 1898 年成立的天津织绒局，标志着天津纺织工业的起始。自那时起，天津纺织工业经历了百年的发展，成为全国纺织工业的重要基地。博物馆展示了天津纺织工业的创业史、发展史和振兴史，再现了天津纺织工业不断壮大、走向国际市场和创新未来的历程。天津纺织博物馆不仅是一个展示平台，还承担着爱国主义教育的职能。它通过丰富的展品和现代化的展示手段，传承了天津纺织的历史和文化，成为天津重要的工业旅游基地之一。博物馆的展区分为古代纺织、近代纺织、现代和当代纺织、专题展四个部分，分别展示了从古代到现代的纺织技术和文化。

参考文献

[1] 中华人民共和国文化和旅游部. 文化和旅游部办公厅关于组织实施2024年全国导游资格考试的通知 2023-07-23. https://zwgk.mct.gov.cn/zfxxgkml/scgl/202407/t20240723_954291.html.

[2] 全国导游资格考试科目五《导游服务能力》考试大纲（天津市），2023.

[3] 贾长华. 洋楼遗韵 [M]. 天津：天津古籍出版社，2012.

[4] 中国人民政治协商会议天津市委员会文化和文史资料委员会. 重新发现五大道 [M]. 天津：天津人民出版社，2024.

[5] 黄崖关长城风景名胜区管理局. 黄崖关长城志 [M]. 天津：天津古籍出版社，2015.

[6] 西青区文化和旅游局. 天津市西青区地域特色文化汇编，2023.

[7] 天津市蓟县县委宣传部. 渔阳六十景 [M]. 新加坡：东方文化出版社，1994.

[8] 宋淑云. 独乐寺，蓟县文物保管所，2007.

[9] 天津市文化和旅游局. 天津红色旅游讲解词，2019.

[10] 天津导游人员资格考试教材编写组. 导游服务能力 [M]. 北京：旅游教育出版社，2017.

[11] 全国导游资格考试统编教材专家编写组. 导游业务 [M]. 北京：中国旅游出版社，2020.

[12] 魏星. 导游语言艺术 [M]. 北京：中国旅游出版社，2002.

[13] 廖广丽. 导游词创作和讲解技巧 [M]. 天津：天津大学出版社，2019.

[14] 刘伯英，徐苏斌，彭长歆. 中国工业遗产史录·天津卷 [M]. 广州：华南理工大学出版社，2023.